Persistência no Spring com o Hibernate

■ ■ ■

PAUL TEPPER FISHER
BRIAN D. MURPHY
Tradução:
Angelo Giuseppe Meira Costa (angico)

Do original:
Spring Persistence with Hibernate

Original English language edition published by Apress, Inc.; 2560 Ninth Street, Suite 219, Berkeley, CA 94710 USA. Copyright©2010 by Apress, Inc.. Portuguese-language edition for Brazil Copyright © 2011 by Editora Ciência Moderna. All rights reserved.

Nenhuma parte deste livro poderá ser reproduzida, transmitida e gravada, por qualquer meio eletrônico, mecânico, por fotocópia e outros, sem a prévia autorização, por escrito, da Editora.

Editor: Paulo André P. Marques
Supervisão Editorial: Aline Vieira Marques
Diagramação: Janaina Salgueiro
Capa: Carlos Arthur Candal (Baseado no original)
Tradução: Angelo Giuseppe Meira Costa (angico)
Assistente Editorial: Vanessa Motta

Várias **Marcas Registradas** aparecem no decorrer deste livro. Mais do que simplesmente listar esses nomes e informar quem possui seus direitos de exploração, ou ainda imprimir os logotipos das mesmas, o editor declara estar utilizando tais nomes apenas para fins editoriais, em benefício exclusivo do dono da Marca Registrada, sem intenção de infringir as regras de sua utilização.

FICHA CATALOGRÁFICA

FISHER, Paul Tepper; MURPHY, Brian D.
Persistência no Spring com o Hibernate
Rio de Janeiro: Editora Ciência Moderna Ltda., 2011

1. Informática. Linguagem de Programação.
I — Título

ISBN: 978-85-399-0116-6   CDD 001.642
                                                         005.133

Editora Ciência Moderna Ltda.
R. Alice Figueiredo, 46 – Riachuelo
Rio de Janeiro, RJ – Brasil   CEP: 20.950-150
Tel: (21) 2201-6662/ Fax: (21) 2201-6896
LCM@LCM.COM.BR
WWW.LCM.COM.BR   06/11

A Melanie, por fazer com que tudo valha a pena.
– Paul

Gostaria de dedicar este, meu primeiro livro impresso, a minha mãe. Sempre sentirei saudades de você.
–Brian

Sumário

Capítulo 1 - Arquitetando sua aplicação com Spring, Hibernate e padrões 1

    O benefício de uma abordagem consistente 1
        A significância da injeção de dependências 2
    Uma parceria sinergética 3
        A história do sucesso do Spring e do Hibernate 3
        Uma melhor abordagem para a integração 4
        Melhores práticas para arquitetura de uma aplicação 5
    Outros padrões de projeto de persistência 14
        O padrão gabarito (template) 14
        O padrão registro ativo (active-record) 17
    Resumo 17

Capítulo 2 - Fundamentos do Spring 19

    Explorando a arquitetura do Spring 20
        O contexto da aplicação 20
        Beans, Beans, a fruta mágica 22
        O ciclo de vida do Spring 23
        Entendendo o escopo dos beans 25
    Injeção de dependências e inversão de controle 26
        Injeção de dependências baseada em definidores 27
        Injeção de dependências baseada em construtores 28
        Codificando para interfaces 30
        Injeção de dependências através de autoconexão 32
        Injeção de dependências baseada em @Annotation 32
        Defina e esqueça! 34
    Injeção de código usando AOP e interceptadores 34
    Resumo 36

Capítulo 3 - Configuração básica de aplicações 37

    Gerenciamento de aplicações com o Maven 37
        Dependências gerenciadas 37

Estrutura padrão de diretórios 39
Desconstrução do POM 40
Configuração do Spring 42
Suporte a espaços de nomes 42
Externalizando configurações de propriedades 43
Escaneamento de componentes 43
Sentenças import 44
Integração com bases de dados 44
Suporte JDBC 45
Integração com JNDI 46
Configuração de aplicação web 48
Definição de servlet 49
O MVC do Spring 51
Resumo 53

Capítulo 4 - Persistência com o Hibernate 55

A evolução da persistência em bases de dados no Java 55
EJB, JDO e JPA 56
Hierarquia de interfaces da JPA 59
O modelo de domínio e a estrutura de DAO da galeria de arte 60
Um POJO anotado com @Entity 61
Padrão DAO simplificado com genéricos 63
O ciclo de vida de uma entidade da JPA 68
Configuração da JPA 70
Integração com o Spring 72
Resumo 75

Capítulo 5 - Fundamentos do modelo de domínio 77

Entendendo as associações 77
Construindo o modelo de domínio 79
Convenção sobre configuração 83
Gerenciando identificadores de entidades 84
Usando opções de cascateamento para estabelecer relacionamentos de dados 85
Adicionando serviço de cache de segundo nível 86
Usando polimorfismo com o Hibernate 87
Resumo 95

Capítulo 6 - DAOs e consultas 97

    Uma implementação básica de DAO do Hibernate 97
        Construindo um DAO 98
        Usando as classes de suporte ao Hibernate do Spring................99
        Habilitando a reserva de consultas em cache com o HibernateTemplate 101
            Sem usar gabaritos 102
        Consultando no Hibernate 105
            Consultando um tipo em particular...107
            Usando parâmetros nomeados 108
            Consultas usando-se o Hibernate Core 109
            Usando consultas nomeadas 110
            Trabalhando com consultas polimórficas....................................111
        Persistindo dados com o Hibernate...112
            Salvando e atualizando dados...112
            Tratando dados binários..112
            Entendendo os benefícios da API Criteria.................................114
            Usando a API Criteria da JPA 2.0..114
    Resumo...125

Capítulo 7 - Gerenciamento de transações 127

    A alegria do ACID 128
    Entendendo os níveis de isolamento 129
        Serializable...130
        Repeatable Read 130
        Read Committed...131
        Read Uncommitted..131
    Controlando o refluxo do ACID 132
        Gerenciamento de transações por plataforma..........................132
        Gerenciamento declarativo de transações................................134
        Transações declarativas por meio de XML...............................138
        Gerenciamento programático de transações 139
    Exemplos transacionais 141
        Criando uma aplicação em lote...141
        Usando duas fontes de dados 142
    Resumo...143

Capítulo 8 - Testes eficientes 145

    Testes de unidade, de integração e funcionais................................146
    Usando o JUnit para testes eficientes 147

Testes de unidade com imitações 149
Injeção e teste de dependências no Spring 153
Testando com uma base de dados 156
Resumo 159

Capítulo 9 - Melhores práticas e técnicas avançadas 161

Questões de carregamento folgado 161
   O problema dos N+1 Selects 161
   Mapeamentos menos folgados 164
   Usando lotes para melhor desempenho 165
   Exceções da inicialização folgada 166
   Aplicando-se o filtro de EntityManager aberto 168
Uso de Cache 169
   Integrando uma implementação de uso de cache 170
   Determinando as regras de uso do cache 172
   Configurando regiões de cache 173
   Reservando as consultas em cache 175
   Usando cache numa configuração aglomerada 176
   Uso de cache aglomerado e mecânicas de replicação 177
   Configurando a replicação 178
Resumo 180

Capítulo 10 - Estruturas de integração 183

Serviços web RESTful com o Spring 183
   Substantivos, verbos e tipos de conteúdo 184
   Serializando o grafo do objeto 186
   Usando o temido padrão DTO 186
   Explorando o suporte a REST do Spring 3 199
   Transformando dados com o OXM do Spring 201
   Tratando da concorrência 203
Busca por texto livre 204
   Apresentando o Lucene 206
   Apresentando o Hibernate Search 209
   Pondo o Lucene e o Hibernate em sincronismo 217
   Construindo uma busca específica do domínio 219
Resumo 221

Capítulo 11 - GORM e Grails 223

Breve curso de Groovy 223

Pondo o Grails pra rodar..227
Criando uma aplicação Grails..228
Configurando a aplicação..231
Configurando a fonte de dados...232
Definindo o modelo de domínio do Grails..234
Definindo associações e propriedades.......................................237
Personalizando mapeamentos do Hibernate para classes de domínio..239
Usando o Registro Ativo como alternativa aos DAOs........................240
Nos bastidores do GORM..241
Criando métodos avançados de consulta....................................246
Usando a API Criteria..247
Tratando associações em Grails...248
Armando e construindo a aplicação Grails..249
Definindo uma camada de serviços transacionais no Grails............250
Resumo...251

Capítulo 12 - O Spring Roo **253**

O que o Roo é (e o que ele não é)..253
Criando um modelo de domínio com o Roo......................................255
Conhecendo o Roo..256
Criando um novo projeto...257
Adicionando entidades..259
Adicionando campos..264
Explorando a infraestrutura de testes gerada automaticamente 266
Mapeando associações..267
Modelando herança..268
Adicionando o MVC do Spring..270
Adicionando camadas de serviço e DAOs...................................271
Agora você me vê, agora não mais – removendo o Roo......................273
Resumo...274

Índice **275**

Sobre os Autores

■ **Paul Tepper Fisher** começou a trabalhar com tecnologia na Universidade de Johns Hopkins, onde passou vários anos desenvolvendo uma aplicação de ensino à distância para neurociência, enquanto lá concluía sua graduação. Ele fundou dois negócios de tecnologia: a SmartPants Media, Inc., empresa de desenvolvimento de software especializada em tecnologia de multimédia interativa; e a dialmercury.com, que desenvolve aplicações de telefonia usando VoIP e Java.

Paul também foi gerente de tecnologia da Wired.com, onde liderou a equipe de desenvolvimento de software para as publicações online da Wired.com, webmonkey.com e howto.wired.com, usando as tecnologias Spring, Grails e Java.

Atualmente, Paul é o diretor de engenharia da nova Music Service, na Lime Company, onde gerencia várias equipes de desenvolvimento usando metodologias ágeis. Constituída de componentes do lado cliente e do lado servidor, desenvolvidos em Java, a Music Service foi projetada para escalabilidade horizontal, e explora a computação em nuvem para mudar dinamicamente o tamanho da infraestrutura em resposta à carga.

Você pode ler o blog de Paul em `www.paultepperfisher.com`.

Ele mora no Brooklyn, Nova York, EUA.

■ **Brian D. Murphy** se enamorou de computadores e de programação desde que ganhou seu primeiro computador, um Apple IIc, em 1984. Ele se graduou em Ciência da Computação na Universidade Rutgers, e tem focado no desenvolvimento web em vários ambientes, indo de pequenas iniciativas a grandes corporações multinacionais, em campos cobrindo comércio eletrônico, consultoria, finanças e média. Ele foi um dos primeiros a adotarem o Spring e o Hibernate e tem usado ambas as estruturas em grandes sistemas de produção desde 2003.

Em seu atual cargo, Brian é arquiteto chefe e diretor de engenharia na Condé Nast, onde supervisiona a presença móvel e de web para 25 marcas premiadas, tais como wired.com, newyorker.com, epicurious.com e vanityfair.com. Ele e sua equipe exploram tanto o Spring quanto o Hibernate para impulsionar todos os produtos online da Condé, atraindo dezenas de milhões de visitantes únicos por mês. Brian lida com os desafios de construção e operação de sistemas distribuídos escaláveis, todos os dias.

Brian mora em Mapplewood, Nova Jersey, EUA, com sua esposa, Dania, seu filho Liam, e seu cão Cooper.

Você pode seguir Brian no Twitter em `http://twitter.com/@brimurph` ou ler seu blog em `http://turmoildrivendevelopment.com`.

Sobre o Revisor Técnico

■ A experiência de **Sia Cyrus** em computação se expande por muitas décadas e áreas do desenvolvimento de software. Durante os anos 1980, ele se especializou em desenvolvimento de bases de dados, na Europa. Nos anos 90 ele se mudou para os EUA, onde se concentrou em aplicações cliente-servidor. Desde 2000, ele tem arquitetado uma série de processos funcionais intermediários incorporando o Spring e o Hibernate. Mais recentemente, ele tem se especializado em Web 2.0, Ajax, GWT e Android.

Sia é consultor independente de software, perito em Java e no desenvolvimento de aplicações Java de classe empresarial. Ele tem sido responsável por software inovador e genérico, tendo uma patente dos EUA em interfaces de usuário baseadas em bases de dados. Ele criou uma estrutura baseada em configuração de muito sucesso para a indústria de telecomunicações, que depois converteu para a Estrutura Spring. Sua paixão pode ser intitulada "Arquitetura empresarial em código aberto".

Quando não está experimentando novas tecnologias, ele gosta de jogar hóquei no gelo, especialmente com seus dois filhos, Jason e Brandon. Ele pode ser alcançado através de sia.cyrus@comcast.net.

Agradecimentos

Escrever um livro sempre termina sendo mais difícil que você inicialmente imagiou. Embora as noites absurdamente tardes e fins-de-semana perdidos se provem difíceis para os autores, frequentemente são as pessoas em torno deles que terminam sofrendo mais. Por isso, quero agradecer a Melanie Colton por sua infinita paciência e perseverança. Ele merece mais que uma medalha por suportar muitas noites até as 4 da manhã, e minha barulhenta digitação. Este livro não teria sido possível sem seu apoio, entendimento e inspiração.

Gostaria de agradecer, também, ao reconhecimento de meus colegas na Lime Company, por seu continuado apoio e confiança. É uma experiência rara trabalhar com um grupo de pessoas tão talentosas e envolvidas, e eu me sinto grato pela oportunidade de ser parte de tão importante aventura.

Também gostaria de agradecer a Solomon Duskis por dar início a esta jornada, e por seu firme entusiasmo por tecnologia – especialmente Java e Spring.

Eu seria relapso se não oferecesse meu apreço e gratidão a meus pais, que me inspiraram através de sua persistente confiança, apoio e fé em tudo o que me proponho a fazer.

Por fim, meu sincero apreço a Brian Murphy por se juntar ao projeto e mantê-lo em andamento. Se não fosse por sua tenacidade e motivação, este livro jamais teria visto a luz do dia. Foi uma honra e privilégio trabalhar com você, novamente.

— Paul Tepper Fisher

Gostaríamos de agradecer à Apress pela oportunidade de escrever este livro. Um agradecimento especial a Steve Anglin por acreditar em nós e nos permitir estender o prazo para cobrir em profundidade tópicos avançados. Temos um débito de gratidão especial por Mary

Tobin, por nos guiar através deste processo e, no fim, nos arrastar até a linha de chegada. Obrigado a Tom Welsh, Marilyn Smith e Sia Cyrus, que forneceram valiosos feedback, sugestões e encorajamento, ao longo da jornada. Este livro é muito melhor como resultado de sua sabedoria e paciência. Quaisquer erros ou problemas neste texto são unicamente nossos.

Quero agradecer a minha esposa, Dania, sem a qual este livro não seria possível. Ela graciosamente assumiu o papel de supermãe enquanto eu devotava noites e fins-de-semana a escrever por muito mais tempo do que havia combinado. Quero agradecer a meu filho Liam por ser a mais incrível criancinha. Você me dá mais alegria e uma nova visão do mundo do que jamais saberá. Também quero reconhecer nosso segundo filho, que nascerá logo após a publicação deste livro. Mal posso esperar para encontrar você!

Por fim, gostaria de agradecer a Paul Fisher por compartilhar sua experiência comigo. Este livro é filho de suas cerebrações, e fico feliz que ele tenha me convidado para a jornada. Escrever este livro foi recompensador e desafiador. Eu aprendi muito, e foi ótimo trabalhar com você, de novo.

— Brian D. Murphy

Prefácio

Desde a sua concepção, a Estrutura Spring tem gradualmente mudado as regras do desenvolvimento de aplicações na comunidade Java. Este livro é o guia ideal e companhia de ensino para desenvolvedores interessados em aprender sobre a Estrutura Spring e como ela pode ser explorada para a construção de aplicações dirigidas por persistência usando-se o Hibernate, uma das estruturas de persistência em Java mais populares de hoje. O *Persistência em Spring com o Hibernate* lhe põe a par com os conceitos fundamentais do Spring, bem como com padrões provados de projeto para integração de persistência em suas aplicações.

Muitas das lições ilustradas neste livro foram colhidas de anos de experiência prática na construção de aplicações web escaláveis de alto volume, usando-se o Spring e o Hibernate. Um dos detalhes que se destacam em nossa experiência comum é a importância e o benefício do aprendizado através da experiência prática. Para isso, nós vamos construir uma aplicação real que utiliza o Spring 3, o Hibernate 3.5, a JPA 2.0, o Hibernate-Search, o Grails, o Spring Roo, e o Dozer. Acreditamos firmemente que o aprendizado do Spring e do Hibernate implica em muito mais que simplesmente entender-se as respectivas APIs de cada estrutura. Para se poder eficientemente desenvolver com essas duas incríveis tecnologias, é necessário entender-se os padrões de projeto e melhores práticas para se obter o melhor dessas estruturas, e construir sobre elas de uma forma consistente e provada. Esperamos que este livro ensine a você mais que simplesmente usar o Spring e o Hibernate juntos. Nosso objetivo é canalizar a experiência do desenvolvimento, as lições e as melhores práticas que vimos funcionar com sucesso em nossa experiência, de forma que você possa aplicar esses conhecimentos em suas próprias aplicações.

Ao longo destas páginas, nós apresentaremos fundamentos centrais do Hibernate, demonstrando como a estrutura pode ser melhor utilizada num contexto do Spring. Começaremos com os conceitos fundamentais, tais como as estratégias para desenvolvimento de um modelo de domínio e camada DAO eficazes, e depois passaremos às técnicas de consulta usando HQL, JPQL e a API Criteria. Depois que os conceitos fundamentais forem apresentados, nós passaremos ao tópicos mais avançados, tais como as estratégias de busca e de reserva em cache. Ilustraremos, também, várias abordagens para arquitetura de uma fachada de serviço transacional. Ambas as transações, programática e declarativa, serão examinadas, mostrando os benefícios do uso do Spring para expressão de semântica transacional.

O *Persistência no Spring com o Hibernate* também apresentará a JPA, cobrindo sua história e as formas como o Hibernate influenciou seu desenvolvimento. Discutiremos os benefícios dos seguintes padrões da JPA, bem como de quando faz sentido utilizar funcionalidades específicas do Hibernate. O livro também apresentará o Grails e o GORM, ilustrando as diferenças entre os padrões DAO e Registro Ativo. Portaremos nossa aplicação de amostra (que será desenvolvida ao longo do livro) tanto para o Grails quanto para o Spring Roo, destacando os benefícios e diferenças do uso de uma plataforma de desenvolvimento rápido com convenção sobre configuração. Nestas seções, nós exploraremos tópicos relacionados com concorrência/bloqueio otimista, estado de Sessão do Hibernate, abordagens de uso de cache, e gerenciamento de transações.

A última parte do livro apresentará várias técnicas avançadas, importantes para o trabalho com aplicações Spring/Hibernate empresariais. Ilustraremos algumas das armadilhas com a integraçao de bases de dados legadas, bem como as melhores práticas para o desenvolvimento de serviços web REST, o tratamento de representantes e de coleções lassas do Hibernate, bem como a construção de funcionalidades de busca usando o Hibernate-Search.

Eis alguns dos principais tópicos que discutiremos neste livro:

- Conceitos da JPA e passos para integração da JPA;
- Conceitos fundamentais e avançados para trabalho com o Hibernate;
- Técnicas de consulta do Hibernate;
- Desenvolvimento da camada DAO e da Fachada de Serviço;
- O Grails, juntamente com a apresentação do padrão Registro Ativo;
- Introdução do Spring Roo;
- Construção de um serviço web REST;
- Tradução entre um modelo de domínio e um DTO usando o Dozer;
- Exploração de outras estruturas e tecnologias, tais como o Hibernate-Search;
- Conceitos centrais para arquitetura de uma camada de persistência bem projetada;
- Funcionalidades básicas da Estrutura Spring, tais como IoC e AOP;
- Estratégias avançadas de integração e uso de cache.

CAPÍTULO 1

■ ■ ■
Arquitetando sua aplicação com Spring, Hibernate e padrões

Persistência é tipicamente o sangue de uma aplicação, provendo a memória de longo prazo de que o software precisa para ser útil através de múltiplas invocações. A despeito de sua importância, a arquitetura de uma camada de persistência raramente recebe consideração adequada durante os estágios de projeto ou de implementação de uma aplicação. As consequências dessa falta de planejamento podem ser de longo alcance e devastadoras para uma organização.

O objetivo primário deste livro é oferecer as melhores práticas, ferramentas e estratégias necessárias para se arquitetar e implementar uma camada de persistência sólida e eficiente. Muitos dos conceitos encontrados nestas páginas foram coletados de experiências práticas reais no projeto e construção de aplicações web destinadas a atender a até milhões de usuários diários. Nosso objetivo é ilustrar os padrões e abordagens que funcionaram para nós, e ao mesmo tempo examinar os detalhes de integração para uso do Spring e do Hibernate em suas próprias aplicações.

Uma importante lição que nós aprendemos, ao longo dos anos, é que, frequentemente, é melhor aprender pelo exemplo. Para isso, nós estaremos construindo uma aplicação real ao longo do curso do livro: uma aplicação web Image Gallery (galeria de imagens), que permite que os usuários visualizem em slides e exibições curadas pelos administradores. Para enfatizar soluções pragmáticas provadas e padrões arquiteturais para a construção de aplicações escaláveis e manutenção factível, cada capítulo focará num aspecto diferente do desenvolvimento de aplicações, com relação à persistência. Através de amostras de código ilustradas e de discussão, nós traçaremos o projeto, a arquitetura e a implementação de uma aplicação funcional real. Partindo da fundação, cada capítulo sucessivo se montará sobre o anterior, adicionando novas camadas, funcionalidades e testes. E, claro, como com qualquer aplicação real, nós faremos redesenho à medida que descobrirmos novas capacidades do Spring e do Hibernate, bem como estratégias e estruturas alternativas. De fato, os dois últimos capítulos farão uma rearquitetura total de nossa aplicação Image Gallery, à medida que examinaremos duas novas ferramentas baseadas no conceito de "convenção sobre configuração". Destinadas a um estilo mais rápido de desenvolvimento, o Grails e o Roo oferecem um ambiente de desenvolvimento mais holístico e consistente, com poderosas funcionalidades popularizadas por estruturas de linguagens dinâmicas, tais como o Ruby on Rails e o Django.

O benefício de uma abordagem consistente

Como se aprenderá ao longo deste livro, a maneira pela qual dados são salvos e consultados é uma parte integral de toda aplicação. De fato, a camada de persistência frequentemente serve como base sobre a qual uma aplicação é construída. Construídos em cima desta fundação estão os três componentes centrais de uma camada de persistência padrão baseada no Spring:

o modelo de domínio, a camada de Objeto de Acesso a Dados, e a fachada de serviço. Não se preocupe se não estiver familiarizado com algum desses termos. Nos capítulos seguintes, nós explicaremos o propósito e a função de cada um desses componentes, demonstrando a função que cada um exerce numa aplicação.

Embora não sugiramos que haja apenas uma abordagem correta para a arquitetura de uma aplicação, nós queremos enfatizar o benefício de se usar padrões chaves de projetos e melhores práticas. Este é um tema que se verá brotando repetidamente.

A significância da injeção de dependências

A estrutura Spring ajudou a remover muito do trabalho de adivinhação do projeto e construção de uma aplicação. Ela se tornou o padrão *de facto* para integração de componentes e estruturas distintas, e evoluiu bem além de suas raízes da injeção de dependências. O propósito da injeção de dependências é desacoplar da lógica funcional da aplicação o trabalho de se resolver componentes de software externos. Sem a injeção de dependências, os detalhes de como um componente acessa serviços necessários pode ficar confuso no código do componente. Isto não só aumenta o potencial de erros, infla o código e magnifica as complexidades de manutenção, como também acopla os componentes muito proximamente, tornando difícil a modificação de dependências, quando da reconstrução ou de testes.

Por sua própria natureza, o Spring ajuda a reforçar melhores práticas de codificação e a reduzir a dependência de estruturas externas, ou mesmo de classes dentro de uma aplicação. No nível mais simples, o Spring é um contentor leve IoC[1][*], o que significa que ele assumirá a responsabilidade de conectar as dependências da aplicação. A forma exata como esta responsabilidade de conexão é tratada será discutida em profundidade ao longo deste livro. No entanto, um tema que se verá repetidamente por estas páginas é como o Spring conecta componentes sem esforço, de uma forma frouxamente acoplada. Isto tem efeitos de longo alcance para qualquer aplicação, já que permite que o código seja mais facilmente reconstruído e mantido. E, no contexto deste livro, isso permite que os desenvolvedores construam uma camada de persistência que não esteja diretamente atada a uma implementação ou estrutura em particular.

O Spring deve muito de seu sucesso ao elevado número de pontos de integração que ele oferece, cobrindo uma ampla faixa de estruturas e tecnologias. À medida que os desenvolvedores perceberam os benefícios obtidos do uso do Spring para integração dos vários componentes dentro de seu próprio código, muitas novas abstrações apareceram, baseadas no Spring, para integrar estruturas populares de código aberto. Usar o Spring para integrar uma estrutura em particular não só simplifica a introdução da estrutura, mas permite que a integração seja realizada de uma forma consistente – nada diferente da forma como componentes colaborativos são conectados no contexto de uma aplicação. Além disso, usar a injeção de dependências do Spring para conectar uma estrutura chave assegura que a integração seja feita de uma forma desacoplada.

Um dos principais catalisadores para a adoção do Spring foi seu suporte à estrutura de mapeamento objeto-relacional (ORM) Hibernate, de código aberto. Conforme a estrutura Spring começava a crescer em popularidade, a comunidade de desenvolvimento em Java também estava comentando sobre o Hibernate. Esse foi um tempo crucial para as estruturas de código

---

1 [*] IoC – Sigla em inglês para Inversão de Controle. – N. do T.

aberto, já que tanto o Spring quanto o Hibernate ofereciam soluções revolucionárias que mudariam a maneira como muitas novas aplicações seriam arquitetadas e implementadas. Como se verá, o Spring e o Hibernate se complementam de numerosas maneiras, e cada qual é parcialmente responsável pelo sucesso e abrangente adoção do outro.

Uma parceria sinergética

Neste livro, nós focaremos em mostrar como o Spring e o Hibernate podem ser usados em conjunto mais eficientemente. De qualquer forma, nós ainda enfatizaremos estratégias para desacoplamento do Hibernate da aplicação. Isso não é porque temos qualquer caso com o uso do Hibernate, mas porque o acoplamento frouxo oferece uma separação mais limpa de interesses.

Não importa o quanto uma estrutura possa ser boa, sempre será melhor manter as dependências desacopladas. Não só uma camada de persistência agnóstica leva a código melhor, mais limpo e mais fácil de se manter (bem como à portabilidade de uma tecnologia de persistência para outra), mas também assegura a consistência através da aplicação. Subitamente, o código é suportado por uma coluna vertebral que cuida da conexão de dependências, oferece capacidade de programação orientada por aspecto (AOP), e gera metadados de configuração aderentes que implicitamente documentam a forma como as partes da aplicação se encaixam.

O Spring encoraja práticas de projeto que ajudam a manter todas as dependências da aplicação desacopladas. Seja ela uma estrutura externa, um componente de aplicação, ou mesmo os próprios Spring ou Hibernate, assegurar que componentes colaborativos não estejam diretamente atados ajuda a impedir que os interesses de uma camada vazem para outra. Ao delegar-se todos os detalhes de conexão para o Spring, não só simplifica-se a base do código, pela liberação da necessidade de se criar "código de acesso" infraestrutural, mas também assegura-se que os componentes sejam mantidos distintos. Nos próximos capítulos, se aprenderá como a codificação para interfaces e o uso das abstrações de ORM e a hierarquia genérica de exceções do Spring podem ajudar a se atingir esses objetivos.

A história do sucesso do Spring e do Hibernate

A elevação na popularidade do Spring brota de mais que apenas sua habilidade de reduzir a complexidade do código, pela ajuda na conexão de dependências. Muito da excitação inicial em torno da estrutura Spring foi devida a seu suporte a outras estruturas líderes do código aberto, incluindo o Hibernate. O Hibernate foi uma das primeiras estruturas de ORM de código aberto a oferecer uma solução de nível empresarial para a construção de uma camada de persistência. A habilidade do Spring de externalizar detalhes de integração num arquivo de configuração em XML ou expressar a injeção de dependências através de anotações Java ofereceu uma poderosa abstração que padronizou e simplificou enormemente os esforços de integração necessários para iniciar o Hibernate numa aplicação.

Estruturas de ORM oferecem uma camada de abstração sobre a tecnologia real de persistência que está sendo usada (normalmente uma base de dados relacionais), permitindo que os desenvolvedores se concentrem nos detalhes orientados por objetos de seu modelo de domínio, em vez de questões de baixo nível de bases de dados. Há uma falha de correspondência de impedância inerente entre o mundo das tabelas relacionais das bases de dados e o mundo orientado por objetos do Java, tornando difícil de se implementar uma abstração eficiente de ORM.

Esta falha de correspondência de impedância é devida às diferenças fundamentais entre as bases de dados relacionais e as linguagens orientadas por objetos, tais como polimorfismo, encapsulamento e acessibilidade. Além disso, a noção de igualdade é amplamente diferente entre o Java e o SQL. Nós discutiremos algumas dessas diferenças, ao longo deste livro, examinando abordagens para tapar a brecha entre uma base de dados SQL e um modelo de domínio em Java.

O Hibernate representou um passo significativo para tapar esta brecha, ao oferecer uma poderosa estrutura de código aberto para expressar um modelo de domínio orientado por objeto, e definir as maneiras pelas quais as tabelas e colunas de uma base de dados seriam sincronizadas com as instâncias e propriedades de objetos em JavaBeans.

Uma melhor abordagem para a integração

A despeito das melhorias e da eficiência com que uma camada de persistência podia agora ser desenvolvida, a integração do Hibernate numa aplicação ainda podia ser uma empreitada penosa. Sem nenhuma abordagem de integração padronizada, os desenvolvedores foram deixados na contínua reinvenção da roda, gastando recursos significativos no desenvolvimento e na manutenção do código de infraestrutura necessário para inserir o Hibernate em suas aplicações.

À medida que o Hibernate crescia em popularidade, a estrutura Spring começava a ganhar espaço, também. Quando o Spring apareceu em cena, pela primeira vez, sua missão era tornar mais simples o desenvolvimento de aplicações Java do lado do servidor. Antes de mais nada, ele oferecia uma solução melhor para se conectar as dependências da aplicação. Por esta razão, o Spring é frequentemente chamado de *contentor*, o que significa que ele oferece uma abstração centralizada para a integração de dependências colaborativas através de configuração, em vez da escrita (comumente repetitiva) de código para tratar desta tarefa.

Parte do espaço do Spring brota da forma como ela habilita as aplicações a prover funcionalidades de nível empresarial, tais como segurança e transações declarativas, sem a necessidade da sobrecarga e da complexidade de um contentor Enterprise JavaBean (EJB) ou de se forçar os desenvolvedores a se extenuarem com os detalhes de tecnologias ou padrões específicos. O tempo provou que o EJB, embora poderoso em teoria, é uma vítima do excesso de engenharia. O Spring e o Hibernate devem muito de seu sucesso ao fato de proverem uma solução mais razoável e eficaz que o padrão EJB. Enquanto o Spring oferece uma abordagem mais simples para o gerenciamento declarativo de transações, o Hibernate provê uma abstração de ORM mais robusta e intuitiva. Ambas as estruturas foram construídas e popularizadas pela crescente necessidade de uma solução que fosse menos complexa que as ofertas anteriores. O sucesso do Spring e do Hibernate veio com uma forte ênfase na construção de aplicações que fossem mais simples e leves, aumentando significativamente tanto a facilidade de manutenção quanto a de escalabilidade.

Embora a injeção de dependências fosse o propósito central do Spring, a estrutura evoluiu muito além de sua fundação IoC original. A estrutura Spring expandiu-se para outras áreas que naturalmente se misturam com suas raízes IoC. O Spring, agora, provê uma camada de gerenciamento transacional plugável, suporte à AOP, pontos de integração com estruturas de persistência (tais como o Hibernate), e uma estrutura web flexível, chamada MVC. A adição dessas funcionalidades foi um processo gradual, impulsionado por demanda e necessidade.

À medida que a popularidade do Hibernate surgia, os desenvolvedores começavam a se basear nas abstrações de persistência do Spring para simplificar a normalmente assustadora tarefa de integrar o Hibernate numa aplicação. Graças ao Spring, o processo de se pôr o Hibernate em ação se tornava muitíssimo mais fácil. Os desenvolvedores partiam de um arquivo de configuração do Spring que não só inicializava um `SessionFactory` do Hibernate (permitindo que detalhes de configuração fossem especificados através de XML padrão), mas também melhorava a invocação de uma miríade de operações do Hibernate através do uso de abstrações bem montadas, fundadas em padrões de projeto testados ao longo do tempo, tais como o `HibernateTemplate` e o `OpenSessionInView`. Nós discutiremos estes detalhes centrais de integração Spring-Hibernate nos próximos capítulos. O ponto importante, aqui, é que a combinação do Spring com o Hibernate promove uma solução extremamente poderosa para os desenvolvedores.

Não só o Spring simplifica a integração do Hibernate, como também ele reduz o acoplamento do Hibernate para uma aplicação. Se surgir a necessidade de se alternar para um ORM ou uma tecnologia de persistência diferente, este esforço de migração se torna muito mais fácil, porque há poucas dependências diretas do próprio Hibernate. Por exemplo, o Spring fornece uma hierarquia genérica de exceções para erros relacionados a persistência. Embora não necessária, considera-se boa prática a conversão de exceções do Hibernate na hierarquia genérica de exceções do Spring, que desacopla ainda mais do Hibernate a aplicação. O Spring inclui mecanismos embutidos para simplificar esta conversão, ao ponto dela ficar bastante transparente. Além disso, o código de integração do Spring para outras tecnologias de persistência (tais como JDBC, JPA, TopLink, etc.) também tratará da tradução para a hierarquia genérica de exceções do Spring, simplificando ainda mais uma migração de uma tecnologia de persistência para outra.

Estabelecer relacionamentos de dependências frouxamente acoplados é um dos propósitos centrais do Spring. De fato, a própria estrutura limita o mais possível o acoplamento direto para si mesma, o que significa que a aplicação raramente estará diretamente atada a classes do Spring.

Melhores práticas para arquitetura de uma aplicação

Quanto mais o código é abstraído de fazer interface direta com uma base de dados (e de lidar com essas questões de nível mais baixo), mais fácil é alternar para uma base de dados ou uma tecnologia de persistência diferente. Da mesma forma, o Hibernate também oferece uma abstração sobre o modelo de dados, permitindo o foco nos detalhes de persistência da aplicação, em vez de nas particularidades da base de dados. Por meio desses desacoplamentos, uma camada de persistência se torna muito mais portável entre bases de dados distintas.

O Spring centraliza a conexão das dependências dentro da aplicação, tornando mais fácil a manutenção e a configuração, e obrigando os desenvolvedores a codificar para interfaces, o que leva a código melhor e mais limpo. Ele também permite que se concentre mais na lógica funcional da aplicação, com menos preocupação com o como esta informação é fisicamente armazenada e recuperada. Este conceito é frequentemente chamado de *separação em camadas*. Cada camada é focada especificamente na realização de uma tarefa em particular (com pouco conhecimento ou acoplamento com outras camadas dentro da aplicação).

As camadas de uma camada de persistência

A camada da aplicação que lida com persistência é normalmente chamada de *camada de persistência*. O Spring ajuda a reforçar uma arquitetura modular em que a camada de persistência é dividida em várias camadas centrais que contêm o seguinte:

- O Modelo do Domínio;
- A Camada do Objeto de Acesso a Dados (DAO);
- A Camada de Serviço (ou Fachada de Serviço).

Cada uma dessas camadas é representante de padrões de projeto provados, que são chaves para a construção de uma arquitetura sólida e de manutenção factível. Fora da camada de persistência, uma típica aplicação MVC Spring também tem uma camada controladora, que trata da interação com o usuário, delegando à fachada de serviço e levando dados necessários de volta à vista. Nós entraremos nesses detalhes de implementação nos próximos capítulos. Aqui, nós daremos uma rápida olhada no modelo de domínio, no DAO, e nas camadas de serviço.

O modelo de domínio

O modelo de domínio representa as entidades chaves dentro de uma aplicação, definindo a maneira pela qual elas se inter-relacionam. Cada entidade define uma série de propriedades, que designam suas características, bem como seus relacionamentos com outras entidades. Cada classe, dentro do modelo de domínio, contém as várias propriedades e associações que se correlacionam com colunas e relacionamentos dentro da base de dados. Tipicamente, há uma entidade de domínio para cada tabela dentro da base de dados, mas esse não é sempre o caso.

Por exemplo, nós podemos precisar definir uma entidade de domínio `Person`, projetada para representar o conceito de uma pessoa dentro da aplicação e da basede dados. A classe `Person` poderia ser representada assim:

```
@Entity
public class Person implements Serializable {

  private Long id;
  private String firstName;
  private String lastName;
  private String username;
  private String password;
  private Integer roleLevel;

  private Integer version;

  public Person() {

  }

  @Id
  public final Long getId() {
```

```
    return id;
}

@Version
public Integer getVersion() {
  return version;
}

... Demais obtentores e definidores omitidos
}
```

Parte do trabalho do Hibernate é converter entre instâncias do modelo de domínio e linhas na base de dados. Os desenvolvedores fornecem dicas para ajudar o Hibernate a realizar estas conversões, especificando regras de mapeamento usando XML ou anotações. Estes metadados são usados pelo Hibernate para definir as características do modelo de domínio e como as propriedades orientadas por objeto, dentro do modelo de domínio, são mapeadas para as colunas e relacionamentos na base de dados.

Embora o XML tenha sido inicialmente usado para definição das regras de mapeamento, nós recomendamos usar anotações, uma vez que esta abordagem é mais simples e mais concisa. De fato, pela aplicação da anotação `@Entity` a uma classe, considera-se que uma propriedade da classe deve ser persistida na base de dados usando-se o nome da propriedade como nome de coluna da base de dados, e usando o tipo de campo como dica para o tipo de coluna da base de dados. É claro que todos esses detalhes podem ser explicitamente configurados ou sobrepostos, mas graças a omissivos sensíveis, a configuração de mapeamento deve ser relativamente concisa, na maior parte do tempo.

A Camada de Objeto de Acesso a Dados (DAO)

A camada DAO define os meios para salvamento e consulta aos dados do modelo de domínio. Um DAO ajuda a abstrair aqueles detalhes específicos de uma base de dados ou tecnologia de persistência em particular, provendo uma interface para comportamento de persistência da perspectiva do modelo de domínio, enquanto encapsula funcionalidades explícitas da tecnologia de persistência. O objetivo do padrão DAO é abstrair completamente a tecnologia subjacente de persistência e a maneira pela qual ele salva, carrega e manipula os dados representados pelo modelo de domínio. O benefício chave do padrão DAO é a separação de interesses – os detalhes de nível mais baixo da tecnologia de persistência e da fonte de dados são abstraídos numa série de métodos que fornecem funcionalidades de consulta e salvamento. Se a tecnologia subjacente de persistência mudar, a maior parte das mudanças necessárias estarão limitadas à definição de uma nova implementação de DAO, seguindo a mesma interface.

Por exemplo, nós podemos criar uma classe `PersonDAO` para definir todas as necessidades de persistência da aplicação relacionadas com a entidade `Person`. Em `PersonDao`, nós provavelmente teríamos um método como o seguinte:

```
public Person getPersonById(Long id);
```

Este método seria responsável pelo carregamento de uma entidade `Person` da base de dados usando seu identificador único.

O seguinte poderia ser outro método para nossa aplicação:

```
void savePerson(Person person);
```

Este método seria projetado para tratar todas as atualizações numa dada fila, na tabela `Person` (isto é, criação ou modificações).

Quando da definição de um DAO, é boa prática escrever primeiro a interface, que delineia todos os métodos centrais relacionados com persistência de que a aplicação precisará. Nós recomendamos a criação de DAOs separados para cada entidade persistente no modelo de domínio, mas não há regras claras, nesta área. Contudo, a definição de métodos de DAO numa interface separada é crucial, uma vez que ela desacopla da implementação real o propósito e o contrato do DAO, e até permite que se escrevam mais de uma implementação para uma dada interface de DAO.

É importante notar que tal interface é agnóstica para a tecnologia de persistência sendo usada nos bastidores. Em outras palavras, a interface só depende das classes do modelo de domínio relevante, desacoplando nossa aplicação dos detalhes de persistência. É claro que a implementação da classe do DAO usará Hibernate, JPA, ou qualquer que seja a tecnologia de persistência que optemos por empregar. Entretanto, as camadas mais altas de nossa aplicação ficarão isoladas desses detalhes pela interface do DAO, dando-nos portabilidade, consistência e uma arquitetura bem atada.

Como mencionamos antes, a estrutura Spring também provê uma hierarquia genérica de exceções de dados, conveniente para todos os tipos de estruturas e usos de persistência. Dentro de cada biblioteca de integração de estruturas de persistência, o Spring faz um excelente trabalho de conversão de cada exceção específica de estrutura numa exceção que seja parte da hierarquia genérica de exceções de acesso a dados do Spring. Todas as exceções da hierarquia genérica de exceções do Spring são não checadas, o que significa que o código da aplicação não precisa capturá-las. O Spring ajuda a desacoplar a aplicação de uma determinada estrutura de persistência, permitindo que se codifique para uma hierarquia genérica e bem definida de exceções que pode ser usada com qualquer tecnologia de persistência.

No capítulo 6, nós nos aprofundaremos nas estratégias de implementação de DAO, explorando a flexível capacidade de consultas e salvamento/atualização suportada pelo Hibernate e pela JPA. Consultas, em particular, podem exigir um pouco de complexidade, e para isso, o Hibernate e a JPA fornecem duas abordagens diferentes para busca e acesso a dados. A HQL (Linguagem de Consultas do Hibernate) e a JPQL (Linguagem de Consultas de Persistência do Java) oferecem, ambas, uma sintaxe orientada por objetos para se expressar consultas que é muito similar ao SQL. Embora concisas e intuitivas, a HQL e a JPQL são interpretadas em tempo de execução, o que significa que não se pode usar o compilador para verificar a correção e a integridade de uma consulta.

Para atender a esta limitação, o Hibernate inclui, ainda, uma API Criteria, que permite que as consultas sejam expressas programaticamente. Até recentemente, a JPA não oferecia uma API Criteria, o que significava que os desenvolvedores tinham de sair do padrão JPA se precisassem deste tipo de facilidade de consulta. Mas, com a introdução da JPA 2.0, agora uma API Criteria está disponível como parte do padrão.

A questão de se usar HQL/JPQL ou a API Criteria é, às vezes, uma questão de estilo. Porém, há alguns casos em que a API Criteria é mais eficiente e fácil de se manter. Por exemplo, se se está construindo uma funcionalidade que exige filtragem ou ordenação dinâmica, a capacidade de se criar dinamicamente uma consulta programática, baseada nas especificações de tempo de execução do usuário, é muito mais limpa que tentar gerar dinamicamente uma string de consulta JPQL por meio de concatenação. Discutiremos mais estes tipos de decisões de implementação no capítulo 6.

A FACHADA DE SERVIÇO

A camada que trata da lógica funcional da aplicação é (muito surpreendentemente) chamada de *camada de serviço*. Esta camada tipicamente define a API de face pública de uma aplicação, combinando uma ou mais operações DAO de nível mais baixo numa única unidade transacional coesiva.

Para ajudar no entendimento de como uma camada de serviço é construída e usada, vamos dar uma olhada em alguns exemplos:

```
Person loginUser(String username, String password);
```

O método `loginUser()` destina-se a autenticar um usuário (isto é, verificar se o nome de usuário e senha especificados correspondem), e depois carregar informações importantes do usuário na sessão (coletar informações do usuário, tais como nome, data do último login, tipo de cargo, e assim por diante). Essas tarefas provavelmente não seriam tratadas por um único método DAO. Ao invés, nós provavelmente construiríamos em cima da funcionalidade de duas classes DAO distintas, uma `PersonDAO` e uma `RoleDAO`:

```
interface PersonDao {

  Person authenticatUser(String username, String password);

  ...

}



interface RoleDao {

  List<Role> getRolesForPerson(Person person);

  ...

}
```

Juntos, esses métodos DAO atingiriam um objetivo funcional central que é maior que a soma de suas partes. Neste exemplo, nós estamos usando dois métodos somente de leitura, mas imagine um cenário em que nós tenhamos um método funcional, tal como o seguinte:

```
boolean transferMoney(Long amount, Account fromAccount, Account destAccount)
    throws InvalidPermissionException, NotEnoughFundsException;
```

Agora, suponha que o método da camada de serviço precedente seja composto de vários métodos DAO:

```
boolean validateSufficientFundsInAccount(Long accountId);

boolean removeFunds(Long accountId, Long amount);

boolean addFunds(Long accountId, Long amount);
```

É fácil ver-se o que está se passando, aqui: nós verificamos que existe bastante dinheiro numa determinada conta, e depois retiramos fundos de uma conta e os transferimos para outra. A tarefa é bastante simples, mas não usa uma imaginação bem fértil para visualizar a histeria que pode ocorrer caso este método funcional falhe a meio caminho do processo – os fundos podem ser retirados mas nunca depositados na conta de destino. Isso poderia ser bom para o banco, em princípio, mas, após algum tempo, toda a economia colapsaria, e a civilização seria deixada com apenas um rudimentar sistema de escambo baseado em loucas quinquilharias e figuras de ação de Guerra nas Estrelas.

Explorando as transações declarativas

Métodos da fachada de serviço tipicamente se agrupam em múltiplos métodos de DAO para realizar a lógica funcional como uma única unidade de trabalho. Este é o conceito de uma transação: o método todo (e todos os seus efeitos colaterais) é completado com 100 por cento de sucesso, ou a aplicação é desfeita até o estado anterior ao método ser chamado. Antes que a persistência do Spring entrasse em cena, as exigências transacionais frequentemente pediam que os desenvolvedores olhassem para os EJBs, que os deixava configurar declarativamente as semânticas transacionais para cada método da fachada. Quando não podiam especificar declarativamente as exigências transacionais, os desenvolvedores deviam, ao invés, usar uma abordagem programática. Isso não só adicionava complexidade de código e obscurecia as intenções da lógica de persistência, como também acoplava a tecnologia de persistência à aplicação. A demarcação transacional é frequentemente considerada uma *questão de corte cruzado*, o que significa que ela representa funcionalidade que afeta muitas partes da base de código, mas é ortogonal a suas outras funcionalidades. Questões de corte cruzado acrescentam redundância ao código, uma vez que precisam ser repetidamente entremeada no tecido da lógica funcional de uma aplicação, reduzindo a modularidade do código. A Programação Orientada por Objetos tem por objetivo resolver este problema, permitindo que essas questões sejam expressas uma só vez, como aspectos, e depois costuradas na lógica funcional conforme necessário.

No Spring, a camada de serviço tipicamente tem por objetivo a realização de três tarefas primárias:
- Servir como API central, através da qual outras camadas da aplicação farão interface (esta é a encarnação do padrão de fachada);
- Definir a lógica funcional central, normalmente chamando um ou mais métodos DAO para atingir este objetivo;
- Definir detalhes transacionais para cada método de fachada.

ENTENDENDO A PROGRAMAÇÃO ORIENTADA POR ASPECTO (AOP)

A camada de serviço é onde o suporte a AOP do Spring é melhor utilizado. O Spring segue acompanhado de suporte transacional que pode ser aplicado a código de aplicação através do uso de interceptadores que melhoram o código da camada de serviço, pela costura do bem transacional. Um interceptador é código que pode ser misturado ao fluxo de execução de um método, normalmente delegando ao interceptador antes e/ou depois de um determinado método ser invocado. Para ser simples, um interceptador encapsula o comportamento de um aspecto até um ponto na execução de um método.

Não basta especificar que um método deve ser transacional. Não se deve simplesmente forçar cada método para que ocorra dentro dos confins de uma transação, desfazendo em caso de ocorrência de erros e confirmando se tudo correr bem. Talvez certos métodos não tentem modificar nenhum dado, e, portanto, deve ser executado dentro do contexto de uma transação só de leitura. Ou, mais provavelmente, talvez algumas exceções acionem um desfazimento, enquanto outras permitam que a transação prossiga.

Pointcuts são outro importante componente da AOP do Spring. Eles ajudam a definir onde um determinado aspecto (funcionalidade modularizada que pode ser costurada na lógica da aplicação, tal como um comportamento transacional) deve ser costurado. Com o suporte transacional do Spring, tem-se controle de granularidade fina sobre quais exceções podem disparar uma confirmação (commit) ou um desfazimento (rollback), bem como os detalhes sobre a própria transação, tais como determinar o nível de isolamento e se um método deve disparar uma nova transação ou uma transação aninhada, ou ser executado dentro da transação existente.

Num nível básico, o Spring realiza a AOP através do uso do padrão de projeto proxy. Quando se avisa as classes pela injeção de comportamento de corte cruzado em vários métodos, não se está realmente injetando código por toda a aplicação (embora, de certa forma, esse é o efeito líquido do uso da AOP). Ao invés, está-se requisitando que o Spring crie uma nova classe proxy, na qual a funcionalidade é delegada à classe existente juntamente com a implementação transacional (ou qual seja o aspecto que se está tentando costurar no código). Esta explanação é uma super-simplificação do que realmente ocorre nos bastidores, mas importante a lembrar é que quando o comportamento de corte cruzado é costurado nas classes através da AOP, o Spring não está inserindo código diretamente; ao invés, ele está substituindo as classes por proxies que contêm o código existente entremeado com o código transacional. Nos bastidores, isto é implementado usando-se proxies dinâmicos do JDK ou melhoramento de bytecode CGLIB.

Novamente, é fácil ver como isso se encaixa naturalmente para um contentor IoC leve como o Spring. Como já se confia no Spring para tratar das dependências, faz todo o sentido deixar que o Spring cuide, também, de representar essas dependências para que se possa adicionar novo comportamento de corte cruzado.

Embora a AOP do Spring seja impressionantemente poderosa quando se precisa definir e introduzir novos aspectos a serem costurados nas implementações, funcionalidade transacional chave está disponível de pronto e sem a necessidade de se aprender os detalhes dos conceitos de programação AOP. Ainda assim, entender o básico do que o Spring faz nos bastidores é útil. Tenha-se em mente que a AOP é útil para mais do que apenas aplicar comportamento transacional – ela é útil para se costurar qualquer questão de corte cruzado na aplicação, tal como registro ou segurança. Discutiremos a AOP em mais detalhes posteriormente, neste livro.

SIMPLIFICANDO AS TRANSAÇÕES

Embora a aplicação de transações usando-se o Spring exigisse um pouco de know-how de AOP, este processo foi enormemente simplificado em versões recentes da estrutura. Agora, aplicar comportamento transacional a uma classe da camada de serviço é uma questão de se especificar a anotação @Transactional, seja no nível da classe, seja no do método. Esta anotação pode ser parametrizada com atributos para se personalizar seu comportamento, no entanto, o detalhe mais significativo é se uma transação é só de leitura. Muitos desenvolvedores não reconhecem a importância do uso de transações – mesmo dentro de um contexto só de leitura. Transações podem ser úteis para mais do que simplesmente assegurar a atomicidade. Transações também podem ser usadas para se especificar um nível de isolamento de base de dados, e para se delinear outros detalhes contextuais que possam ser ambíguos fora de um escopo transacional. Nós recomendamos enfaticamente que todas as operações de base de dados ocorram dentro do escopo de alguma transação – mesmo que seja simplesmente para se ter controle sobre o estado contextual da base de dados. Discutiremos alguns desses detalhes, tais como o entendimento dos níveis de isolamento e as opções transacionais avançadas, no capítulo 8.

O BENEFÍCIO DE SE CODIFICAR PARA INTERFACES

Nós podemos confiar no Spring para conectar dependências DAO em nossas classes da camada de serviço, assegurando que esta integração ocorra de uma forma consistente e que o ponto de integração entre essas duas camadas seja através de interfaces, em vez de classes de implementação específicas. Como mencionamos anteriormente, neste capítulo, este é um conceito fundamental para se explorar a injeção de dependências do Spring: pela codificação para interfaces, nós obtemos mais com nosso dinheiro. Nós sempre podemos confiar no Spring para injetar automaticamente as dependências necessárias, mas pelo uso de interfaces nós ganhamos o benefício adicional de ser capazes de mudar a implementação que deve ser injetada em tempo de execução. Sem interfaces, não há outras opções – nós temos de fixar no código as dependências que devem ser injetadas em nossos componentes. Interfaces e a capacidade de injeção de dependências do Spring são uma dupla dinâmica que oferece flexibilidade significantemente melhorada. Por exemplo, sem mudar qualquer código, pode-se optar por injetar uma série de dependências para teste de unidade e outra na distribuição de produção. Ou pode-se escolher quais implementações usar para cada ambiente. Estes são alguns dos benefícios oferecidos pela adesão às melhores práticas e exploração da estrutura Spring.

TESTANDO SUA CAMADA DE PERSISTÊNCIA

Como se verá em capítulos posteriores, esta separação de interesses ajuda a manter o código limpo e assegura que detalhes de uma camada não interfiram no código de outra. Quando chegar a hora de reconstrução, esta vantagem pode ser significativa. Talvez até mais importante, estas melhores práticas são instrumental para se assegurar uma eficiente estratégia de teste. No capítulo 8, se aprenderá como o Spring simplifica enormemente a criação de testes de unidade e de integração. Quando se trata de testes, é bastante intuitivo ver-se como implementações alternantes podem realmente ser úteis. O Spring 3 inclui uma poderosa estrutura TestContext que simplifica a criação e o gerenciamento de testes de unidade e de integração – até mesmo abstraindo a estrutura de testes que se esteja usando. Testes de integração frequentemente podem ser um assunto complicado, especialmente quando se considera os detalhes de instanciação de todos os componentes e dependências de um teste. Por exemplo, um teste de integração pode exigir acesso a uma base de dados, bem como a dados de teste. O Spring pode inicializar o `ApplicationContext` e depois injetar, automaticamente, quaisquer dependências necessárias. No caso de teste de código relacionado com persistência, pode-se optar por ter-se os dados ocorrendo dentro do escopo de uma transação e, depois, desfazer-se automaticamente a transação, no completamento do teste, para assegurar que as modificações feitas pelo teste sejam removidas.

Funcionalidades avançadas e afinação de desempenho

Este livro também cobre alguns dos conceitos mais avançados de persistência, que são indispensáveis na maioria das aplicações, tais como técnicas de otimização para carregamento e gerenciamento de relacionamentos e coleções complexos dentro do modelo de domínio. Discutiremos estratégias de desempenho e otimização, tais como a busca ávida e o uso de cache (tanto no nível de domínio quanto em abstrações mais altas). Como mencionamos antes, o Hibernate oferece numerosas funcionalidades que podem ser exploradas para melhorar o desempenho da aplicação. Por exemplo, o Hibernate e a JPA oferecem uma enorme flexibilidade para afinação de consultas por HQL/JPQL e pela API Criteria. Essas funcionalidades permitem que os desenvolvedores minimizem idas e voltas à base de dados, permitindo que até grandes conjuntos de dados sejam acessados com mínimas consultas SQL. O Hibernate também provê funcionalidades tais como o carregamento desocupado e poderosos mecanismos de uso de cache, que podem ser afinados para se controlar o tamanho e a hora de expiração para entidades em cache. Entender-se como essas funcionalidades funcionam, bem como a miríade de opções disponíveis para controlá-las, é crítico para a maximização do desempenho.

O uso de cache é uma funcionalidade frequentemente subestimada que pode impedir uma aplicação de alcançar seu potencial pleno. No caso do uso de cache, ou ele não é totalmente utilizado, ou não se dá bastante tempo e atenção a afinação e testes. Contudo, se deixado sem afinação, o uso de cache pode degradar significativamente o desempenho da aplicação. No capítulo 10, se aprenderá como funciona o uso de cache do Hibernate, estratégias para afinação e melhoramento do desempenho, e como integrar um provedor de cache, tal como o ehcache. Exploraremos, também, várias armadilhas comuns responsáveis por problemas de desempenho, tais como a questão de *N+1 Selects*, e como fazer para identificar e resolver essas questões.

Hibernate-Search

Às vezes, a aplicação exigirá mais do que o Hibernate ou o Spring têm a oferecer. Então nós discutiremos algumas estruturas importantes que estendem o Spring e o Hibernate, tais como o Hibernate-Search. O Hibernate-Search integra a popular estrutura de busca de código aberto, Lucene, numa aplicação Hibernate ou JPA. Para funcionalidades que exijam verdadeira funcionalidade de busca, uma base de dados relacionais não é capaz de prover a capacidade que o Lucene é capaz de oferecer. O Hibernate-Search integra transparentemente o Lucene na camada de persistência, permitindo que se execute consultas Lucene dentro do escopo de uma Session do Hibernate ou de um Persistence Context da JPA. No capítulo 10, se aprenderá como esta integração funciona, bem como a faixa de funcionalidade oferecida pelo Lucene e pelo Hibernate-Search.

Construindo um serviço web REST

Como muitas aplicações usam o Spring e o Hibernate como parte de uma aplicação web, nós exploraremos algumas das potenciais questões e soluções relacionadas com a construção de aplicações web. Desenvolveremos um serviço web baseado em REST, para explorar algumas estratégias para transformação de entidades de domínio de Java em JSON ou XML e vice versa. Examinaremos estruturas, tais como a Dozer, que ajuda a reduzir algo da complexidade relacionada com a serialização do grafo de objeto e da lida com potenciais LazyInitializationExceptions.

Outros padrões de projeto de persistência

O Spring é baseado em padrões de projeto testados com o tempo, que seguem um longo caminho em direção à simplificação e redução da manutenção. Enquanto estamos no tópico de álbuns dos tijolos centrais de uma aplicação, vamos dar uma olhada em alguns dos padrões mais prevalentes usados em muito da arquitetura do Spring.

■ **Nota** Serão vistos muitos desses padrões em ação, ao longo deste livro, mas pode ser útil dar uma olhada no trabalho seminal que popularizou o uso de padrões para a solução de problemas recorrentes na programação baseada em objetos. Este famoso livro é chamado *Design Patterns: Elements of Reusable Object-Oriented Software*, de Erich Gamma, Richard Helm, Ralph Johnson e John Vlissides (Addison-Wesley, 1994). Os autores e, por associação, seus padrões, frequentemente são jocosamente chamados de "The Gang of Four" (a turma dos quatro).

O padrão gabarito (template)

O padrão gabarito é um dos jargões mais frequentemente usados dentro dos pacotes de integração da estrutura de ORM do Spring. O Spring oferece gabaritos para cada uma das mais populares estruturas de persistência, tornando fácil portar código para uma implementação de persistência diferente. O Padrão Gabarito também é usado pela estrutura Spring para integrar mais eficientemente o JMS, definir comportamento transacional, e oferecer capacidade de mensagens de email externo, entre outras coisas.

O padrão Gabarito permite que um gabarito seja definido de forma que uma série de passos padrões sejam seguidos, delegando a uma subclasse para as operações que são específicas da lógica funcional. Por exemplo, quando trabalhando com o Hibernate, é necessário primeiro criar-se e inicializar-se uma nova sessão do Hibernate e, opcionalmente, iniciar uma transação, antes de executar quaisquer operações do Hibernate. Quando as operações forem completadas, é necessário fechar a sessão e, opcionalmente, confirmar ou desfazer a transação. Seria muito redundante repetir esses mesmos passos toda vez que fosse necessário fazer interface com o Hibernate. Ao invés, nós podemos explorar as abstrações `HibernateTemplate` ou `JpaTemplate` do Spring, que tratam desses passos para nós. Embora o uso destas classes de suporte a gabarito seja uma abordagem eficiente, nós exploraremos opções alternativas, posteriormente, neste livro.

Tipicamente, um gabarito é definido como uma classe abstrata. Para especificar as operações a serem empacotadas no fluxo de trabalho gabaritado, nós estendemos a classe do gabarito, provendo ou estendendo as implementações para os métodos abstratos definidos na classe gabarito mãe.

O padrão Gabarito faz exatamente o que seu nome diz: ela extrai tarefas redundantes e fixas para um gabarito, delegando à implementação específica para funcionalidade que não pode ser gabaritada. Na maioria dos casos, o código que não pode caber num gabarito é a própria lógica de persistência. Usar o padrão Gabarito significa que se pode focar nas operações da base de dados, sem necessidade de preocupação com alguns desses detalhes mundanos:

- Abrir uma conexão com a base de dados;
- Iniciar uma transação;
- Empacotar operações SQL em blocos `try-catch` (para tratar exceções inesperadas);
- Confirmar ou desfazer uma transação;
- Fechar a conexão com a base de dados (e tratar quaisquer exceções durante este processo);
- Capturar quaisquer exceções que possam ocorrer na transação.

Sem usar o Spring, muito do código tem pouco a fazer com a lógica de persistência, mas é o mesmo código fixo exigido por cada e toda operação.

As classes `HibernateTemplate` e `JpaTemplate` do Spring oferecem uma série de métodos convenientes para simplificar muita da funcionalidade comum relacionada com persistência. Por exemplo, a `HibernateTemplate` prové alguns métodos úteis, como:

- `saveOrUpdate(Object entidade)`
- `load(class classeDaEntidade, Serializable id)`
- `find(String consultaHql)`
- `findByCriteria(DetachedCritieria critérios)`
- `delete(Object entidade)`

`HibernateTemplate` oferece muito mais métodos, bem como numerosas permutações de alguns dos métodos listados acima. Entretanto, esses métodos convenientes não são exemplos diretos do padrão gabarito. De fato, eles estão mais para métodos empacotadores, que delegam ao método central do gabarito encontrado na abstração `HibernateTemplate` do Spring:

```
public Object execute(HibernateCallback action) throws DataAccessException {
    return doExecute(action, false, false);
}
```

Para executar uma série de operações do Hibernate, assegurando que elas ocorram dentro dos passos gabaritados necessários (tais como inicializar e fechar uma sessão do Hibernate), nós precisamos criar uma implementação anônima da interface HibernateCallback, que é o único parâmetro para o método execute precedente. Por exemplo, para salvar uma entidade na base de dados, nós poderíamos fazer o seguinte:

```
public void customSavePerson(Person person) {
   getHibernateTemplate().execute(
      new HibernateCallback() {
         public Object doInHibernate(Session session) throws HibernateException {
            session.saveOrUpdate(person);
         }
      }
   );
}
```

É claro que poderia ser muito mais simples usar apenas o método save(Object entidade) de HibernateTemplate. Ainda, neste elaborado exemplo, nós definimos uma implementação da interface HibernateCallback, que usa a Session passada para persistir a entidade Person na base de dados. Tipicamente, este tipo de funcionalidade de persistência de nível mais baixo seria parte de uma classe DAO, que ajuda a abstrair do resto da aplicação o código específico do Hibernate.

Embora HibernateTemplate e JpaTemplate ofereçam uma construção eficiente para organizar as operações de persistência, elas não são mais tão necessárias quanto já foram. O Hibernate 3 segue com uma funcionalidade chamada Contextual Sessions, que oferecem maior flexibilidade em torno do escopo de uma Session. Parte do que o suporte a ORM do Spring provê é a facilitação de uma conversação envolvendo comportamento persistente, permitindo que operações do Hibernate e da JPA sejam transparentemente integradas ao suporte transacional do Spring. As funcionalidades transacionais do Spring não poderiam ser apropriadamente utilizadas se toda operação do Hibernate criasse uma nova Session e uma nova conexão com a base de dados. Para atar múltiplas operações de persistência de nível mais baixo numa "conversação" holística, o Spring usa as capacidades de ThreadLocal, permitindo que operações díspares sejam escopadas através de um segmento contínuo. Versões recentes do Hibernate oferecem um mecanismo plugável para definição de como o acesso à Session atual deve funcionar. Esta nova capacidade torna HibernateTemplate e JpaTemplate um pouco redundantes, em algumas circunstâncias. Discutiremos os benefícios e as desvantagens dos gabaritos dos gabaritos de ORM do Spring nos próximos capítulos.

■ **Nota** O Spring pode ser usado tanto para transações gerenciadas pela JTA quanto para transações de recursos locais. Num ambiente JTA, as transações são gerenciadas pelo contentor, e oferecem comportamento adicional, tal como transações distribuídas. No entanto, há sobrecarga adicional para a exploração das transações da JTA, e nós recomendamos o uso de transações locais mais leves, se a aplicação não exigir as funcionalidades fornecidas pela JTA. Uma das vantagens do uso do Spring é que a alternância entre transações gerenciadas localmente e a JTA é uma simples questão de configuração. No caso da JTA, o Spring simplesmente delega à JTA, em vez de gerenciar o estado contextual através de um segmento da aplicação.

O padrão registro ativo (active-record)

O padrão DAO não é a única estratégia para realização de operações de dados. Outra abordagem que começou a chamar mais atenção, recentemente, é o padrão Registro Ativo. Registro Ativo é um padrão de projeto popularizado por estruturas tais como o Ruby on Rails e o Grails, e usa uma abordagem diferente da abstração da funcionalidade de persistência numa camada separada. Ao invés, Registro Ativo tenta misturar o comportamento de um objeto do domínio diretamente na própria classe do domínio.

Tipicamente, uma instância de uma classe de domínio em particular representa uma única linha dentro da respectiva tabela da base de dados. Para salvar alterações feitas na instância (e, consequentemente, na linha apropriada da base de dados), um método `save` da instância é chamado diretamente na instância. Para excluir uma instância, nós podemos simplesmente invocar `delete()` na instância que precisa ser excluída. Operações de consulta são normalmente invocadas como métodos estáticos na própria classe do domínio. Por exemplo, no Grails, para se encontrar todas as entidades `Person` com uma propriedade `lastName` de `Fisher`, nós poderíamos chamar `Person.findAllByLastName('Fisher')`.

O benefício de Registro Ativo é que ele oferece uma abordagem intuitiva e concisa para a realização de operações de persistência, e normalmente reduz significantemente a sobrecarga de código. Registro Ativo também tenta combinar comportamento e propriedades num objeto de domínio, fornecendo uma abordagem mais orientada por objeto. No capítulo 11 se aprenderá mais sobre o padrão Registro Ativo, quando discutiremos o Grails.

Resumo

Neste livro, nós demonstraremos como o Spring se integra com estratégias e estruturas chaves de persistência. Ao longo do curso, se aprenderá mais sobre as funcionalidades e capacidades do Spring, e alguns dos padrões de projeto chaves que ele usa para realizar o trabalho eficientemente.

Até vários anos atrás, a simples Conectividade de Base de Dados do Java (JDBC) era uma das opções mais populares para implementação da camada de persistência de uma aplicação. Porém, o EJB e as estruturas de ORM de código aberto, tais como o Hibernate, mudaram significativamente a paisagem da persistência, ao permitirem que os desenvolvedores se concentrassem num modelo de domínio baseado em Java, mantendo a semântica orientada por objeto do Java, enquanto ainda trabalhando com os conceitos relacionais de uma base de dados SQL. O ORM oferece um nível de abstração que permite uma flexibilidade aumentada, pelo desacoplamento do código da aplicação dos detalhes de nível mais baixo de uma base de dados relacional.

Contudo, as coisas nem sempre são tão fáceis quanto parecem. O ORM não deixa de ter suas desvantagens e consequências. Primeiro, como mencionamos antes, há a falha de impedância entre o mundo orientado por objetos do Java e o mundo relacional do SQL. Estruturas de ORM, como o Hibernate, fazem o máximo para resolver esta falha, ao oferecer opções extensivas para mapeamento entre o SQL e o Java. Mesmo assim, diferenças fundamentais entre estas duas esferas sempre existirão, e, portanto, não podem ser completamente resolvidas.

A despeito de algumas dessas limitações, as estruturas de ORM oferecem benefícios sem paralelo, pela organização da maneira como os desenvolvedores trabalham com uma base de dados relacionais. Por exemplo, o Hibernate apresenta funcionalidades ancilares, tais como o uso de cache e o carregamento folgado, que podem melhorar dramaticamente o desempenho de uma aplicação com pouco ou nenhum esforço adicional de codificação. O Hibernate e a JPA também oferecem ferramentas para gerar transparentemente esquemas de bases de dados, e até mantê--las em sincronismo com o modelo do domínio baseado em Java. Estas funcionalidades tornam a integração entre o código da aplicação e a base de dados ainda mais transparente – ao ponto de frequentemente ser possível esquecer-se completamente que se está usando uma base de dados!

Com um contentor IoC em seu núcleo, o Spring ajuda a reduzir a complexidade da aplicação, bem como o acoplamento entre as classes, ao tratar dos detalhes necessários para integrar uma dependência com outra. O Spring também oferece comportamento transacional, capacidade de AOP, e classes infraestruturais para numerosas estruturas de persistência, tais como o Hibernate e a JPA.

O Hibernate é uma estrutura de ORM que objetiva fazer a tradução entre bases de dados relacionais e o ambiente de desenvolvimento orientado por objetos. O Hibernate oferece uma interface de consultas, usando a Linguagem de Consultas do Hibernate (HQL) ou a API Criteria do Hibernate. Juntos, o Spring e o Hibernate são uma dupla dinâmica capaz de simplificar a colaboração de dependências, reduzir o acoplamento e prover abstrações sobre as operações de persistência.

A JPA é um padrão do Java para persistência, da qual o projeto foi significativamente influenciado pelos desenvolvedores do Hibernate. O Hibernate pode ser usado como provedor de implementações para a JPA, permitindo que se faça a adesão aos padrões e se ganhe portabilidade de estruturas, enquanto ainda se utiliza a excelente implementação do Hibernate. Porém, há algumas funcionalidades úteis que não estão disponíveis na JPA, mas estão presentes apenas na implementação do Hibernate. Com a liberação da JPA 2.0, muitas das limitações da especificação da JPA foram resolvidas, trazendo mais paridade para o Hibernate e a JPA. Por exemplo, a JPA 2.0, agora, oferece uma API Criteria para consulta de uma forma orientada por objetos, e verificação em tempo de compilação.

Neste capítulo, nós delineamos as camadas de fundação de uma típica camada de persistência, que é composta do modelo de domínio, da camada DAO, e da fachada de serviço. Também discutimos alguns padrões integrais de projeto explorados pela estrutura Spring, tais como o padrão de projeto Gabarito. Embora a adesão às típicas camadas de fundação para a camada de persistência seja normalmente a melhor abordagem, algumas estruturas mais novas seguem estratégias ligeiramente diferentes, como usar o padrão Registro Ativo.

No próximo capítulo, nós construiremos sobre os conceitos e padrões apresentados neste capítulo, conforme gradualmente construirmos uma aplicação Gallery usando o Spring e o Hibernate. Ao longo do curso deste livro, é nosso objetivo ilustrar melhores práticas pragmáticas e testadas no tempo, que esperamos que o leitor seja capaz de usar em suas próprias aplicações, também.

Antes de começarmos a codificar, é importante entender alguns dos conceitos centrais do Spring e do Hibernate. Assim, no próximo capítulo, se aprenderá sobre as capacidades e a arquitetura do Spring, tais como a injeção de dependências, a AOP, e as funcionalidades relacionadas com persistência.

CAPÍTULO 2

Fundamentos do Spring

A estrutura Spring tem sua origem no código que acompanha o livro de Rod Johnson, *Expert One-on-One J2EE Design and Development* (Wrox, 2002). O livro gerou uma forte corrente de desenvolvedores seguidores que usaram os fóruns do Wrox para discutir o livro e o código correspondente. Dois desses desenvolvedores, Juergen Hoeller e Yann Caroff, persuadiram Rod a transformar o código num projeto de código aberto. O livro se referia à estrutura como estrutura Interface21, porque Rod sentia que ela representava o futuro do desenvolvimento empresarial do Java – uma estrutura para o século vinte e um. No entanto, quando o projeto de código aberto foi formado, eles sentiram que precisavam de um nome que pudesse melhor inspirar a comunidade. Yann sugeriu Spring (primavera, em inglês) por causa da associação com a natureza, bem como do fato de que o Spring representava um recomeço após o "inverno" do desenvolvimento tradicional do J2EE. O projeto veio a público em 2003, e a versão 1.0 da estrutura Spring foi liberada em 2004.

Desde então, o Spring tem sido amplamente adotado, porque ele se acompanha da promessa de desenvolvimento mais simples, enquanto também lida com alguns problemas muito intricados. Outra chave para o erguimento do Spring ao destaque é sua excepcional documentação. Muitos projetos de código aberto caíram em esquecimento por causa da falta de documentação forte. A documentação do Spring tem sido muito madura, desde os primeiros dias do projeto.

A despeito do que alguns podem dizer, a estrutura Spring não é atualmente um padrão. Tecnologias padrões são ótimas, e a Sun merece muito crédito por levar tecnologias Java baseadas em padrões a ganhar visibilidade. Padrões permitem que se façam coisas como desenvolver uma aplicação web no Tomcat e depois passá-la ao WebSphere, com poucos ajustes necessários (ao menos teoricamente). Mas, muito embora a estrutura Spring seja incrivelmente popular, hoje, ela não representa um padrão real.

Alguns consideram o Spring como um *padrão de facto*, devido ao incrível volume de aplicações que se baseiam nele. O Spring oferece um meio para integração dos vários componentes de sua aplicação de uma forma consistente, e é amplamente distribuído por uma variedade de ecossistemas de aplicações. Às vezes, este tipo de *implementação padrão* é uma proposição muito mais valiosa que uma *especificação padrão*.

A despeito dos pessimistas que empacam ante a ideia de usar qualquer tecnologia que não tenha sido projetada por um comitê gigante de voluntários corporativos, usar o Spring em uma aplicação põe pouco risco. De fato, quanto mais se utilizar o Spring para integração de componentes numa aplicação, mais consistente será a estratégia de integração, tornando mais fácil a manutenção e o desenvolvimento. É isso – a confiança no Spring frequentemente levará a código melhor, mais limpo e desacoplado.

Como o Spring é uma estrutura tão grande, e como a documentação é tão boa, nós não temos intenção de cobri-la toda. Ao invés, este capítulo servirá como uma rápida visão geral dos conceitos mais importantes que nós construiremos no resto deste livro.

Explorando a arquitetura do Spring

O Spring é composto de uma série de módulos. A beleza deste design é que pode-se selecionar os componentes que se quer usar. Não há nenhum arquivo JAR monolítico. Ao invés, adiciona-se explicitamente os componentes que se quer às dependências do projeto.

Como se diz, uma imagem vale mais que mil palavra. A figura 2-1 é uma representação dos componentes do Spring. Os três agrupamentos primários são os módulos nuclear, de web e de acesso a dados.

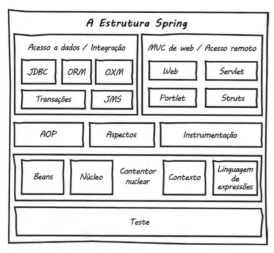

Figura 2-1. *Os módulos da estrutura Spring*

Estaremos lidando com muitos desses módulos, neste livro. Este capítulo passará pelo contentor nuclear e pela AOP.

O contexto da aplicação

O trabalho do Spring é processar arquivos de configuração e, depois, instanciar classes gerenciadas, resolvendo suas interdependências. O Spring é frequentemente chamado de *contentor*, uma vez que foi projetado para criar e gerenciar todas as dependências dentro da aplicação, servir como fundação e contexto através dos quais beans podem também ser buscados. Este mecanismo central é representado por uma interface base chamada `BeanFactory`.

A interface `BeanFactory` define o mecanismo nuclear do Spring que conglomera os beans e conecta as dependências colaborativas em conjunto. Mas o contentor Spring é capaz de muito mais que a simples injeção de dependências. Ele também pode ser usado para publicar eventos, prover funcionalidade de AOP, suportar uma abstração de carregamento de recursos, facilitar a internacionalização, e assim por diante. Para muitas dessas capacidades avançadas, será preciso usar uma instância de `ApplicationContext`.

`ApplicationContext` estende a interface `BeanFactory`, fornecendo uma série de funcionalidades mais robustas. A separação pode ser útil se se estiver construindo uma aplicação muito leve e não se precisar dessas funcionalidades mais avançadas. Mas para a maioria das aplicações (especialmente software do lado servidor), se quererá usar uma implementação de `ApplicationContext`. No caso de aplicações web, será usado um `WebApplicationContext`. O Spring segue com um escutador que se pode inserir no arquivo web.xml para inicializar automaticamente o `ApplicationContext` do Spring e carregar o arquivo de configuração. Isso é tão fácil quanto adicionar as linhas seguintes no web.xml:

```
<listener>
  <listener-class>
    org.springframework.web.context.request.RequestContextListener
  </listener-class>
</listener>
```

Estas linhas assegurarão que o Spring seja carregado quando a aplicação é inicializada pela primeira vez, e processará o arquivo de configuração localizado em WEB-INF/application-context.xml.

Se não se estiver construindo uma aplicação web, é igualmente fácil carregar o contentor Spring. Neste caso, recomendamos o uso da implementação de `ClassPathXmlApplicationContext`, que foi projetado para carregar os arquivos de configuração do Spring a partir do classpath. Ela é invocada da seguinte maneira:

```
ApplicationContext context =
  new ClassPathXmlApplicationContext(new String[]{"arqconfig1.xml", "arqconfig2.xml"});
```

Pode-se ver como é fácil ter o contentor Spring instanciado. Depois de se ter uma referência ao `ApplicationContext`, pode-se usá-la como quer que se deseje. A referência que é retornada é o `ApplicationContext` carregado, com todos os beans que foram definidos instanciados e as dependências resolvidas.

Se se sentir muito inclinado, pode-se acessar um bean por nome, pela simples invocação do seguinte:

```
UsefulClass usefulClass = (UsefulClass) context.getBean("nomeDoMeuBean");
```

Supondo-se que o bean esteja definido em alguma parte dos arquivos de configuração do Spring (referenciado pelo atributo name ou ID), o Spring passará a instância da classe, pronta para uso (o que significa que suas dependências terão sido injetadas). Contudo, nós recomendamos enfaticamente que se tente evitar emitir chamadas a `getBean()`.

A questão toda do Spring é a injeção automática de dependências, o que significa não buscar os beans quando se precisar deles. Essa é a busca de dependências, que é tão de 1995. Embora esta abordagem desacople e adie as dependências da classe, ela ainda requer um passo explícito de busca. Como regra básica, se se precisar de uma referência a uma determinada dependência, especifique-se estes detalhes na configuração, não no código.

Alguns desenvolvedores se basearão em `getBean()` apenas em circunstâncias em que eles *sempre* precisem de uma nova instância de suas classes (a cada vez que fazem a chamada). Uma solução melhor para este problema é usar a propriedade `lookup-method` na configuração em XML. Esta propriedade força o Spring a sobrepor ou implementar o método especificado com código que sempre retornará uma nova instância de um bean designado.

Uma estratégia alternativa para se acessar beans a partir do `ApplicationContext` é implementar a interface `ApplicationContextAware`. Esta interface tem o seguinte método:

```
void setApplicationContext(ApplicationContext context);
```

Com acesso ao `ApplicationContext` do Spring, a classe tem a flexibilidade de buscar beans por nome ou tipo, sem a necessidade de se escrever código para adquirir um `ApplicationContext` diretamente a partir do classpath. Na prática, não deve haver muitos casos em que seja necessário integrar a API do Spring tão profundamente no código. A abordagem mais comum é deixar que o Spring gerencie dinamicamente os relacionamentos entre beans, através da injeção de dependências.

Beans, Beans, a fruta mágica

Grande parte do molho secreto para a estrutura Spring é o uso de Plain Old Java Objects (velhos objetos Java plenos), or POJOs. Martin Fowler, Rebecca Persons e Josh MacKenzie cunharam originalmente o termo POJO em 2000. POJOs são objetos que não têm contratos impostos sobre eles; isto é, eles não implementam interfaces nem estendem classes especificadas.

Frequentemente há bastante confusão com relação às diferenças entre os JavaBeans e os POJOs. Os termos tendem a ser usados intercambiavelmente, mas isso nem sempre é preciso. JavaBeans são melhor caracterizados como um tipo especial de POJO. Simplificando, um JavaBean é um POJO que segue três convenções simples:

- É serializável;
- Tem um construtor `public` omissivo e nulário;
- Contém obtentores e definidores públicos para cada propriedade que deva ser lida ou escrita, respectivamente (permissões de escrita podem ser obscurecidas pela simples definição de um obtentor, sem a definição de um definidor).

Um objeto em Java pode ser um POJO, mas não um JavaBean. Por exemplo, ele pode implementar uma interface ou estender classes especificadas, mas como se refere a objetos que têm estado e/ou existem fora do escopo da Máquina Virtual Java (JVM) – por exemplo, conexões HTTP ou com bases de dados – ele não pode razoavelmente ser serializado no disco e depois recuperado.

O conceito de JavaBeans foi originalmente divisado para o Swing para facilitar o desenvolvimento de componentes isolados de GUI, mas o padrão teve seu propósito redefinido para o campo dos beans do Spring e para persistência de ponta com o Hibernate.

O ciclo de vida do Spring

O Spring no só instancia objetos e conecta dependências, mas também trata do *ciclo de vida* de cada objeto gerenciado.

Por exemplo, que acontece se se precisar fazer alguma inicialização numa classe, depois que as propriedades injetadas pelo Spring tiverem sido ajustadas? Uma maneira de se realizar isso é através da injeção de construtor (de forma que se possa capturar o momento em que todas as propriedades de um bean forem injetadas). Mas uma abordagem mais limpa é usar a funcionalidade init-method. Pela definição de um atributo init-method no bean, pode-se especificar um método arbitrário que será chamado após todas as propriedades Spring tiverem sido ajustadas (ou seja, após todos os definidores tiverem sido invocados). Aqui está um exemplo do uso da funcionalidade init-method do Spring:

```
<bean    id="initTest"    class="com.prospringhibernate.gallery.InitTest" init-method="init">
  <property name="testString" value="Deixe-me sair deste computador!"/>
</bean>
```

Simples, não? Em seguida, nós precisamos definir uma classe com o init-method que especificamos na configuração precedente:

```
package com.prospringhibernate.gallery;

import org.springframework.util.Assert;

class InitTest {

  private String testString;

  public void init() {
    // vamos fazer alguma coisa de inicialização!
    Assert.notNull(this.testString,
      "Você esqueceu de definir a propriedade testString! Que é que você está pensando???");
  }

  public Foo doBizLogic() {
    ...
  }

  public void setTestString(String testString) {
    this.testString = testString;
  }

  public String getTestString() {
    return this.testString;
  }

}
```

Se se estiver usando o Java 5 ou posterior, pode-se também usar o suporte de anotações do Spring para eventos de inicialização. Usando-se esta abordagem, simplesmente anota-se os métodos de uma classe com a anotação @postConstruct, sem necessidade de se especificar dicas de inicialização na configuração do Spring. Por exemplo, poderíamos reconstruir nosso exemplo anterior como segue:

```
package com.prospringhibernate.gallery;

import org.springframework.util.Assert;

class InitTest {

  private String testString;

  @PostConstruct()
  public void init() {
    // vamos fazer alguma coisa de inicialização!
    Assert.notNull(this.testString,
       "Você esqueceu de definir a propriedade testString! Que é que você está pensando???");
  }

}
```

Como com tudo no Spring, existe realmente mais de uma maneira de se arrancar o couro de um gato. Em vez de se especificar init-method na configuração ou de se usar a anotação @postConstruct, pode-se fazer com que a classe implemente a interface InitializingBean. Até certo ponto, usar esta interface torna as coisas um pouco mais fáceis, uma vez que nem se precisa mudar a configuração. A interface apenas exige que se implemente um método afterPropertiesSet(), que será automaticamente detectado e chamado, assim que o Spring tiver finalizado de definir todas as propriedades configuradas. A desvantagem desta abordagem é que os POJOs simples são sacrificados e os beans são fortemente acoplados ao Spring. Embora o acoplamento com o Spring não seja terrível, a abordagem mais limpa é manter os detalhes de inicialização inteiramente dentro da configuração e fora do código. Assim, que este seja o mantra: *mantenham-se eles na configuração*.

Similar à atuação na criação de beans, pode-se também disparar lógica personalizada quando os beans são destruídos. Pode-se fazer isso de várias maneiras:

- Implementando-se a interface DisposableBean, que é essencialmente o inverso de InitializingBean;
- Aplicando-se uma anotação @preDestroy ao método em questão;
- Configurando-se o parâmetro destroy-method na configuração em XML do Spring, que é o que nós recomendamos para minimizar o acoplamento forte.

Agora que se sabe como inserir os eventos de ciclo de vida de criação e destruição no Spring, há outro aspecto do gerenciamento de beans cujo entendimento é crucial quando construindo aplicações empresariais: o escopo dos beans.

Entendendo o escopo dos beans

Por omissão, todos os beans definidos no Spring têm escopo como singularidades. Uma *singularidade* é uma classe que tem por garantia só ter uma única instância na JVM. Singularidades são ótimas para armazenamento do estado da aplicação, ou para qualquer caso em que se precise estar certo de que só haja uma única referência na aplicação. Normalmente, precisa-se escrever código para se alcançar esta certeza.

A singularidade típica atende aos seguintes critérios:

- Ter um método `static` que retorne a instância única da classe (armazenada como referência estática dentro da classe);
- Ter um construtor `private`, assegurando que somente a própria singularidade poderá criar uma nova instância (que é a garantia de não se criar acidentalmente mais de uma única instância pela simples invocação de `new Singleton()`)

Uma singularidade na aplicação pode parecer com isto:

```
public class Singleton {
  private static final Singleton INSTANCE = new Singleton();
  private Singleton() {
  }
  public static Singleton getInstance() {
    return INSTANCE;
  }
}
```

Embora a amostra precedente ilustre um útil padrão de projeto, o Spring evita a necessidade de se escrever este código redundante, mais uma vez permitindo que se passem esses detalhes para a configuração. Por omissão, todos os beans do Spring são singularidades. Se esta não for a intenção, precisa-se especificar um escopo diferente para o bean.

No Spring 1.x, os beans eram ou beans de protótipo ou singularidades. *Protótipo* significa que cada nova chamada a `getBean()` retorna uma nova instância do bean. Beans singularidades garantem que só poderá haver uma única instância da classe em todo o `ApplicationContext` do Spring. O Spring 2.x introduziu vários novos escopos padrões, bem como a habilidade de se definir escopos personalizados. O Spring 3.x adicionou um escopo de segmento, embora ele não seja registrado por omissão. A tabela 2-1 lista os escopos de bean que são oferecidos prontos pelo Spring.

Tabela 2-1. Escopos de beans do Spring

Escopo	Descrição
Singleton	Limita a definição de um único bean a uma única instância de objeto por contentor IoC do Spring. Este é o escopo omissivo.
Prototype	Limita a definição de um único bean a qualquer número de instâncias de objeto.
Request	Limita a definição de um único bean ao ciclo de vida de uma única requisição HTTP; isto é, cada requisição HTTP tem sua própria instância de um bean criado sem incomodar a definição de um bean único. Este escopo só é válido no contexto de um `ApplicationContext` do Spring voltado à web.
Session	Limita a definição de um único bean ao ciclo de vida de uma sessão de HTTP. Este escopo só é válido no contexto de um `ApplicationContext` do Spring voltado à web.
Global session	Limita a definição de um único bean ao ciclo de vida de uma sessão HTTP global. Este escopo só é válido no contexto de um `ApplicationContext` do Spring voltado à web, e tipicamente só num contexto de portlet.
Simple thread	Se, por alguma razão, os escopos de request, session ou global session não satisfizerem as necessidades, pode-se habilitar o escopo simple thread para ligar a definição de um bean a uma instância de `ThreadLocal`.

Assim, agora, sabemos como criar beans no `ApplicationContext` do Spring e gerenciar seu escopo e ciclo de vida. A próxima parte do quebra-cabeças é como recuperar esses beans do contentor Spring na aplicação.

Injeção de dependências e inversão de controle

Aplicações empresariais são compostas de muitos objetos que oferecem comportamento para simulação de processos funcionais. Dois padrões de projeto muito importantes surgiram para gerenciar os relacionamentos entre objetos numa aplicação orientada por objetos:

Injeção de dependências (DI): classes que empregam injeção de dependências especificam os objetos com que interagem, através de argumentos para o construtor, de parâmetros de método produtor, ou de modificadores públicos (também conhecidos como *definidores*). Com um contentor ou uma estrutura de injeção de dependências como o Spring, a habilidade de se externalizar propriedades simples de classes é apenas o início. Os desenvolvedores podem criar uma complexa árvore de dependências, deixando o trabalho de descoberta de como cada dependência é criada e ajustada (também chamado de injetada ou de conectada) para o contentor leve Spring.

Inversão de controle (IoC): quando a localização ou instanciação do objeto é removida da responsabilidade de um dado bean e deixada para a estrutura, o controle é invertido. Esta inversão de controle é um poderoso conceito e representa a base da estrutura Spring.

Injeção de dependências e IoC levam a um caminho em direção a código limpo que incorpora alta coesão e frouxo acoplamento.

Injeção de dependências baseada em definidores

Embora extremamente simples, o uso de POJOs pelo Spring como meio de configuração e integração é bastante poderoso. Considere-se o exemplo de um bean `User` fictício, que poderia ser usado numa aplicação para especificar informações de credenciais de usuário:

```
<?xml version="1.0" encoding="UTF-8"?>
<beans xmlns=http://www.springframework.org/schema/beans
    xmlns:xsi=http://www.w3.org/2001/XMLSchema-instance
    xsi:schemaLocation="http://www.springframework.org/schema/beans
       http://www.springframework.org/schema/beans/spring-beans-
-3.0.xsd">

  <bean id="userBean" class="com.prospringhibernate.gallery.User">
    <property name="username" value="admin" />
    <property name="password" value="password" />
  </bean>

</beans>
```

Pode-se remover várias coisas do exemplo precedente. A primeira é que nós usamos senhas horrivelmente inseguras. Mas isso demonstra como um simples bean do Spring é configurado por meio de XML.

Para fazer com que isto funcione no lado Java, nós precisamos de uma classe JavaBean válida que se pareça com a seguinte:

```
package com.prospringhibernate.gallery;

public class User implements Serializable {

  private String username;
  private String password;

  public User() {
  }

  public String getUsername() {
    return this.username;
  }

  public void setUsername(String name) {
    this.username = name;
```

```
    }

    public String getPassword() {
      return this.password;
    }

    public void setPassword(password) {
      this.password = password;
    }

}
```

Note-se que, para cada entidade propriedade na configuração XML do Spring, nós temos um obtentor e um definidor correspondentes definidos na classe Java. Em termos de Spring, isto é chamado de *injeção de definidores*, uma vez que os valores de propriedades são configurados pela invocação de métodos definidores do JavaBean.

Injeção de dependências baseada em construtores

Uma abordagem alternativa é usar-se a *injeção por construtor*, que permite que valores de propriedades sejam injetados através do construtor da classe. Para se usar a injeção por construtor, nós reconstruímos nosso código e a configuração do Spring assim:

```
<?xml version="1.0" encoding="UTF-8"?>
<beans xmlns=http://www.springframework.org/schema/beans
    xmlns:xsi=http://www.w3.org/2001/XMLSchema-instance
    xsi:schemaLocation="http://www.springframework.org/schema/beans
      http://www.springframework.org/schema/beans/spring-beans-
-3.0.xsd">

  <bean id="userBean" class="com.prospringhibernate.gallery.User">
    <constructor-arg index="0" value="admin" />
    <constructor-arg index="1" value="password" />
  </bean>

</beans>
```

E aqui está o código correspondente para o bean User atualizado:

```
package com.prospringhibernate.gallery;

public class User implements Serializable {

  private String username;
  private String password;
```

```
  public User(String username, String password) {
    this.username = username;
    this.password = password;
  }

  public String getUsername() {
    return this.username;
  }

  public String getPassword() {
    return this.password;
  }

}
```

Embora ambas as abordagens sejam válidas, nós recomendamos a abordagem baseada em definidores, já que esta se conforma melhor às convenções do JavaBeans e torna o código mais fácil de se testar, depois.

Colaboração de instâncias

Nos exemplos precedentes, nós injetamos dois valores string, que são especificados diretamente no arquivo de configuração. Este é um atalho útil para se abstrair do código detalhes básicos de configuração, passando-os para um arquivo mais prontamente alterável. Porém, o mesmo conceito pode ser levado um passo além para se satisfazerem dependências entre instâncias colaborativas na aplicação.

Por exemplo, vamos supor que a autenticação fosse implementada numa classe separada. No arquivo de configuração do Spring, nós poderíamos ter o seguinte:

```xml
<?xml version="1.0" encoding="UTF-8"?>
<beans xmlns=http://www.springframework.org/schema/beans
    xmlns:xsi=http://www.w3.org/2001/XMLSchema-instance
    xsi:schemaLocation="http://www.springframework.org/schema/beans
      http://www.springframework.org/schema/beans/spring-beans-3.0.xsd">

  <bean id="userBean" class="com.prospringhibernate.gallery.User">
    <property name="authHandler" ref="authService" />
  </bean>

  <bean id="authService" class="com.prospringhibernate.gallery.AuthService"/>

</beans>
```

E aqui está o código correspondente para o bean User atualizado:

```
package com.prospringhibernate.gallery;

public class User implements Serializable {

  private AuthenticationService authHandler;

  public User() {
  }

  public AuthenticationService getAuthHandler() {
    return this.authHandler;
  }

  public void setAuthHandler(AuthenticationService authHandler) {
    this.authHandler = authHandler;
  }

}
```

Simples, não? Nós simplesmente conectamos partes críticas de nossa aplicação com algumas linhas de configuração. É fácil imaginar a definição de código para um serviço de autenticação e, depois, apenas modificar a referência ao bean na configuração do Spring para manipular o comportamento da aplicação.

Codificando para interfaces

Antes, nós mencionamos que o Spring tem a tendência de levar os desenvolvedores a escrever código melhor, mais limpo e mais frouxamente acoplado. Pode-se estar começando a perceber por que isto se dá. Não só as classes ficam livres de código de conexão com a aplicação, mas também se perceberá que aplicações baseadas no Spring são normalmente mais baseadas em interfaces, o que significa que o código é dependente de interfaces, em vez de implementações específicas. Esta estratégia é frequentemente chamada de *codificação para interfaces*, e permite que se alterne facilmente de uma implementação para outra, pela simples alteração do atributo da classe num bean do Spring. Desde que o código seja escrito para se basear numa interface, e a interface não esteja mudando, nenhuma mudança aos arquivos de classe será necessário.

Por exemplo, note-se que, no exemplo precedente, o bean User depende de um bean AuthenticationService. No código, uma boa prática é definir uma interface AuthenticationService que especifique métodos centrais relacionados com segurança e acesso de usuário. O código, então, referenciaria a interface AuthenticationService, e a configuração do Spring mapearia a classe de implementação concreta para o objeto User.

Como exemplo super-simplificado, nossa interface AuthenticationService poderia se parecer com a seguinte:

```
package com.prospringhibernate.gallery;

public interface AuthenticationService {
  public User authenticateUser(String username, String password)
    throws AuthenticationException;
}
```

E nossa implementação concreta seria algo assim:

```
package com.prospringhibernate.gallery;

public class AuthenticationServiceImpl implements AuthenticationService
{

  public User authenticateUser(String username, String password)
      throws AuthenticationException {
    // lógica de autenticação aqui
  }

}
```

Por fim, reunindo tudo em nossa configuração do Spring, o userBean aponta, então, para uma determinada implementação da interface AuthenticationService pelo uso da propriedade ref.

```
<?xml version="1.0" encoding="UTF-8"?>
<beans xmlns=http://www.springframework.org/schema/beans
    xmlns:xsi=http://www.w3.org/2001/XMLSchema-instance
    xsi:schemaLocation="http://www.springframework.org/schema/beans
      http://www.springframework.org/schema/beans/spring-beans-
-3.0.xsd">

  <bean id="userBean" class="com.prospringhibernate.gallery.User">
    <property name="authHandler" ref="authService" />
  </bean>

  <bean id="authService" class="com.prospringhibernate.gallery.AuthServiceImpl"/>

</beans>
```

O ponto principal, aqui, é que a classe User não depende diretamente da implementação de AuthenticationServiceImpl, mas, ao invés, da interface AuthenticationService. Embora a diferença possa parecer sutil, expressar-se dependências de interfaces é um meio eficaz de se assegurar que a aplicação é frouxamente acoplada. Se o código não expressa nenhum acoplamento direto a uma implementação em particular, ganha-se a flexibilidade de se definir estes detalhes na configuração do Spring, e somente nessa configuração. Desta forma, pode-se facilmente alternar implementações sem a necessidade de se reconstruir o código.

Não importando o tipo de biblioteca, classe ou estrutura necessária para se integrar na aplicação, o Spring permitirá que se trabalhe com esses componentes internos ou externos de forma limpa e com uma curva de aprendizado suave. Esta integração sem acoplamento direto é o maior benefício da IoC. Essencialmente, os ganchos para bibliotecas de terceiros (ou mesmo para estruturas e classes próprias) são passados do código fonte para arquivos de configuração (ou metadados baseados em anotações nas classes). Este tipo de configuração permite que os desenvolvedores se preocupem menos com a forma como os vários componentes de código se encaixarão, e foquem mais na codificação da própria funcionalidade central.

Injeção de dependências através de autoconexão

Outro tipo de injeção é o que o Spring chama de *autoconexão*. Este método permite que se definam simplesmente obtentores e definidores de um tipo ou nome em particular, passando para o contentor do Spring o ônus de descobrir qual classe injetar. Esta funcionalidade muito poderosa vem com algum risco, também: caso haja alguma ambiguidade com relação a que instância injetar, pode-se incorrer em problemas. Por exemplo, se se tiver uma classe que dependa da interface `AuthenticationService` e tenha-se um `BasicAuthenticationServiceImpl` e um `RemoteAuthenticationServiceImpl` definidos na aplicação (ambos implementando a interface `AuthenticationService`), o Spring poderá ficar confuso com relação a qual implementação se pretende injetar.

Injeção de dependências baseada em @Annotation

Até aqui, nós mostramos como especificar de que forma os objetos dependem uns dos outros em arquivos de configuração em XML. Ao longo do tempo, as configurações em XML para aplicações empresariais se tornaram maciças e descontroladas. A partir do Spring 2.5 e do JDK 1.5, outra estratégia de configuração foi introduzida. Utilizando-se metadados baseados em anotações, pode-se, agora, especificar a conexão de dependências diretamente nas classes. A vantagem desta abordagem é que as dependências de uma classe podem ser expressas diretamente no código. A desvantagem é que não se beneficia de ter-se uma coleção centralizada de arquivos de configuração que ilustre e documente a forma como os componentes da aplicação estão conectados.

Que caminho escolher depende de cada um. Certamente, o uso de anotações simplifica o processo de configuração. Além disso, pode-se misturar e corresponder ambos, anotações e configuração em XML, permitindo-se que algumas dependências sejam configuradas no XML do Spring, enquanto outras sejam detectadas através de anotações.

Aqui está nosso objeto `User`, revisado para usar uma abordagem baseada em anotações.

```
package com.prospringhibernate.gallery;

import org.springframework.beans.factory.annotation.Autowired;
```

```
public class User implements Serializable {

  @Autowired
  private AuthenticationService authHandler;

  public User() {
  }

  public AuthenticationService getAuthHandler() {
    return this.authHandler;
  }

  public void setAuthHandler(AuthenticationService authHandler) {
    this.authHandler = authHandler;
  }

}
```

Note-se a anotação @Autowired acima da variável membro authHandler. Ela diz ao Spring para injetar (usando a estratégia de autoconexão que discutimos anteriormente) uma implementação da interface AuthenticationService.

Nos casos em que a ambiguidade possa ser um problema, o Spring oferece um meio para fornecimento de pistas ao contentor, usando-se qualificadores. *Qualificadores* podem ser inseridos como anotação separada num campo @Autowired, ou numa configuração em XML, para prover dicas específicas ao contentor do Spring, para ajudar a desambiguar uma situação em que múltiplas instâncias de um determinado tipo ou interface estejam presentes. Por exemplo, nós poderíamos indicar qual AuthenticationService seria necessário pela adição da seguinte anotação:

```
@Autowired
@Qualifier("basicAuthHandler")
public void setAuthHandler(AuthenticationService authHandler) {
  this.authHandler = authHandler;
}
```

Agora que desambiguamos a implementação de nosso AuthenticationService que deve ser injetada no método setAuthHandler listado acima, nós precisamos "marcar" esta dependência, de forma que o Spring seja capaz de selecionar a instância correta. No XML do Spring, nós podemos fornecer esta dica pela inclusão do elemento qualifier:

```
<bean id="authHandler" class="com.prospringhibernate.gallery.BasicAuthServiceImpl"/>
  <qualifier value="basicAuthHandler"/>
</bean>
```

Também é possível fornecer dicas de desambiguação pela aplicação da anotação `@Qualifier` numa classe anotada para capacidade de escaneamento de componentes do Spring. Demonstraremos estas funcionalidades posteriormente, neste livro. A anotação `@Autowired` pode ser aplicada a mais que apenas variáveis membros. Ela também pode ser aplicada a métodos e construtores. Além do mais, a anotação `@Qualifier` pode ser aplicada diretamente a parâmetros de métodos para destinar a qualificação a um parâmetro específico ou para aplicar diferentes dicas de qualificação a diferentes parâmetros num método ou construtor.

Defina e esqueça!

Toda esta externalização não parece grande coisa, em princípio, mas na verdade é, e será percebida quando se começar a desenvolver. Pode-se simplesmente focar na implementação, sem se preocupar com como uma referência de uma classe pode alcançar outra. Aprende-se a simplesmente definir definidores e obtentores para as dependências que cada classe exige, e depois deixar a conexão para o Spring. Imagine-se algumas das alternativas.

Muitas aplicações se baseiam em singularidades para centralizar e passar referências a dependências necessárias. Este tipo de estratégia certamente funcionará, mas inevitavelmente o código estará mais para conectar classes que para a funcionalidade central da aplicação.

O Spring e a IoC permitem que se foque no projeto da aplicação e na lógica funcional, e que se esqueça da conexão. Ron "Ronco" Popeil usou a frase "Defina e esqueça!" num comercial. Pode-se achar este slogan fluindo pela cabeça toda vez que se comece a desenvolver com o Spring.

A configuração lisa e o gerenciamento do ciclo de vida são realmente apenas uma pequena porção do pacote geral do Spring. O Spring também oferece poderosos pontos de integração com a maioria das principais estruturas no ecossistema Java, incluindo muitas estruturas de persistência. Isto simplifica enormemente a integração dessas estruturas numa aplicação, e torna a manutenção e o desenvolvimento mais fáceis, no geral. Além desses pontos de integração, o Spring também oferece um poderoso conjunto de funcionalidades de AOP e de representação, que são instrumental para a configuração de transações declarativas, registro e acesso remoto. Estas capacidades tornam o Spring uma substituição viável para as funcionalidades de nível empresarial oferecidas pelos EJBs e servidores de aplicações Java EE.

Injeção de código usando AOP e interceptadores

A AOP é frequentemente um remédio difícil para os desenvolvedores engolirem. Na verdade, ela pode ser um tópico um tanto confuso, já que é um paradigma de desenvolvimento bastante novo. Para quem está experimentado nas metodologias orientadas por objetos, a AOP pode parecer um pouco não convencional.

A AOP é uma estratégia que permite que comportamento seja injetado no código em lugares através da aplicação. De maneira muito semelhante à que o Spring provê um meio para injeção de valores e referências a instâncias num bean, a AOP permite que os desenvolvedores costurem código de uma classe diretamente noutra. Por que diabos alguém quereria fazer isso? Bem, às vezes quer-se aplicar funcionalidade por toda uma série de classes, mas estendê-las a partir de uma classe base para realização deste objetivo não faz sentido, já que a funcionalidade de que se quer injetar pode ser ortogonal ao destino da classe. Esta noção é frequentemente chamada de *questões de corte cruzado*, porque a intenção, com a AOP, é aplicar-se funcionalidade através de uma série de classes que tem pouco a ver com os propósitos principais dessas classes.

Por exemplo, digamos que se tenham algumas classes que foram projetadas para armazenar dados numa base de dados relacionais e depois recuperá-los. Como parte desta implementação, pode-se querer fazer alguma auditagem (por exemplo, para rastrear detalhes de cada operação sucessiva de escrita). Estender a partir de uma classe de auditagem base não é uma maneira própria ou viável de se realizar esta tarefa. Se se estende a partir de qualquer classe, provavelmente se quer herdar comportamento que se relacione mais com a manipulação do modelo de domínio e o salvamento de dados (não se quer herdar comportamento de auditagem). Neste exemplo, podemos dizer que a funcionalidade de auditagem é ortogonal à funcionalidade central de persistência (isto é, completamente independente dela). Além disso, os aspectos de auditagem do código podem ser aplicados de uma forma razoavelmente similar e padrão, através de todo o código da aplicação. Este é o cenário perfeito para a AOP. Pode-se aplicar aspectos da funcionalidade de auditagem não relacionada através de todas as classes que objetivam tratar da lógica da galeria de imagens.

A forma como a AOP funciona, na prática, é bastante simples: os métodos de uma classe podem ser alterados de forma que nova funcionalidade possa ser injetada antes, depois, ou em torno (essencialmente, antes e depois) de um método ser chamado. Assim, no caso de um aspecto de auditagem, pode-se injetar um bloco de código que escreva uma linha numa base de dados (constituindo uma parte de uma trilha geral de auditagem) cada vez que um método dentro da categoria de métodos for chamado.

Um cenário similar concerne à segurança. Uma verificação de segurança pode ser inserida no código central de acesso a dados para assegurar que as permissões ou cargos apropriados sejam verificados toda vez que certos métodos forem chamados. A parte interessante desta abordagem é que pode-se manter o código de segurança inteiramente separado da implementação central (que não mais precisa se preocupar com os detalhes de implementação da segurança). Isto leva a código mais limpo, já que a aplicação central não precisa ficar atolada em detalhes da implementação.

Além do mais, é frequentemente útil ter-se equipes distintas que gerenciam funcionalidades que sejam díspares. A AOP torna isso viável, uma vez que código relacionado com segurança pode ser criado por peritos neste domínio, enquanto que a lógica funcional da aplicação é desenvolvida e mantida por uma equipe diferente. Ao assegurar que estas duas facetas não se misturem (do ponto de vista do código), a especialização se torna mais viável. Estas duas partes distintas de funcionalidade pode ser desenvolvida e mantida completamente em separado, levando a código mais limpo e mais frouxamente acoplado.

Esta habilidade de interceptar chamadas a métodos e introduzir, ou injetar, nova funcionalidade é o molho secreto por trás do suporte a transações declarativas do Spring. Usando-se este suporte, pode-se alertar a camada da fachada de persistência com semântica transacional. Cobriremos as transações em detalhes no capítulo 7, mas para ilustrar a separação de interesses oferecida pela AOP, nós deixamos este fragmento de código como aperitivo:

```
public class ServiceFacadeImpl implements ServiceFacade {

   @Transactional(readOnly = false, propagation = Propagation.REQUIRES_
NEW)
       public void save(Map map) {
     // lógica funcional aqui
   }

}
```

Pela simples anotação deste método como `@Transactional`, o Spring pode reforçar a semântica transacional especificada, sem exigir que se escreva qualquer código para iniciar e completar a transação no corpo do método `save`. Não se preocupe com os detalhes associados com a anotação, por ora. Apenas saiba que a externalização desta lógica através da AOP permite que modificações à implementação da transação, sem exigir que se reconstrua todas as porções da base de código que depende dela. De forma similar, pode-se estar confiante de que as alterações à lógica funcional central não quebrará a semântica da transação.

Resumo

Neste capítulo, aprendeu-se os conceitos fundamentais que impulsionam a estrutura Spring. Viu-se como inicializar um `ApplicationContext` do Spring, aprendeu-se a base da configuração das dependências de um bean nos arquivos de configuração em XML do Spring, e desenvolveu-se um entendimento dos escopos e ciclos de vida de um bean. Os benefícios da injeção de dependências agora são claros. Pode-se eficientemente delegar ao contentor do Spring para gerenciar e resolver dependências da aplicação, e fazendo-se isto, pode-se ajudar a manter as dependências da aplicação frouxamente acopladas. Por fim, deu-se uma olhadela no poder do gerenciamento de questões de codificação ortogonal com a AOP.

Pelo resto deste livro, nós construiremos sobre os conceitos do Spring apresentados neste capítulo para definir e implementar uma aplicação de galeria de arte.

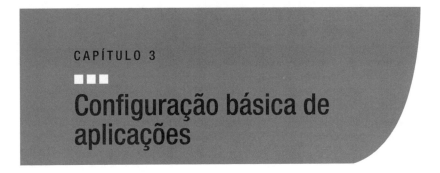

CAPÍTULO 3

Configuração básica de aplicações

Neste capítulo, nós daremos um curso intensivo sobre a configuração de um projeto básico usando-se o Spring e o Hibernate. A ferramenta que usaremos para gerenciamento de nossa aplicação é o Apache Maven 3. Se já se está bem versado no Spring, no Hibernate, e no Maven, pode-se querer apenas folhear este capítulo, de forma a se poder ter uma ideia da estrutura e das convenções que estaremos usando no livro, à medida que expandirmos uma aplicação de galeria de arte. Vamos cobrir um bocado de chão muito rapidamente, e prover referências aos capítulos onde nos aprofundaremos mais nas várias configurações ao longo do caminho.

Gerenciamento de aplicações com o Maven

O Maven foi escrito por Jason van Zyl, da Sonatype, em 2002, e chegou a sua liberação 1.0 como projeto de alto nível da Apache Software Foundation em 2004. O Maven se empenha em simplificar o desenvolvimento do dia a dia, assegurando um processo fácil e repetitivo para configuração, gerenciamento e interação com projetos de software baseados em Java.

O Maven gira em torno do conceito de um Modelo de Objeto de Projeto (POM), que representa a configuração para o projeto ou módulo. No dizer do Maven, um módulo é simplesmente um subprojeto para um dado projeto "pai", do Maven. Esta construção organizacional permite a criação de um projeto que seja compartimentado numa coleção de módulos menores. O POM descreve muitas coisas sobre o projeto, incluindo dependências necessárias, configuração de complementos e a ordem e operações para compilação e montagem da aplicação.

O Maven oferece uma tonelada de funcionalidades prontas. Além disso, uma tremenda quantidade de complementos foi desenvolvida por sua maciça comunidade de usuários. Quando chega a hora de personalizar mais o processo de construção de um projeto, escrever complementos do Maven por si mesmo é muito simples.

Dependências gerenciadas

A principal funcionalidade do Maven é seu gerenciamento de dependências. O Maven baixa todas as dependências do projeto dos repositórios do Maven, quano se constrói ou compila a aplicação. Esta é uma vitória imensa, quando se está trabalhando em equipe. Se se quer atualizar a versao do Spring usada nos projetos, simplesmente atualiza-se as dependências do projeto, confirma-se no controle da fonte e todos, na equipe, terão seu projeto automaticamente atualizado para a versão mais nova do Spring, também! O Maven até trata de dependências transitivas, o que significa que o Maven pode buscar automaticamente as dependências das bibliotecas de que o projeto depende, sem que se inclua todas elas explicitamente.

O leitor lembra que nós dissemos que há um número imenso de complementos maduros disponíveis para o Maven? Um exemplo de complementos útil que se tem à disposição é o excelente m2eclipse, para integração do Maven com o Eclipse. A figura 3-1, aqui como cortesia do m2eclipse, mostra tudo o que é preciso saber sobre por que usar uma ferramenta como o Maven é importante para o gerenciamento de aplicações Java empresarial. A imagem não é realmente legível, e não se pode nem ver todas as dependências, que se estendem para fora à esquerda e à direita da tela, porque há componentes demais que compõem nossa aplicação.

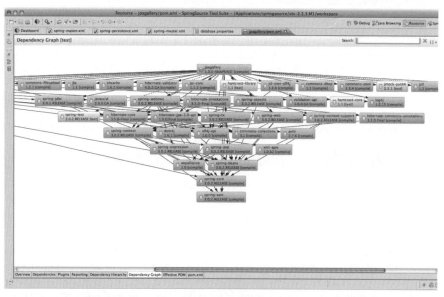

Figura 3-1. Uma série de dependências, como exibido pelo Maven e o m2eclipse

O número de dependências pode parecer um pouco assustador, em princípio, mas quando se está usando o Spring e o Hibernate, dá-se muitas opções granulares sobre quais JARs incluir e quando, qual excluir, e assim por diante. Isto resulta em muitas dependências de bibliotecas menores. Pela configuração de dependências do projeto, o Maven sabe quais arquivos JAR são necessários para o projeto e quais JARs têm dependências de um outro. Ele sabe quais bibliotecas são necessárias somente enquanto executa testes de unidade, bem como quais bibliotecas devem ser fornecidas no arquivo WAR resultante a ser distribuído num contentor de aplicações como o Apache Tomcat.

Com todo esse poder, vem uma boa dose de complexidade e, por esta razão, o Maven também tem sua boa partilha de detratores. O fato permanece que, quando da escrita deste livro, o Maven era, de longe, a ferramenta mais destacada usada por lojas grandes e pequenas para gerenciamento de aplicações Java. Uma vez que se domine algo do jargão, o Maven é bastante simples de se configurar e usar. Comecemos por baixá-lo de http://maven.apache.org, e vamos ver como pô-lo em uso.

Estrutura padrão de diretórios

Vamos primeiro criar a estrutura de diretórios necessária para uma aplicação web padrão do Maven 3. Embora se possa definir uma estrutura de diretórios personalizada e modificar os ajustes do Maven ou forçar o Maven num projeto legado com uma estrutura de diretórios que já esteja definida, é melhor seguir com a estrutura básica de diretórios que o Maven espera. Isso assegurará a interoperabilidade apropriada com todos os complementos e ferramentas que estão disponíveis.

Como estamos construindo uma aplicação básica de galeria de arte, comece-se por criar um diretório chamado gallery:

```
mkdir gallery
```

No diretório gallery, nós criaremos os diretórios que são costumeiros para uma aplicação Java:

```
mkdir gallery/src
mkdir gallery/src/main
mkdir gallery/src/main/java
mkdir gallery/src/main/resources
mkdir gallery/src/main/resources/META-INF
```

Para aplicações web, nós precisamos de uma pasta webapp e outra WEB-INF:

```
mkdir gallery/src/main/webapp
mkdir gallery/src/main/webapp/WEB-INF
```

Precisamos, ainda, criar os diretórios que são exigidos para realização de testes de unidade de nossa aplicação:

```
mkdir gallery/src/test
mkdir gallery/src/test/java
mkdir gallery/src/test/resources
```

E, por fim, criaremos os dois diretórios em que os arquivos de configuração do Spring são normalmente colocados:

```
mkdir gallery/src/main/webapp/WEB-INF/spring
mkdir gallery/src/main/resources/META-INF/spring
```

■ **Nota** Pode-se também fazer com que o Maven gere automaticamente a estrutura do projeto, usando-se a funcionalidade archetype do Maven. Os archetypes do Maven são como gabaritos de projeto que podem ser usados para organizar a criação de um projeto maven, incluindo a configuração da estrutura de diretórios e um arquivo pom.xml básico.

Desconstrução do POM

O arquivo primário de configuração para o Maven é o pom.xml. Com este arquivo de configuração, pode-se especificar metadados importantes e construir detalhes sobre o projeto. O arquivo pom.xml fica na raiz de um dado projeto do Maven, de forma que nós o criaremos dentro do diretório gallery. Esta listagem foi encurtada para fins de simplicidade. Recomendamos que se verifique a listagem completa no código fonte que acompanha o livro.

```xml
<project xmlns="http://maven.apache.org/POM/4.0.0"
   xmlns:xsi="http://www.w3.org/2001/XMLSchema-instance"
   xsi:schemaLocation="http://maven.apache.org/POM/4.0.0
      http://maven.apache.org/mavenv4_0_0.xsd">

<modelVersion>4.0.0</modelVersion>

<groupId>com.prospinghibernate</groupId>
<artifactId>gallery</artifactId>
<version>1.0.0-SNAPSHOT</version>

<packaging>war</packaging>

<properties>
   <spring.version>3.0.2.RELEASE</spring.version>
   <hibernate.version>3.5.0-Final</hibernate.version>
</properties>

<dependencies>
  <dependency>
     <groupId>org.springframework</groupId>
     <artifactId>spring-core</artifactId>
     <version>${spring.version}</version>
  </dependency>

  <dependency>
     <groupId>org.hibernate</groupId>
     <artifactId>hibernate-core</artifactId>
     <version>${hibernate.version}</version>
  </dependency>

     <!-- A maioria das dependências foi omitida para fins de brevidade...
-->
```

```
    </dependencies>

    <build>
      <plugins>
        <plugin>
          <groupId>org.codehaus.mojo</groupId>
          <artifactId>tomcat-maven-plugin</artifactId>
          <version>1.0</version>
        </plugin>
      </plugins>

      <!-- Outros complementos omitidos para fins de brevidade... -->

    </build>

</project>
```

Há muita coisa acontecendo neste arquivo de configuração POM. Primeiro, note-se o espaço de nomes do XML que está definido para o Maven e a definição de esquema do POM.

`modelVersion` é usado para declarar a versão do POM para o projeto. Isto protege de questões de compatibilidade, quando da atualização da versão do Maven que se está usando.

Em seguida, há uma série de campos comumente chamados de *coordenadas do projeto*, porque identificam unicamente o projeto. Por convenção, o `groupId` usa o domínio reverso da organização que criou o projeto. O `artifactId` é o nome único dentro de um dado `groupId`, e `version` é a liberação específica de um projeto. Dois projetos não podem ter a mesma combinação de `groupId:artifactId:version`.

O elemento `packaging` é um atributo especial nas coordenadas do projeto. Ele não é usado como parte do identificador único, mas descreve a saída de um dado projeto. O valor omissivo é `jar`, para produzir um arquivo do Java (arquivo JAR). Como estamos construindo uma aplicação web, nós especificamos `war` para produzir um arquivo web (arquivo WAR).

A seção `properties` oferece um local conveniente para se definir variáveis que se usem no resto da configuração. No nosso projeto, nós temos dez arquivos JAR do Spring delineados como dependências. Gerenciá-los todos individualmente é entediante. Usar os atributos `properties` simplifica o gerenciamento de atualização de versões do Spring.

Por fim, o atributo `build` oferece um local para se definir, dentre outras coisas, os complementos que são necessários para o projeto. Para nosso projeto, o complemento Tomcat Maven oferece um mecanismo excelente para fácil construção e execução de nossa aplicação web no servidor de aplicações Apache Tomcat.

Com isso, nós temos uma aplicação muito básica preparada. Pode-se executar `mvn initialize` a partir da pasta raiz `gallery` num prompt de comandos. Se se fez tudo corretamente, o Maven buscará as dependências e apresentará a mensagem BUILD SUCCESS.

É claro que nossa aplicação ainda não faz nada. Vamos começar a especificar nossa configuração do Spring de forma que possamos mudá-la.

Configuração do Spring

Quando construindo aplicações do Spring razoavelmente grandes, termina-se com um monte de beans do Spring configurados no ApplicationContext do Spring. Como se viu no capítulo 2, cada objeto que se configura para uso no contentor do Spring é registrado no Application-Context, que é uma sub-interface do BeanFactory do Spring. O ApplicationContext provê as ferramentas de que se precisa para interagir com beans configurados. Recomendamos criar-se um arquivo raiz de configuração, e depois importar todos os outros arquivos de configuração, para que os arquivos XML não se tornem demasiadamente grandes e ininteligíveis.

A seguir, um arquivo de configuração do Spring extremamente básico (gallery/src/main/resources/META-INF/spring/spring-master.xml).

```
<?xml version="1.0" encoding="UTF-8" standalone="no"?>
<beans xmlns="http://www.springframework.org/schema/beans"
    xmlns:context="http://www.springframework.org/schema/context"
    xmlns:xsi="http://www.w3.org/2001/XMLSchema-instance"
    xsi:schemaLocation="http://www.springframework.org/schema/beans
      http://www.springframework.org/schema/beans/spring-beans-3.0.xsd
      http://www.springframework.org/schema/context
      http://www.springframework.org/schema/context/spring-context-
-3.0.xsd">

    <context:property-placeholder location="classpath*:META-INF/spring/*.properties"/>

    <context:component-scan base-package="com.prospringhibernate">
      <context:exclude-filter type="annotation"
          expression="org.springframework.stereotype.Controller"/>
    </context:component-scan>

    <import resource="spring-datasource.xml"/>

</beans>
```

Vamos esmiuçar o conteúdo deste arquivo spring-master.xml em mais detalhes.

Suporte a espaços de nomes

O Spring introduziu extensivo suporte a espaços de nomes a partir da versão 2.0 da estrutura. Tudo é apenas um bean no contentor IoC, mas, ao longo do tempo, a configuração pode se tornar incrivelmente verbosa. A introdução de espaços de nomes tem por objetivo simplificar a configuração em XML, quando se estiver lidando com pontos de integração como transações. Pode-se até definir espaços de nomes próprios, se necessário.

Dois espaços de nomes são usados em nosso arquivo de configuração spring-master.xml, marcados pelas declarações xmlns:

- O espaço de nomes beans é necessário para a definição de todas as definições básicas de beans para a aplicação (tais como DAOs, beans da camada de serviço, e assim por diante);
- O espaço de nomes context é fornecido como conveniência para configuração de algumas das conexões centrais do Spring.

Externalizando configurações de propriedades

Esta configuração define um PropertyPlaceholderConfigurer, que permite que se externalize alguns dos ajustes para um arquivo de propriedades fora da configuração do Spring.

```
<context:property-placeholder
    location="classpath*:META-INF/spring/*.properties"/>
```

property-placeholder automaticamente localizará e processará quaisquer arquivos de propriedades que se tenha no classpath sob o diretório META-INF/spring. Qualquer propriedade que se queira substituída deve ser indicada na configuração do Spring, desta forma: ${chaveDaPropriedade}. Um exemplo completo será visto posteriormente, neste capítulo, quando configurarmos uma fonte de dados para a aplicação da galeria.

Escaneamento de componentes

O próximo trecho importante da configuração é o escaneamento de componentes, que foi introduzido no Spring 2.5 como mecanismo para simplificar ainda mais a maneira como se faz a configuração de aplicações do Spring.

```
<context:component-scan base-package="com.prospringhibernate">
```

Esta declaração fará com que o Spring localize cada @Component, @Repository e @Service na aplicação. Em termos práticos, isto permite que se escreva um POJO e, depois, simplesmente se anote o novo POJO como um @Service. O Spring, então, automaticamente detectará, instanciará e injetará como dependência o serviço, no momento da inicialização.

Adicionalmente, o escaneamento de componentes ativa outras notáveis anotações do Spring, como o suporte a @PostConstruct, @Inject e @Named. Estas anotações permitem que se usem anotações comuns do Spring e do Java EE nas classes, sem necessidade de se fazer nenhuma configuração especial. A anotação mais comumente usada é @Inject, que instrui o Spring a injetar como dependência um objeto numa classe. Pode-se, então, ter, também, o novo serviço injetado em qualquer outra classe que o exija, simplesmente pela declaração de um campo para o serviço dentro da classe necessitada.

■ **Nota** @Inject e @Named são apenas duas das anotações definidas como parte da JSR-330. A JSR-330 define uma série padrão de anotações a serem usadas em aplicações Java EE. @Inject e @Named são substituições completas para as anotações @Autowired e @Qualifier no Spring, com que já se pode estar familiarizado. Isto torna a aplicação mais portável, no caso de se dever decidir mudar a implementação da injeção de dependências para algo como o Google Guice.

As regras correspondentes usadas pelo escâner de componentes podem ser também personalizadas com filtros para inclusão ou exclusão de componentes. Pode-se controlar esta correspondência com base em tipo, anotação, expressão AspectJ, ou expressões regulares para padrões de nomes. Os estereótipos omissivos podem até ser exibidos. Em nossa configuração, nós declaramos a seguinte exclusão:

```
<context:exclude-filter type="annotation" expression="org.springframework.stereotype.Controller" />
```

Este `exclude-filter` é declarado para evitar a instanciação de nossas classes @Controller, já que estas devem ser instanciadas por um contexto de aplicação de camada web. Sim, é isso mesmo: nossa aplicação realmente terá vários contextos de aplicação distintos. Falaremos sobre isso um pouco mais à frente, neste capítulo, quando apresentarmos a configuração de nossa aplicação web através de `web.xml`.

Sentenças `import`

Depois do configurador `property-placeholder`, se perceberá que nós especificamos uma sentença `import`:

```
<import resource="spring-datasource.xml"/>
```

Imports permitem que se especifiquem um arquivo de configuração do Spring externo a ser integrado no contexto da aplicação. Esta é uma construção útil, especialmente em nossa aplicação de demonstração, já que podemos facilmente externalizar as diferentes estratégias de persistência, mantendo cada versão em seu próprio arquivo. Estes imports também podem referenciar o classpath da aplicação com a seguinte sintaxe:

```
<import resource="classpath*:spring-config-name.xml"/>
```

Imports são valiosos quando se está lidando com grandes contextos de aplicações, uma vez que eles fornecem uma enorme flexibilidade para a organização de definições de beans. Pode-se particionar a aplicação em qualquer número de formas para torná-la mais abordável por novos desenvolvedores e para ajudar no entendimento de como o projeto muda com o tempo.

Integração com bases de dados

Agora que já se tem uma ideia mais clara de como o Spring é inicializado na aplicação, vamos voltar à integração com a base de dados preferida. Aprendeu-se que a aderência do Spring a conceitos baseados em interface ajuda a se extrair opções de implementação do código para a configuração. Assim, opte-se por usar um bean do produtor Java Naming and Directory Interface (JNDI) para extrair uma referência de base de dados de um diretório JNDI externo, ou por configurar diretamente um driver de base de dados específico, o código não será nem um pouco afetado. No final, sempre se terminará com uma `DataSource` JDBC, e isso é tudo o que o código precisa cuidar.

Suporte JDBC

No nosso exemplo, manteremos as coisas simples. Vamos começar pela definição de um bean do Spring que criará uma instância de `DataSource` JDBC:

```
<bean id="galleryDataSource"
  class="org.springframework.jdbc.datasource.DriverManagerDataSource">
  p:driverClassName="${jdbc.driverClassName}"
  p:url="${jdbc.url}"
  p:username="${jdbc.username}"
  p:password="${jdbc.password}"/>
</bean>
```

Se quiséssemos deixar um pouco mais elegante, poderíamos, ao invés, optar por um conglomerado popular de conexões de bases de dados como implementação de nosso bean. Um conglomerado de conexões é ideal para aplicações web que exigem múltiplas operações concorrentes na base de dados. Um conglomerado de conexões pode ser otimizado para diferentes cenários de uso, assegurando um meio mais eficiente para passagem de novas conexões de base de dados para a aplicação. Mais uma vez, alternar-se para um conglomerado de conexões de bases de dados dará à aplicação mais eficiência sem exigir quaisquer mudanças no código.

■ **Nota** Conglomerados de conexões costumavam ser algo que os desenvolvedores tinham de escrever por si mesmos. Seu uso é, atualmente, uma divertida medição para se ver por quanto tempo os engenheiros estiveram escrevendo aplicações web em Java. Se eles escreveram seus próprios conglomerados de conexões, provavelmente estiveram nisso por um bocado de tempo. Como resultado da necessidade de desenvolver seus próprios conglomerados, cada projeto de código aberto terminava com uma implementação única de um conglomerado de conexões. Felizmente, todos os projetos que são parte da Apache Software Foundation se reuniram para criar a biblioteca `commons-dbcp` (dbcp é a sigla de conglomerado de conexões de base de dados, em inglês).

Note-se, na configuração que segue, como é fácil alternar para usar um conglomerado de conexões. Isto é possível pela codificação para interfaces, externalização de configuração e exploração da injeção de dependências. É uma experiência realmente gratificante ser capaz de fazer-se mudanças tão grandes tão rápida e facilmente.

```
<bean id="galleryDataSource"
  class="org.apache.commons.dbcp.BasicDataSource">
  p:driverClassName="${jdbc.driverClassName}"
  p:url="${jdbc.url}"
  p:username="${jdbc.username}"
  p:password="${jdbc.password}"/>
</bean>
```

Deve-se ter percebido que a id de nosso bean DataSource é galleryDataSource. Na maioria das aplicações empresariais, termina-se com várias datasources. Como resultado, a melhor abordagem é dar a cada uma um nome único para que se tenha um controle mais fino sobre as porções da aplicação que se usa com qual datasource.

Note-se, ainda, que nós especificamos propriedades para driverClassName, url, username e password em nosso bean datasource. Estas propriedades determinam como uma aplicação se conecta com uma dada base de dados. Na configuração do Spring, nós podemos usar referências guarda-lugares através da notação ${}. Esses guarda-lugares representam valores externos armazenados em nosso arquivo jdbc.properties, injetado em nosso arquivo de configuração, cortesia de nosso PropertyPlaceholderConfigurer. Este detalhe não é necessário, mas torna nossa configuração mais portável. Ele nos permite definir facilmente diferentes configurações de bases de dados para diferentes máquinas e plataformas, sem necessidade de mudar nossa configuração do Spring. Por exemplo, eis um fragmento de nosso arquivo src/main/resources/META-INF/spring/jdbc.properties:

```
jdbc.url=jdbc\:h2\:mem\:prosh;DB_CLOSE_DELAY\=-1
jdbc.driverClassName=org.h2.Driver
jdbc.username=sa
jdbc.password=
```

A sintaxe é intuitiva. Cada linha contém uma expressão simples, em que o lado esquerdo representa o nome da propriedade e o lado direito (depois do =) representa o valor configurado. Esta externalização torna fácil a alternância entre diferentes configurações de bases de dados para diferentes ambientes e externaliza melhor esses detalhes a partir da configuração específica da aplicação.

Diferentes bases de dados exigem diferentes URLs JDBC. Neste exemplo, nós usamos a popular base de dados H2. O H2 é uma base de dados baseada em Java e é, portanto, fácil de integrar-se em qualquer aplicação baseada em Java (ela não exige um processo de base de dados separado). Pode-se com igual facilidade usar o PostgreSQL, o MySQL, ou qualquer base de dados para a qual haja um driver JDBC. Apenas é preciso assegurar-se de que a base de dados está no ar, rodando, e configurada para escutar no URL especificado na configuração do bean.

Também é crítico incluir-se o driver JDBC apropriado no classpath, quando a aplicação for iniciada. Como o H2 é baseado no Java, simplesmente inclua-se o arquivo JAR do H2 no classpath; isso é tudo o que é necessário para que tudo funcione.

Integração com JNDI

O Hibernate quase sempre implica numa base de dados relacionais, de forma que faz todo o sentido começar por lá. O Java evoluiu para uma plataforma para construção de aplicações de nível empresarial, então há muitas opções para conectá-lo com uma base de dados relacionais padrão.

No nível mais simples, pode-se instanciar o driver da base de dados para a base de dados preferencial, mas a maioria das aplicações exige mais que isso. Muitos servidores de aplicações oferecem seus próprios conglomerados de conexões de base de dados otimizados para melhorar o desempenho, quando múltiplos clientes estiverem usando a aplicação concorrentemente. Para simplificar a administração e a integração, muitos servidores de aplicações usam JNDI para interfacear com uma base de dados.

A JNDI é frequentemente descrita como o oposto da IoC do Spring. Em vez de ter-se dependências automaticamente injetadas em sua aplicação, a JNDI permite que dependências sejam buscadas a partir de um diretório centralizadamente gerenciado. Certamente há benefícios em ambas as abordagens. Por exemplo, no caso da JNDI, os desenvolvedores podem definir nomes lógicos para recursos de bases de dados na configuração de sua aplicação, mas permitir que um administrador de sistemas gerencie o mapeamento desse nome lógico para o conglomerado de conexões de base de dados apropriado nas configurações do contentor de aplicações web, adiando eficientemente a especificação dos detalhes da conexão com a base de dados até o momento da execução. Quando uma migração de base de dados for necessária, a JNDI pode simplificar algumas das tarefas administrativas, já que nenhuma mudança à configuração da aplicação será exigida.

Não importa a abordagem que se decida usar, o Spring torna fácil a integração de uma datasource na aplicação. A questão chave é que os gabaritos de persistência do Spring nunca exigem um tipo específico de implementação de datasource. Ao invés, eles dependem da interface mais genérica javax.sql.Datasource. Se se pretende usar um conglomerado de conexões de base de dados ou uma datasource recuperada por JNDI, a configuração resultante deverá ser sempre produzir uma referência javax.sql.Datasource padrão.

Isto nos leva a um conceito chave no Spring: a interface FactoryBean. O FactoryBean é a resposta do Spring ao bem conhecido padrão de projeto produtor. O conceito básico, aqui, é que se remove uma dependência direta de uma implementação pelo adiamento da seleção ou instanciação da implementação específica até o momento da execução. Define-se um produtor, e é tarefa desse produtor selecionar a implementação correta no momento da execução, e instanciar (ou buscar) essa classe específica.

O conceito de FactoryBean do Spring é bastante similar. Normalmente, no Spring, quando se define um bean, a classe especificada pelo atributo classname é a classe que será instanciada e injetada noutros beans que têm a ID daquele bean conectada a eles. Este não é o caso de um FactoryBean. Quando se usa um FactoryBean, está-se, ao invés, instanciando uma classe produtora que será, então, responsável pela criação da implementação específica usada para resolver dependências no Spring. Assim, essencialmente, o atributo classname, neste caso, simplesmente define uma implementação de um produtor, cujo trabalho será, então, criar a implementação alvo real de que se precisa.

Este conceito nos permite usar múltiplas estratégias para acessar uma datasource sem nos atar a uma solução em particular. Se se usar o FactoryBean de JNDI, ainda se terminará com uma referência a uma datasource, e o mesmo ocorrerá se se optar por usar a implementação conglomerada de datasource.

Há outras razões para se usar um FactoryBean no Spring, também. Por exemplo, um MapFactoryBean pode ser usado para se criar um Map do Java inteiramente no arquivo de configuração (o que pode ser bastante conveniente, em certos casos).

Um FactoryBean do Spring implementa a interface FactoryBean, que define três métodos projetados para instanciar o objeto alvo (isto é, a instância que o produtor deve criar), o tipo do objeto alvo, e se o objeto alvo é uma singularidade ou um protótipo. Para o nosso cenário, nós configuraríamos nossa datasource JNDI da seguinte forma:

```
<bean id="galleryDatasource" class="org.springframework.jndi.JndiObjectFactoryBean">
    <property name="jndiName" value="java:comp/env/jdbc/gallery"/>
</bean>
```

Embora o exemplo precedente seja bem conciso, em algumas situações, pode-se tornar mais organizada e de mais fácil leitura a configuração, pela importação de um espaço de nomes destinado a tratar um tipo muito específico de configuração. Por exemplo, pela importação do espaço de nomes `jee`, nós podemos simplificar ainda mais a busca de JNDI precedente:

```
<jee:jndi-lookup id="galleryDatasource"
    jndi-name="java:comp/env/jdbc/gallery"/>
```

Não só nós reduzimos a configuração a uma única linha, como também tornamos a intenção de nossa configuração mais clara.

Configuração de aplicação web

Aplicações web Java são distribuídas como arquivos WAR. Um arquivo WAR é um tipo especial de arquivo JAR que inclui coisas como servlets, JSPs, bibliotecas de marcas e recursos HTML estáticos.

O arquivo chave de configuração para um WAR é `web.xml`, que delineia a estrutura de uma aplicação de acordo com as especificações do Java EE. A configuração que segue adere à especificação Servlet 2.5, e pode ser interpretada pelos principais contentores de servidores de aplicações, incluindo o Tomcat, o Resin, o Jetty, o WebSphere, o WebLogic, o GlassFish, e assim por diante. O arquivo `web.xml` deve ser colocado no diretório WEB-INF. Para projetos Maven, o diretório WEB-INF está localizado sob `src/main/webapp`. Eis um `src/main/webapp/WEB-INF/web.xml` básico para iniciar nossa aplicação de galeria de arte:

```
<?xml version="1.0" encoding="UTF-8" standalone="no"?>
<web-app xmlns="http://java.sun.com/xml/ns/javaee"
    xmlns:xsi="http://www.w3.org/2001/XMLSchema-instance"
    xsi:schemaLocation="http://java.sun.com/xml/ns/javaee
        http://java.sun.com/xml/ns/javaee/web-app_2_5.xsd"
    version="2.5">
    <!-- Escutador para criação do contentor Spring compartilhado por todos os Servlets e Filters -->
    <context-param>
        <param-name>contextConfigLocation</param-name>
        <param-value>
            classpath*:META-INF/spring/spring-master.xml
        </param-value>
    </context-param>
```

```xml
<listener>
  <listener-class>
    org.springframework.web.context.ContextLoaderListener
  </listener-class>
</listener>
<!-- DispatcherServlet do Spring para requisições HTTP -->
<servlet>
  <servlet-name>galleryDispatcher</servlet-name>
  <servlet-class>
    org.springframework.web.servlet.DispatcherServlet
  </servlet-class>
  <init-param>
    <param-name>contextConfigLocation</param-name>
    <param-value>
      WEB-INF/spring/spring-master-web.xml
    </param-value>
  </init-param>
  <load-on-startup>1</load-on-startup>
</servlet>
<servlet-mapping>
  <servlet-name>galleryDispatcher</servlet-name>
  <url-pattern>*.art</url-pattern>
</servlet-mapping>
</web-app>
```

Como mencionado antes, com aplicações Spring baseadas em web, termina-se, em última instância, com múltiplos contextos de aplicação contendo todos os beans do Spring. Há apenas um único contexto raiz de aplicação e, potencialmente, muitos contextos de aplicação filhos.

`ContextLoaderListener` implementa a interface `javax.servlet.ServletContextListener`. Escutadores que implementam a interface `ServletContextListener` recebem notificações do contentor de aplicação sempre que o contexto de servlet é inicializado ou destruído. É um mecanismo conveniente para simplificar a configuração da aplicação e facilitar a manutenção do sistema. O `ContextLoaderListener` do Spring é disparado ao receber tal notificação, quando o contexto do servlet é criado durante a inicialização da aplicação. Espera-se encontrar um parâmetro `contextConfigLocation` definido no contexto do servlet, e então, usa-se este parâmetro para se recuperar as definições dos beans e instanciá-los. Os beans delineados pelo `contextConfigLocation` compõem o que é comumente chamado de *contexto raiz de aplicação*.

Definição de servlet

O arquivo `web.xml` também é onde se configuram quaisquer implementações da interface `Servlet` que a aplicação exige. Servlets são configurados, juntamente com quaisquer parâmetros de inicialização que a classe do servlet espera, e depois são associados ao padrão de URL ao qual se quer que ele seja aplicado.

Para uma aplicação Spring, tira-se vantagem da classe `DispatcherServlet` da estrutura. `DispatcherServlet` é uma implementação flexível da interface `Servlet` que serve como mecanismo central de roteamento para requisições HTTP. Com o auxílio de classes adaptadoras oferecidas pelo Spring, pode-se especificar como cada instância de `DispatcherServlet` trata tudo, da resolução da vista até o tratamento de exceções, de uma forma limpa e plugável.

Cada uma dessas instâncias de `DispatcherServlet` tem seu próprio espaço de nomes, comumente chamado de *contexto filho de aplicação*. Isso significa que cada `DispatcherServlet` tem seu próprio `ApplicationContext`, mas todos compartilham o contexto raiz da aplicação. Em suma, isto significa que beans do Spring definidos no `ApplicationContext` de um `DispatcherServlet` podem referenciar os beans do `ApplicationContext` raiz, mas não o contrário. Significa, também, que instâncias separadas de `DispatcherServlet` podem não compartilhar definições de beans.

■**Nota** O `ApplicationContext` usado por cada `DispatcherServlet` é tecnicamente uma implementação da interface `WebApplicationContext` do Spring. O `WebApplicationContext` adiciona um método `getServletContext` à interface genérica `ApplicationContext`. Ele também define um nome de atributo de aplicação bem conhecido ao qual o contexto raiz deve ser ligado no processo de inicialização.

Vamos dar outra olhada na definição de nosso servlet `galleryDispatcher`. Tal como com nossas fontes de dados, nós damos a cada `DispatcherServlet` configurado um nome único, porque esperamos terminar com vários.

```xml
<servlet>
  <servlet-name>galleryDispatcher</servlet-name>
  <servlet-class>
    org.springframework.web.servlet.DispatcherServlet
  </servlet-class>
  <init-param>
    <param-name>contextConfigLocation</param-name>
    <param-value>
      WEB-INF/spring/spring-master-web.xml
    </param-value>
  </init-param>
  <load-on-startup>1</load-on-startup>
</servlet>
```

O servlet é definido com um `init-param` chamado `contextConfigLocation`, que provê o servlet com toda a informação de que ele precisa para adquirir e instanciar sua configuração de bean do Spring. E beans no `spring-master-web.xml` podem seguramente referenciar beans que o `ApplicationContext` definiu no `spring-master.xml` e em seus imports subsequentes.

Entretanto, há uma grande exceção a esta hierarquia de `ApplicationContext`: implementações da interface `BeanFactoryPostProcessor` e sua irmã `BeanPostProcessor` apenas se aplicam ao `BeanFactory` que os define. A classe `PropertyPlaceholderConfigurer` descrita anteriormente, neste capítulo, é um exemplo disso. Isto significa que é necessário definir-se uma vaga para propriedade, depois que cada `DispatcherServlet` adicionado ao já definido no contexto raiz de aplicação `spring-master.xml`.

Por fim, instruímos nosso contentor de aplicação a mapear quaisquer requisições que comecem com `/art/` para este `galleryDispatcher`:

```
<servlet-mapping>
  <servlet-name>galleryDispatcher</servlet-name>
  <url-pattern>/art/*</url-pattern>
</servlet-mapping>
```

Com esta configuração posta, uma requisição fictícia a `/art/foo` seria mapeada para o `galleryDispatcher`, que, por sua vez, a rotearia para um controlador MVC do Spring apropriado.

O MVC do Spring

Desde o Spring 3.0, a inicialização do MVC do Spring é incrivelmente simples. Eis a seguir o conteúdo de `src/main/webapp/WEB-INF/spring/spring-master-web.xml`, que é o arquivo de configuração por trás do servlet `galleryDispatcher`.

```
<?xml version="1.0" encoding="UTF-8" standalone="no"?>
<beans xmlns="http://www.springframework.org/schema/beans"
    xmlns:context="http://www.springframework.org/schema/context"
    xmlns:mvc="http://www.springframework.org/schema/mvc"
    xmlns:xsi="http://www.w3.org/2001/XMLSchema-instance"
    xsi:schemaLocation="http://www.springframework.org/schema/beans
       http://www.springframework.org/schema/beans/spring-beans-3.0.xsd
       http://www.springframework.org/schema/context
       http://www.springframework.org/schema/context/spring-context-3.0.xsd
       http://www.springframework.org/schema/mvc
       http://www.springframework.org/schema/mvc/spring-mvc-3.0.xsd">

  <context:component-scan base-package="com.prospringhibernate"
        use-defaultfilters="false">
    <context:include-filter type="annotation"
        expression="org.springframework.stereotype.Controller"/>
  </context:component-scan>

  <mvc:annotation-driven/>

  <!-- seleciona uma vista estática para execução sem necessidade de um
  controlador explícito -->
  <mvc:view-controller path="/index.jsp"/>

</beans>
```

Nós estamos usando o escaneamento de componentes do Spring, novamente, neste WebApplicationContext. Desta vez, estamos especificando um include-filter para restringir os beans que instanciamos a apenas os POJOs anotados com a anotação de estereótipo @Controller.

Em seguida, nós empregamos a declaração mvc-namespace para ativar o suporte ao mapeamento de requisições para os métodos @Controller do MVC do Spring.

```
<mvc:annotation-driven/>
```

Esta sintaxe conveniente de configuração também registra formatadores e validadores omissivos do Spring para uso por todos os controladores. Isto nos permite escrever código controlador como o seguinte:

```
@Controller
@RequestMapping("**/people")
public class PersonController {

  @RequestMapping(value = "/{id}", method = RequestMethod.GET)
  public String show(@PathVariable("id") Long id, ModelMap modelMap) {
    // lógica funcional para recuperar uma entidade Person
    return "person";
  }

  @RequestMapping(value = "/{id}", method = RequestMethod.DELETE)
  public String delete(@PathVariable("id") Long id) {
    // aqui vai a lógica funcional para excluir
    // uma entidade Person e retornar a vista apropriada
  }

}
```

Este código resumido é anotado como controlador. Ele também é mapeado para **/people através da anotação @RequestMapping do MVC do Spring. Nós usamos a anotação @RequestMapping novamente, no nível do método, para especificar que qualquer requisição HTTP GET por **/people/{id} deve disparar o método show. A anotação @PathVariable tomará esse parâmetro {id} e o ajustará como Long id para uso dentro do método show. Similarmente, quando uma requisição HTTP DELETE for emitida para o URL /art/people/{id}, a requisição será roteada pelo galleryDispatcher para o método delete de PersonController. Isso é muita coisa para se digerir num curto período de tempo, mas basta dizer que as anotações do MVC do Spring reduzem enormemente a quantidade de código necessário para se construir uma aplicação web empresarial madura.

Por fim, nós demonstramos o mecanismo do Spring para resolução de vista estática:

```
<mvc:view-controller path="/index.jsp"/>
```

Frequentemente, quer-se simplesmente rotear uma requisição por uma vista, sem nenhuma lógica, num controlador. É aí que o `mvc:view-controller` entra em cena.

Resumo

Neste capítulo, teve-se uma ideia do que está envolvido na configuração de uma aplicação web usando-se o núcleo do Spring, o Maven, uma base de dados e o MVC do Spring.

O Maven é uma ótima ferramenta que equipes de desenvolvimento podem usar para simplificar o desenvolvimento do dia a dia. Pode-se gerenciar dependências, assegurando processos repetitivo de construção, e prover uma interface consistente para os desenvolvedores da equipe usarem para interação com o projeto.

Aprendeu-se, também, sobre algumas funcionalidades do Spring, incluindo o escaneamento de componentes, `BeanFactoryPostProcessors` como o `PropertyPlaceholderConfigurer`, o suporte a espaços de nomes do Spring, e o gerenciamento de configurações mais avançadas em XML com declarações import. O escaneamento de componentes é provavelmente a mais importante dessas funcionalidades, uma vez que permite que o Spring localize classes dentro de uma estrutura de pacotes especificada, para que ele possa apropriadamente gerenciar esses componentes e resolver dependências.

A funcionalidade de escaneamento de componentes permite que os desenvolvedores usem anotações como dicas para o Spring. Ela simplifica o trabalho necessário para se conectar dependências e até reduzir a quantidade de configuração XML necessária. Por exemplo, a anotação `@Repository` deve ser usada para indicar as classes que compõem a camada DAO, a anotação `@Service` pode ser usada para designar as classes que são parte da fachada de serviço de uma aplicação, e a anotação `@Controller` denota a presença de um POJO que deve ser usado para interações do MVC do Spring. Estas anotações simplificam a definição das respectivas camadas, saturando as classes de camadas com metadados que ajudem a descrever seu propósito.

Viu-se, também, o que é preciso para se integrar uma base de dados numa aplicação Spring usando-se a biblioteca `commons-dbcp` do Apache para aglomerados de conexões ou através de JNDI, se se quiser usar as ofertas de fontes de dados do contentor da aplicação.

Nos próximos capítulos, construiremos nosso modelo de domínio e integraremos o Hibernate em nossa aplicação de galeria de arte.

CAPÍTULO 4
Persistência com o Hibernate

Muito semelhantemente ao Spring, o Hibernate mudou a paisagem do desenvolvimento de software quando apareceu pela primeira vez no cenário. O momento era ideal. Os desenvolvedores estavam frustrados com a complexidade do J2EE e a sobrecarga associada ao uso de EJB para persistência, em particular. O Hibernate resolve o problema da persistência através da simplicidade e do design limpo e bem pensado.

Também como o Spring, o Hibernate se baseia pesadamente em POJOs. Outras estruturas de ORM forçam os desenvolvedores a sujar seu modelo de domínio com exigências restritivas e rígidas, tais como classes mães e alternativas, bem como de Objetos de Transferência de Dados (DTOs). O Hibernate habilita a persistência com pouca base ou acoplamento com ele mesmo. O Spring ajuda a desacolpar ainda mais o Hibernate através de várias classes próprias, que servem para simplificar e padronizar as operações de integração e de persistência. Adicionalmente, o Spring provê uma solução independente de estrutura para implementação de comportamento transacional de uma forma declarativa padronizada, sem exigir código específico do Hibernate.

Olhando para o passado, é fácil ver-se como o Spring e o Hibernate foram instrumentais para o sucesso um do outro. Com filosofias que enfatizavam metodologias leves, simplicidade e limpeza de código, a dupla Hibernate-Spring levou a uma nova era para aplicações Java empresariais e persistência. Este sucesso mútuo teve um impacto dramático na comunidade Java, e foi o catalizador de numerosas mudanças que abraçavam uma abordagem leve para o desenvolvimento de aplicações.

Há uma enorme confusão com relação às várias opções de persistência, no ecossistema do Java. Qual a diferença entre EJB 3, JPA, JDO e Hibernate, afinal? Tentaremos desmistificar essas coisas neste capítulo, passando um pouco pela história e definindo alguns termos. Com isso de fora, nós demonstraremos como integrar o Hibernate numa aplicação Spring.

A evolução da persistência em bases de dados no Java

O JDBC foi incluído pela Sun Microsystems como parte do JDK 1.1, em 1997. O JDBC é uma API de baixo nível orientada para bases de dados relacionais. Ele provê métodos para consulta e atualização de uma base de dados. O JDBC oferece um grande conjunto de ferramentas, mas todo o peso é deixado totalmente para o desenvolvedor, que deve escrever SQL, mapear resultados de consultas para objetos do domínio, gerenciar conexões e transações, e assim por diante. A maioria das outras estruturas de persistência é construída como abstrações em cima do JDBC, para facilitar esta aflição do desenvolvedor.

Começando em 2000, a versão 3.0 da especificação do JDBC foi gerenciada como parte do Processo da Comunidade Java (JCP). O JCP foi criado em 1998 como mecanismo para que parceiros interessados participassem na modelagem das futuras direções da plataforma Java. O JCP se move em torno de Requisições de Especificações do Java (JSRs), que são documentos formais delineando adições ou modificações propostas à plataforma Java. Cada JSR tem um ou mais indivíduos representando o papel de cabeça da especificação e uma equipe de membros conhecida como grupo de peritos, que colabora para moldar a especificação. Uma JSR final inclui, também, uma implementação de referência.

Esta distinção entre uma especificação e uma implementação é uma das fontes primárias de confusão entre desenvolvedores, quando discutindo-se as várias opções de persistência disponíveis. Por exemplo, a JPA é uma especificação, e o Hibernate é simplesmente um dos muitos projetos que oferecem uma implementação da especificação JPA. Outras implementações da especificação JPA incluem o OpenJPA, DataNucleus, e a implementação de referência, o EclipseLink. Mas estamos nos adiantando a nós mesmos. Vamos percorrer as origens de algumas dessas especificações e implementações.

EJB, JDO e JPA

No final dos anos 1990 e começo dos 2000, a tecnologia líder para desenvolvimento de aplicações de grande escala, no Java, era o EJB. Originalmente concebido pela IBM, em 1997, as especificações EJB 1.0 e 1.1 foram adotadas pela Sun em 1999. A partir daí, o EJB foi melhorado através do JCP. A JSR 19 serviu como incubadora para o EJB 2.0, que foi finalizado em 2001. A especificação EJB 2.0 se tornou um componente principal da implementação de referência da Plataforma Java 2, Edição Empresarial da Sun (também conhecida como J2EE).

É inquestionável que os problemas que o EJB começou a resolver, incluindo a habilitação de integridade transacional em aplicações distribuídas, chamadas a procedimentos remotos (RPC), e ORM, são complexos, mas o EJB rapidamente ganhou uma reputação por ser mais problemático que valia a pena. As especificações EJB 1.0, 1.1, e 2.0 foram lesadas pelas complexidades das exceções checadas e do pesado uso de classes abstratas. A maioria das aplicações simplesmente não requiriam o peso associado aos EJB 1 e 2. Contra esse pano de fundo, havia a imensa oportunidade de competição e inovação.

A primeira tentativa oficial de se criar uma camada leve de abstração em cima do JDBC pelo JCP foi a JSR 12: Objetos de Dados do Java (JDO). O grupo de peritos por trás da JDO começou em 1999 a definir uma forma padrão de se armazenar objetos Java persistentemente em armazenamentos de dados transacionais. Além disso, ele definiu um meio de tradução de dados de uma base de dados relacionais em objetos Java e uma maneira padrão de se definir a semântica transacional associada a esses objetos. À época em que a especificação foi finalizada, em 2002, a JDO tinha evoluído até uma API baseada em POJOs que era independente de armazenamento de dados. Isso significava que podia-se usar a JDO com muitos armazenamentos de dados diferentes, indo de sistemas de gerenciamento de bases de dados relacionais (RDBMS) até um sistema de arquivos, ou mesmo com uma base de dados orientada por objetos (OODB). Interessantemente, os principais fornecedores de servidores de aplicações não abraçaram a JDO 1.0, de forma que ela nunca decolou.

Entre a JDO e o EJB, havia, então, dois padrões concorrentes para gerenciamento de persistência, nenhum dos quais foi capaz de conquistar a preferência dos desenvolvedores. Isso deixou a porta aberta às estruturas de produtores comerciais e de código aberto. O Hibernate é normalmente a estrutura de ORM em que as pessoas pensam como substituta do EJB 2.0, mas outro importante produtor chegou realmente na frente.

Um ORM de nome TopLink foi originalmente desenvolvido pela The Object People para a linguagem de programação Smalltalk. Ele foi portado para o Java e adicionado à linha de produtos da companhia por volta de 1998. O TopLink foi oportunamente adquirido pela Oracle em 2002. O TopLink era uma estrutura impressionante, e suas funcionalidades desempenharam um importante papel na modelagem das especificações de persistência que tinham surgido até então no mundo do Java. Como projeto comercial secundário, o TopLink nunca experimentou o nível de adoção do EJB, que era fortemente suportado pelos fornecedores de servidores de aplicações como IBM e BEA; nem foi capaz de realmente competir com as estruturas leves de código aberto que surgiam, como o Hibernate.

Gavin King começou a construir o Hibernate em 2001 para oferecer uma alternativa ao sofrimento pelos problemas bem conhecidos associados aos beans de entidades do EJB 2. Ele sentia que estava desperdiçando mais tempo pensando em persistência que nas questões dos negócios de seus clientes. O Hibernate tinha por objetivo melhorar a produtividade e permitir que os desenvolvedores se concentrassem mais na modelagem de objetos, e para simplificar a implementação da lógica de persistência. O Hibernate 1.0 foi liberado em 2002, o Hibernate 2.0 em 2003, e o Hibernate 3.0 em 2005. Durante todo esse período, o Hibernate obteve uma gigantesca quantidade de momento como ORM gratuito baseado em POJO que era bem documentado e bastante abordável para os desenvolvedores. O Hibernate era capaz de fornecer um meio prático, simples, elegante e de código aberto de se desenvolver aplicações empresariais.

Em seus cinco anos de existência, o Hibernate não aderiu a nenhuma especificação, e não fez parte de nenhum processo de padrões. O Hibernate era simplesmente um projeto de código aberto que se podia usar para resolver problemas reais e fazer o que tinha de ser feito. Durante este tempo, muitos produtores chaves, incluindo o próprio Gavin King, se reuniram para começar a trabalhar na JSR 220: Enterprise JavaBeans 3.0. Sua missão era criar um novo padrão que remediasse os pontos penosos associados aos EJBs do ponto de vista do desenvolvedor. Conforme o grupo de peritos trabalhava na especificação do EJB 3.0, ficava claro que o componente de persistência para interação com RDBMSs devia ser extraído em sua própria API. A API de Persistência do Java (JPA) nascia, construindo-se sobre muitos dos conceitos centrais que já tinham sido implementados e provados no campo por ORMs como o TopLink e o Hibernate. Como parte do grupo de peritos da JSR 220, a Oracle fornecia a implementação de referência da JPA 1.0 com seu produto TopLink. A JSR 220 foi finalizada em 2006, e o EJB 3 desempenhou um papel central na definição do Java Enterprise Edition 5, ou JEE 5, da Sun.

▪ **Nota** Preste-se atenção à mudança na notação de J2EE para JEE. J2EE é agora uma designação legada para a Edição Empresarial do Java. É hora de corrigir os resumos! `s/J2EE/JEE/`

Esta evolução foi perfeita para a JPA. A JPA 1.0 foi um enorme marco para a persistência em Java. No entanto, muitas funcionalidades que eram essenciais para os desenvolvedores que já usavam ferramentas como o Hibernate não sobreviveram devido a restrições de tempo. A JPA

2.0 adicionou muitas funcionalidades importantes, incluindo a API Criteria, APIs de cache, e melhoramentos à Linguagem de Consulta de Persistência do Java (JPQL), a linguagem de consultas orientadas por objetos da JPA. O padrão da JPA 2.0 foi finalizado em dezembro de 2009 como uma nova JSR isolada que se destinava à inclusão na especificação do Java EE 6. A Oracle doou o código fonte e recursos de desenvolvimento do TopLink à Sun, para criação do projeto EclipseLink. O EclipseLink surgiu para se tornar a implementação de referência para a JPA 2.0. O Hibernate 3.5 foi liberado na primavera de 2010 com total suporte à JSR 317: JPA 2.0.

Esta é uma história longa e sórdida, mas as coisas funcionaram muito bem. Agora, a JPA incorpora a maioria das funcionalidades de que se precisa para o desenvolvimento de aplicações Java empresariais de larga escala.

E COM RELAÇÃO AO JDO?

Padrões de persistência em Java não são tão claros quanto se gostaria. Veja-se, o JDO ainda está muito vivo e bem. A JSR 243 levou ao JDO 2.0 em 2006 e, desde então, viu várias revisões menores. De muitas formas, o JDO é um superconjunto da JPA. Como resultado, os implementadores do JDO, como o DataNucleus, foram capazes de incorporar ambas as especificações, do JDO e da JPA, em seus produtos. Por várias razões, o JDO não é implementado pelo Hibernate, e não é incorporado na especificação EJB 3. De qualquer forma, o JDO tem experimentado um pouquinho de ressurgimento, em anos recentes.

Como o JDO é independente de armazenamento de dados, enquanto que a JPA é tudo com relação a armazenamentos de dados relacionais, há muitos casos de uso interessantes que não são aplicáveis para a JPA, mas que são perfeitos para o JDO. Por exemplo, o JDO é um ingrediente chave para o desenvolvimento de aplicações Java no Google App Engine (GAE). O GAE é uma "plataforma como serviço" (PaaS), que é construído em cima do armazenamento de dados personalizado BigTable, do Google, em vez de num RDBMS.

Então, porque não usar simplesmente o JDO e evitar a criação da JPA? As razões para especificações concorrentes são numerosas – algumas técnicas, outras ideológicas e outras mais políticas. As maiores companhias da indústria influenciam pesadamente no JCP, e elas, às vezes, têm motivações de concorrência.

Como o Hibernate se encaixa

Agora que falamos sobre os padrões, vamos dar uma olhada em onde o Hibernate se encaixa e desfazer alguns conceitos comuns mal concebidos.

Antes de mais nada, o Hibernate 3 não é o EJB 3 e vice versa. O EJB 3 é uma especificação para prover uma arquitetura de componente de lado servidor, distribuído e gerenciado por contentor. O EJB 3 encapsula várias especificações distintas para facilitar muitas coisas, inclusive o gerenciamento de transações distribuídas, o controle de concorrência, troca de mensagens, serviços web e segurança – só para citar alguns. A especificação do EJB 3 considera que o tratamento de persistência pode ser delegado a um provedor de JPA.

Segundo, o Hibernate não é a JPA. De fato, o Hibernate é uma das muitas estruturas que proveem uma implementação concordante com o padrão da JPA. A primeira liberação do Hibernate a suportar a JPA 1.0 foi o Hibernate 3.2, que se tornou disponível em geral no outono de 2006.

Há funcionalidades frequentemente especializadas oferecidas por estruturas como o Hibernate que não se encaixam na especificação da JPA. Como tal, o Hibernate pode ser visto como um superconjunto da JPA. De um lado, a arquitetura do Hibernate permite que se use o Hibernate Core sem se usar absolutamente nenhuma parte da especificação da JPA. Do outro lado, pode-se usar estritamente apenas as partes do Hibernate que aderem à especificação da JPA. A estrita adesão à especificação da JPA assegura uma portabilidade realmente suave para outras implementações da JPA como o projeto OpenJPA do Apache.

Quando usando o Hibernate, nós recomendamos que os desenvolvedores se fixem tanto quanto possível na especificação da JPA, mas não se deve enlouquecer por isso. Como os projetos de código aberto tendem a evoluir a uma taxa mais rápida que o JCP, estruturas como o Hibernate oferecerão soluções para problemas não atendidos pelo processo de padrões. Se essas ofertas personalizadas aliviam o penar do desenvolvedor, então que se seja prático e tire-se vantagem delas! Isso é parte da beleza do processo de padrões – implementadores de várias especificações são livres para inovar, e o melhor, a maioria das ideias de sucesso provavelmente será incorporada em futuras revisões da especificação.

A especificação da JPA define uma série de anotações que podem ser aplicadas a classes do domínio para mapear objetos para tabelas de bases de dados e variáveis membros para colunas. A JPA também apresenta uma linguagem semelhante ao SQL, chamada JPQL, que pode consultar a base de dados com um aspecto de orientação por objeto. Para acessar o modelo de domínio mapeado na base de dados, ou executar consultas JPQL, usa-se o `javax.persistence.EntityManager`.

Antes da JPA, aplicações do Hibernate giravam em torno do uso das interfaces `SessionFactory` e `Session` do Hibernate. Posto simplesmente, a `SessionFactory` do Hibernate é ciente dos detalhes globais de configuração, enquanto que a `Session` é limitada à transação atual. O `EntityManager` da JPA serve como ponte entre as `SessionFactory` e `Session` do Hibernate; portanto, ele sabe tanto da configuração da conexão com a base de dados quanto do contexto de transação. Neste capítulo, se aprenderá um pouco sobre a JPQL, o `EntityManager`, e como eles interagem com o Spring, mas, principalmente, se aprenderá a respeito da configuração de uma aplicação para usar a implementação da especificação da JPA 2.0 pelo Hibernate.

Hierarquia de interfaces da JPA

A figura 4-1 delineia as quatro interfaces chaves em qualquer aplicação da JPA. O `EntityManagerFactory` representa a configuração para uma base de dados na aplicação. Tipicamente, define-se um `EntityManagerFactory` por armazenamento de dados. O `EntityManagerFactory` é usado para se criar múltiplas instâncias de `EntityManager`.

Figura 4-1. *Interfaces da JPA*

Cada instância de EntityManager é análoga a uma conexão com uma base de dados. Numa aplicação web multi-segmentada, cada segmento terá seu próprio EntityManager.

■ **Nota** Por omissão, todos os objetos do Spring são singularidades. O EntityManager não é diferente, mas ainda é seguro com relação a segmentos e sabe dos limites transacionais. O Spring passa um EntityManager proxy compartilhado, que delega a uma instância do EntityManager limitada ao segmento que sabe tudo a respeito do contexto da requisição (incluindo limites de transação).

Cada EntityManager tem uma única EntityTransaction, que é necessária para persistência de alterações na base de dados subjacente. Por fim, o EntityManager serve como produtor para geração de classes Query. Classes que implementam a interface Query são necessárias para execução de consultas numa base de dados.

O EntityManagerFactory só é relevante quando se está inicializando uma aplicação, e nós mostraremos como isso é configurado numa aplicação do Spring. Consultas serão cobertas em mais detalhes no capítulo 6, e o gerenciamento de transações será discutido no capítulo 7. Como se verá neste capítulo, a interface EntityManager é a interface com que se tende a interagir na maior parte do tempo.

■ **Nota** Uma vez que a JPA tem por objetivo ser usada tanto em contentores pesados quanto leves, há muitas opções de configuração. Por exemplo, pode-se usar um contentor de EJB para se configurar a JPA, e depois expor-se o EntityManager do contentor para o Spring acessar via JNDI. Alternativamente, pode-se configurar a JPA diretamente no Spring, usando-se uma das muitas implementações existentes da JPA. Uma diferença significante é a necessidade (ou a falta dela) de costura em tempo de carregamento, que é o tipo de manipulação de bytecode requerido para a AOP. A costura em tempo de carregamento é necessária para a criação de objetos EntityManager and Entity transacionalmente cientes da JPA que podem realizar carregamento folgado. Servidores de EJBs têm seu próprio mecanismo de costura em tempo de carregamento, e o mesmo se dá com o Spring. Um único EntityManager só pode tratar deste tipo de funcionalidade através do suporte do nível de indireção que um proxy pode prover. A implementação da JPA pelo Hibernate é uma das estruturas que não exigem costura em tempo de carregamento, de forma que ela permite pôr-se em ação num ambiente JPA tão rapidamente quanto possível.

O modelo de domínio e a estrutura de DAO da galeria de arte

Agora é hora de voltarmos à construção de nossa aplicação da galeria de arte. O núcleo que devemos representar numa aplicação de galeria de arte é uma entidade para os trabalhos de arte. Na figura 4-2, vê-se que uma classe ArtEntity representa o trabalho de arte. Em nossa galeria, nós permitiremos que curadores associem entidades ArtEntity a entidades Category e permitiremos que o público em geral aplique entidades Tag e Comment. Estas entidades ArtEntity estão organizadas em entidades Exhibition para exibição pública, e estaremos capturando todos os metadados para um dado trabalho de arte numa representação polimórfica chamada ArtData. Além disso, definiremos um tipo Person para representar todos os usuários da aplicação. Estas entidades Person são qualificadas por uma enum representando os possíveis cargos do sistema que eles podem assumir.

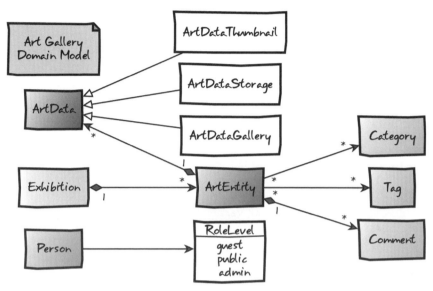

Figura 4-2. O modelo de domínio da galeria de arte

A JPA nos permite especificar como uma classe Java é mapeada para uma base de dados através de anotações. A anotação mais importante é @Entity.

Um POJO anotado com `@Entity`

Adicionar uma anotação @Entity da JPA a um POJO torna-o um objeto persistível! Bem, nem tanto- ainda é necessário adicionar-se uma @Id em alguma parte e, idealmente, um campo @Version, mas é simples assim.

```
package com.prospringhibernate.gallery.domain;

import javax.persistence.Id;
import javax.persistence.Entity;
import javax.persistence.Version;
import javax.persistence.GeneratedValue;

@Entity
public class Person implements Serializable, DomainObject {

    private Long id;
    private Integer version;

    @Id
```

```
@GeneratedValue
public final Long getId() {
  return id;
}

public void setId(Long id) {
  this.id = id;
}

@Version
public Integer getVersion() {
  return version;
}

public void setVersion(Integer version) {
  this.version = version;
}

// obtentores, definidores e campos omitidos
}
```

■ **Nota** Nós incluímos todas as sentenças `import` necessárias nas listagens de código, aqui, para ajudar na visualização de onde as várias anotações estão vindo. Anotações são ótimas para a eliminação de XML, mas, à medida que o número delas, numa dada classe ou método, aumenta, elas podem se tornar um pouco difícil de se ler, às vezes. Tudo, no pacote `javax.persistence`, é explicitamente fornecido pela JPA.

A menos que se diga o contrário, a implementação da JPA empregará convenção sobre configuração e mapeará este bean para uma tabela `Person`. A anotação @GeneratedValue da JPA informa ao Hibernate para usar uma coluna `id` gerada automaticamente. O Hibernate escolherá a melhor estratégia de geração de ID para a base de dados específica que se estiver usando. Ele também é bastante esperto para determinar o tipo certo de dado para cada coluna da base de dados com base na enumeração ou tipo Java primitivo usado para cada variável membro. Pode-se personalizar ainda mais esses mapeamentos de campos pelo uso das anotações @Basic, @Enumerated, @Temporal, e @Lob. Cada membro da entidade é considerado persistente, a menos que seja `static` ou anotado como @Transient. Falaremos mais sobre o conceito de convenção sobre configuração e as anotações do Hibernate no capítulo 5.

O `implements Serializable` que se vê na classe `Person` não é estritamente necessário, até onde concerne à especificação da JPA. Contudo, ele é necessário se se for usar cache ou EJB remoto, ambos os quais exigem que os objetos sejam `Serializable`. O uso de cache é um componente chave para se alcançar ótimo desempenho em qualquer aplicação JPA, como se aprenderá no capítulo 9, de forma que implementar-se a interface `Serializable` é um bom hábito a se adotar.

Isso é tudo o que se precisa fazer do lado do POJO, mas um POJO anotado com @Entity não faz nada por si só. Precisamos, no mínimo, prover o código para operações CRUD básicas. Por ora, vamos abraçar o padrão DAO. Exploraremos a codificação num estilo mais centrado no domínio, com o padrão Registro Ativo, quando cobrirmos o Grails e o Roo, nos capítulos 11 e 12, respectivamente.

Padrão DAO simplificado com genéricos

Vamos criar um DAO que salve e encontre uma entidade `Person`. Nós vamos caprichar em nossa hierarquia de classes usando genéricos, para que possamos abstrair as operações CRUD fixas que, do contrário, seriam repetidas por cada DAO em nossa aplicação.

No pseudo-UML da figura 4-3, note-se que nosso objeto de domínio `Person` implementa uma interface chamada `DomainObject`. Essa interface `DomainObject` é uma interface vazia que é usada por nossa interface `GenericDao` e pela nossa classe `GenericDaoJpa` para ligar nossos objetos de domínio de uma forma genérica. Esta estrutura nos permite pôr métodos comuns na classe `GenericDaoJpa`, que, por sua vez, nos permite manter sucintos nosso DAOs do Hibernate.

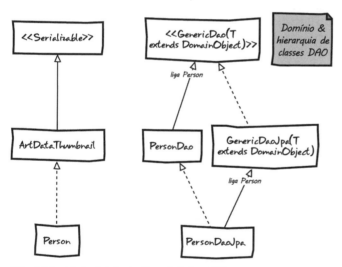

Figura 4-3. Domínio da galeria de arte e hierarquia de classes DAO

No diagrama da figura 4-3, as linhas sólidas representam herança, e a herança de interface é mostrada com linhas tracejadas. Os usos principais dos genéricos do Java são destacados pelas anotações "liga Person". Genéricos, em Java, permitem que um tipo ou método opere em objetos de vários tipos, ao mesmo tempo que proveem segurança de tipo em tempo de compilação.

Vamos ver como isto fica em código real. A primeira classe com que lidaremos é `GenericDao`:

```
package com.prospringhibernate.gallery.dao;

import java.util.List;
import com.prospringhibernate.gallery.domain.DomainObject;

public interface GenericDao<T extends DomainObject> {

  public T get(Long id);
  public List<T> getAll();
  public void save(T object);
  public void delete(T object);

}
```

Cada variável de tipo genérico é representada como T. Como se pode ver, nós definimos quatro métodos básicos, nesta interface, que são essenciais quando do gerenciamento de objetos persistentes. O método `delete` removerá uma dada entidade da base de dados. O método save nos permite inserir uma nova linha ou atualizar uma linha existente na base de dados, com base no conteúdo da entidade. Os dois obtentores básicos fornecem um meio para se ler qualquer entidade T que use nossa interface `DomainObject`.

No código seguinte, nós implementamos esses métodos em nossa classe concreta `GenericDaoJpa` usando o `EntityManager` da JPA.

```
package com.prospringhibernate.gallery.dao.hibernate;

import java.util.List;

import javax.persistence.EntityManager;
import javax.persistence.PersistenceContext;

import org.springframework.transaction.annotation.Transactional;

import com.prospringhibernate.gallery.dao.GenericDao;
import com.prospringhibernate.gallery.domain.DomainObject;

public   class   GenericDaoJpa<T   extends   DomainObject>   implements
GenericDao<T> {

  private Class<T> type;

  protected EntityManager entityManager;

  @PersistenceContext
```

```
  public void setEntityManager(EntityManager entityManager) {
    this.entityManager = entityManager;
  }

  public GenericDaoJpa(Class<T> type) {
    super();
    this.type = type;
  }

  @Transactional(readOnly=true)
  public T get(Long id) {
    if (id == null) {
      return null;
    } else {
      return entityManager.find(type, id);
    }
  }

  @Transactional(readOnly=true)
  public List<T> getAll() {
    return entityManager.createQuery(
      "select o from " + type.getName() + "o"
    ).getResultList();
  }

  public void save(T object) {
    entityManager.persist(object);
  }

  public void remove(T object) {
    entityManager.remove(object);
  }

}
```

Como discutimos, o `EntityManager` é o mecanismo central para interação com a JPA. Ele realiza operações de acesso a dados de uma forma ciente da transação. Com ele, a classe `GenericDaoJpa` pode realizar tarefas CRUD básicas: encontrar instâncias únicas ou múltiplas da classe, bem como salvar, atualizar e excluir uma instância.

Como se verá, a cláusula `SELECT` parece ter sido escrita em SQL, mas não o foi. Ela está em JPQL, que é voltada especificamente para se consultar objetos `Entity` da JPA, em vez de tabelas.

Esta classe usa as anotações `@Transactional` e `@PersistenceContext`. A anotação `@Transactional` é fornecida pelo Spring. Ela permite que o Spring saiba que esta classe exige gerenciamento de transações, bem como dos detalhes de quais tipos de operações estão sendo realizadas dentro de cada método. Pode-se adicionar @Transactional no nível da classe para informar ao Spring que cada e todo método requer uma transação. Pode-se usar, também, a anotação @Transactional no nível do método. Se se anotar em ambos os níveis, de classe e de método, a anotação de nível de método terá precedência. Cobriremos a semântica de transações em profundidade no capítulo 7.

@PersistenceContext é uma anotação da JPA que informa ao Spring que ele precisa injetar o EntityManager representado (proxy) por meio de auto-conexão. @PersistenceContext pode ser usado em variáveis membros, mas a abordagem preferida é usá-la num definidor, como mostrado aqui.

A próxima interface é PersonDao. Esta interface estende GenericDao ligada pelo tipo Person e declara os métodos que são específicos para interação com nossa entidade Person em nosso DAO. Nossa hierarquia de classes nos permitiu simplificar o código seguinte ao ponto de apenas precisarmos definir assinaturas de métodos que são unicamente aplicáveis a nossa entidade Person.

```
package com.prospringhibernate.gallery.dao;

import com.prospringhibernate.gallery.domain.Person;
import com.prospringhibernate.gallery.exception.AuthenticationException;
import com.prospringhibernate.gallery.exception.EntityNotFoundException;

public interface PersonDao extends GenericDao<Person> {

  public Person getPersonByUsername(String username) throws EntityNotFoundException;

  public Person authenticatePerson(String username, String password)
    throws AuthenticationException;

}
```

E por fim, aqui está a implementação da classe PersonDaoJpa, que implementa PersonDao e estende GenericDaoJpa ligada a nossa entidade Person:

```
package com.prospringhibernate.gallery.dao.hibernate;

import java.util.List;

import javax.persistence.Query;
import javax.persistence.EntityManager;
```

```java
import org.springframework.dao.DataAccessException;
import org.springframework.stereotype.Repository;

import com.prospringhibernate.gallery.domain.Person;
import com.prospringhibernate.gallery.dao.PersonDao;
import    com.prospringhibernate.gallery.exception.AuthenticationException;
import    com.prospringhibernate.gallery.exception.EntityNotFoundException;

public class PersonDaoJpa extends GenericDaoJpa<Person> implements PersonDao {

  public PersonDaoJpa () {
    super(Person.class);
  }

  public Person authenticatePerson(String username,    String password)
      throws DataAccessException, AuthenticationException {

    List<Person> results = null;
    Query query = entityManager.createQuery(
      "from Person as p where p.username = :username and p.password = :password"
    );
    query.setParameter("username", username);
    query.setParameter("password", password);
    results = query.getResultList();
    if (results == null || results.size() <= 0) {
      throw new AuthenticationException("Nenhum usuário encontrado");
    } else {
      return results.get(0);
    }
  }

  public Person getPersonByUsername(String username)
      throws DataAccessException, EntityNotFoundException {

    List<Person> results = null;
    Query query = entityManager.createQuery(
      "from Person as p where p.username = :username"
    );
    query.setParameter("username", username);
    results = query.getResultList();
    if (results == null || results.size() <= 0) {
```

```
        throw new EntityNotFoundException(username + " não encontrado");
      } else {
        return results.get(0);
      }
    }
  }
}
```

A anotação @Repository do Spring tem três propósitos primários, neste exemplo:
- Ela informa ao Spring que esta classe pode ser importada através de pesquisa do classpath;
- Ela é um marcador para o Spring saber que esta classe exige tratamento de RuntimeException específico de DAO;
- Nós especificamos o nome a ser usado no contexto do Spring para representar esta classe. Ao especificarmos que o DAO deve ser reconhecido como personDao, através de @Repository("personDao"), nós podemos nos referir a este DAO, em qualquer parte de nossa configuração do Spring, simplesmente como personDao, em vez de personDaoJpa. Isto nos permite mudar a implementação subjacente do DAO para outra coisa com menos fricção.

Usar a anotação @Repository nos permite agrupar rapidamente todos os DAOs através de busca do IDE, e ela também permite que um leitor saiba, de relance, que esta classe é um DAO.

Em virtude de nosso uso de genéricos, o código que permanece na implementação de PersonDaoJpa é curto e limpo, e relevante apenas para a classe de domínio Person. Os desenvolvedores são frequentemente intimidados pelos genéricos, mas eles podem ajudar a evitar que se faça um monte de trabalho mecânico e repetitivo que não acrescenta nenhum valor.

O ciclo de vida de uma entidade da JPA

Vamos examinar mais de perto como a JPA realmente trata internamente nossa entidade Person. A figura 4-4 destaca os vários estados em que uma entidade pode estar, alguns dos métodos chaves envolvidos, e um punhado de anotações úteis para interceptação de chamadas para modificação de comportamento com aspectos de corte cruzado.

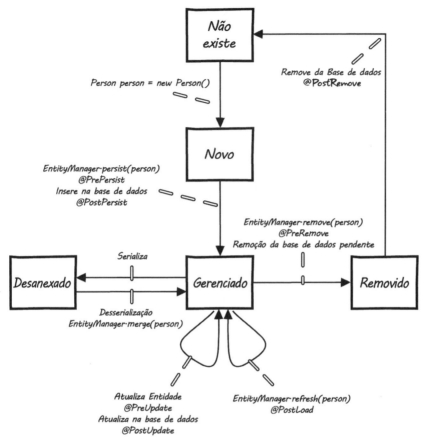

Figura 4-4. O ciclo de vida de uma entidade JPA

Há cinco estados chaves: Não existe, Novo, Gerenciado, Removido e Desanexado. Além disso, há sete anotações de rechamada de ciclo de vida. As anotações de rechamada, quando implementadas na classe da entidade, são chamadas de *métodos internos de rechamada*. Alternativamente, elas podem ser definidas fora de uma dada classe de entidade, como uma classe escutadora. Estas são chamadas de *métodos externos de rechamada*. Pode-se implementar qualquer subconjunto dos métodos de rechamada, ou nenhum deles. Pode-se aplicar apenas uma rechamada de ciclo de vida a um único método. Pode-se usar múltiplas rechamadas no mesmo método, aplicando-se todas as anotações cabíveis. Pode-se, ainda, usar tanto rechamadas internas quanto externas, numa única entidade. As rechamadas externas são disparadas primeiro, e depois as rechamadas internas são executadas. Há uma miríade de opções para se tirar vantagem dessas rechamadas.

> ■ **Nota** Métodos de rechamada não devem interagir com outros objetos da entidade ou fazer chamadas a métodos de `EntityManager` ou de `Query`, para evitar conflitos com a operação original da base de dados que ainda esteja em progresso.

Vamos percorrer um ciclo de vida fictício para uma pessoa, através de cada um dos cinco estados:

- *Não existe*: nós começamos aqui;
- *Novo*: um novo objeto `person` é instanciado através de `Person person = new Person()`. Neste ponto, o objeto `person` está no estado Novo. Ele não está associado a um `EntityManager`, e não tem representação na base de dados. Além disso, como estamos usando uma estratégia gerada automaticamente para nossa chave primária, o objeto está na memória, mas não tem ID associada. Novamente, isto é algo com que se deve ter cuidado, quando gerenciando objetos em coleções, já que uma entidade tem o potencial de romper o contrato de `equals()` e `hashCode()` se a igualdade de um objeto for baseada fora de seu identificador e esta propriedade mudar subitamente de `null` para um valor real, ao ser persistida através do Hibernate. Discutiremos esta questão em mais detalhes no capítulo 5;
- *Gerenciado*: nós persistimos a entidade `person` com uma chamada a `EntityManager.persist()`. Se tivermos um método anotado com `@PrePersist`, esse método será executado, seguido por uma inserção na base de dados, opcionalmente seguida pela execução de qualquer método personalizado que tenhamos anotado com `@PostPersist`. Agora, nossa entidade `person` está no estado Gerenciado. Neste estado, há muitas coisas que podem acontecer à entidade. Por exemplo, poderíamos fazer uma chamada a `EntityManager.refresh()`, que descartaria o objeto na memória e recuperaria uma cópia fresca da base de dados, opcionalmente tirando vantagem da rechamada `@PostLoad`. Ou poderíamos excluir a entidade, através de `EntityManager.remove()`, resultando numa chamada a `@PreRemove`;
- *Removido*: uma vez que o registro é excluído da base de dados, a entidade está no estado Removido, com execução pendente de um método anotado com `@PostRemove`, antes de retornar ao estado Não existe;
- *Desanexado*: o estado Desanexado entra em cena quando o objeto não mais está associado a um `EntityManager` ou contexto de persistência. Objetos desanexados são frequentemente retornados de uma camada de persistência para a camada web, onde podem ser exibidos ao usuário final de alguma forma. Alterações podem ser feitas a um objeto desanexado, mas essas alterações não serão persistidas na base de dados, até que a entidade seja reassociada a um contexto de persistência.

Configuração da JPA

Restam umas poucas peças do quebra-cabeças. Antes de termos um sistema completamente funcional, precisamos fazer o seguinte:

- Configurar um ambiente de JPA que saiba de nosso objeto de domínio `Person`;
- Configurar uma conexão de base de dados;
- Gerenciar as transações do sistema;

- Injetar tudo isso no DAO.

Primeiro olharemos para a configuração do lado da JPA, e depois trataremos do lado do Spring da configuração.

Configuração básica da JPA

A JPA exige que se crie um arquivo `META-INF/persistence.xml`. Vamos fazer a configuração mais fácil possível:

```
<persistence xmlns="http://java.sun.com/xml/ns/persistence"
    xmlns:xsi="http://www.w3.org/2001/XMLSchema-instance"
    xsi:schemaLocation = "http://java.sun.com/xml/ns/persistence
       http://java.sun.com/xml/ns/persistence/persistence_2_0.xsd"
    version="2.0">

    <persistence-unit    name="galleryPersistenceUnit"    transaction-
-type="RESOURCE_LOCAL"/>

</persistence>
```

Isto cria uma unidade de persistência chamada `galleryPersistenceUnit`. Recomenda-se nomear a unidade de persistência de uma forma que expresse o relacionamento com uma dada base de dados, de forma que se possa facilmente incorporar mais armazenamentos de dados, depois, sem que as definições de beans fiquem muito confusas. Por omissão, todas as classes marcadas como `@Entity` serão adicionadas a esta unidade de persistência.

Agora que temos a JPA ativa, a configuração do Spring precisa ser deixada ciente do `persistence.xml`. Faremos essa configuração em seguida.

MAIS OPÇÕES DE CONFIGURAÇÃO DA JPA

No arquivo `persistence.xml`, pode-se opcionalmente configurar as classes que se quer incluir para uma dada unidade, mas geralmente isso só é necessário para cenários mais complicados, tais como o gerenciamento de múltiplas bases de dados numa única aplicação. Quando se precisar mapear entidades para uma `persistence-unit` em particular, adicione-se elementos `<class>` ao `persistence.xml`, assim:

```
<persistence xmlns="http://java.sun.com/xml/ns/persistence"
    xmlns:xsi="http://www.w3.org/2001/XMLSchema-instance"
    xsi:schemaLocation="http://java.sun.com/xml/ns/persistence
       http://java.sun.com/xml/ns/persistence/persistence_2_0.xsd"
    version="2.0">
  <persistence-unit   name="galleryPersistenceUnit"   transaction-
-type="RESOURCE_LOCAL">
    <class>
      com.prospringhibernate.gallery.domain.Person
    </class>
```

```
</persistence-unit>
</persistence>
```

Há também um conceito de arquivos de mapeamento. Em vez de se definir as classes em linha, pode-se declarar um arquivo de mapeamento que é referido no arquivo `persistence.xml` num elemento `<mapping-file>`. Esse arquivo permite que se declare classes de entidades, e até se sobreponha configuração de mapeamento, tais como nomes de colunas e os mecanismos para recuperação de IDs. Esta abordagem também permite que se mapeiem classes que não têm absolutamente nenhuma anotação da JPA.

O `persistence.xml` também pode ser usado para se definir propriedades específicas de implementação, tais como propriedades do Hibernate. A configuração da JPA do Spring exige que se configure essas propriedades em `persistence.xml`, num elemento `<properties><property>`. Infelizmente, isso significa que não se pode pôr detalhes de configuração específicos do ambiente num arquivo de propriedades do Spring sem se tornar entusiasta de scripts de construção.

A JPA é extremamente configurável e rica em funcionalidades. Para mais detalhes sobre o arquivo de configuração `persistence.xml`, veja um livro dedicado ao tópico, tal como o Pro JPA 2: Mastering the Java Persistence API, de Mike Keith e Merrick Schincariol (Apress, 2009).

Integração com o Spring

Precisamos de uma forma de criar um `EntityManager` utilizável no `ApplicationContext` do Spring. No típico estilo do Spring, há mais de uma forma de se configurar a JPA. A seguir, algumas das opções:

- Um `LocalEntityManagerFactoryBean` usa a inicialização do Java SE da JPA. LocalEntityManagerFactoryBean exige que o provedor de JPA (por exemplo, o Hibernate ou o OpenJPA) configure tudo de que ele precisa, incluindo conexões de base de dados e uma configuração de costura de tempo de carregamento específica do provedor. O bean se pareceria algo assim:

```
<bean id="entityManagerFactory"
    class="org.springframework.orm.jpa.LocalEntityManagerFactoryBean">
    <property name="persistenceUnitName" value="galleryPersistenceUnit"/>
</bean>
```

- Se se tiver um contentor Java EE e se quiser usar o EJB 3, pode-se usar as capacidades de busca JNDI embutidas no Spring:

```
<jee:jndi-lookup id="entityManagerFactory" jndi-name="persistence/galleryPersistenceUnit"/>
```

- O `LocalContainerEntityManagerFactoryBean` da JPA do Spring exige um pouco mais de configuração do Spring do que as outras duas opções. Porém, ela também oferece a maioria das capacidades do Spring. Configurar um `LocalContainerEntityManagerFactoryBean` exige que se configure uma fonte de dados e adaptadores específicos do fornecedor da JPA, para que a configuração genérica da JPA do Spring possa configurar alguns dos extras exigidos por cada fornecedor. Esta é a abordagem que nós usaremos neste capítulo.

Vamos usar algumas das configurações genéricas do Spring que vimos antes. Também usaremos o escaneamento de componentes para dizer ao Spring para criar automaticamente os DAOs encontrados em pacotes específicos.

Vamos criar um arquivo chamado `spring-jpa.xml` sob `src/main/resources/META--INF/spring`. Este arquivo terá o `LocalContainerEntityManagerFactoryBean`, nossa fonte de dados, um gerenciador de transações da JPA, e transações baseadas em anotações. Começaremos o arquivo `spring-jpa.xml` com a configuração do espaço de nomes para o arquivo do Spring. Há um punhado de espaços de nomes que usaremos para configurar a JPA.

```xml
<?xml version="1.0" encoding="UTF-8" standalone="no"?>
<beans xmlns="http://www.springframework.org/schema/beans"
    xmlns:p="http://www.springframework.org/schema/p"
    xmlns:tx="http://www.springframework.org/schema/tx"
    xmlns:xsi="http://www.w3.org/2001/XMLSchema-instance"
    xsi:schemaLocation="http://www.springframework.org/schema/beans
        http://www.springframework.org/schema/beans/spring-beans-3.0.xsd
        http://www.springframework.org/schema/tx
        http://www.springframework.org/schema/tx/spring-tx-3.0.xsd">
    <!-- O resto da configuração é coberta abaixo -->
</beans>
```

Isto informa ao processador de XML que nós queremos usar os esquemas seguintes como parte de nossa configuração:
- O esquema omissivo `beans` do Spring;
- O esquema `p`, que reduz a verbosidade do ajuste de propriedades;
- O esquema `tx` para gerenciamento de transações.

Como estamos usando o espaço de nomes p, podemos configurar valores do Spring mais simplesmente. Por exemplo, usar `p:url` tem o mesmo efeito de usar o fragmento de XML `<property name="url" value="...">`. Pode-se também usar o espaço de nomes para criar referências.

Em seguida, vamos configurar uma fonte de dados de base de dados H2 em memória:

```xml
<bean id="dataSource"
    class="org.apache.commons.dbcp.BasicDataSource"
    destroy-method="close"
    p:driverClassName="org.h2.Driver"
    p:url="jdbc:h2:mem:gallery;DB_CLOSE_DELAY=-1"
    p:username="sa"
    p:password=""/>
```

Obviamente, não se precisa usar uma base de dados em memória. Há muitas outras maneiras de se obter uma fonte de dados, incluindo buscas de JNDI e agrupamento de conexões.

Estamos usando `LocalContainerEntityManagerFactoryBean`, que cria um EntityManager da JPA de acordo com o contrato isolado de inicialização da JPA. Esta é a maneira de se configurar um `EntityManagerFactory` da JPA completamente gerenciado pelo Spring:

```
<bean id="entityManagerFactory"
    class="org.springframework.orm.jpa.LocalContainerEntityManagerFactoryBean"
    p:dataSource-ref="dataSource"/>
```

O `LocalContainerEntityManagerFactoryBean` pode usar uma fonte de dados gerenciada pelo Spring e algumas propriedades específicas do Hibernate, tais como `showSql`, `generateDdl`, e `databasePlatform`.

Nossa anotação `@Repository` é selecionada como resultado do escaneamento de componentes do Spring. Deve-se lembrar que nós configuramos o escaneamento de componentes em nosso arquivo `spring-master.xml`, assim:

```
<context:component-scan base-package="com.prospringhibernate">
  <context:exclude-filter type="annotation"
      expression="org.springframework.stereotype.Repository"/>
</context:component-scan>
```

Esta diretiva assegurará que o Spring carregará e gerenciará todas as classes de DAO da nossa aplicação. Como parte deste processo, o Spring injetará a instância correta do `EntityManager` nos respectivos DAOs, como expressado pela anotação `@PersistenceContext`.

Os ajustes seguintes permitem que nosso ambiente realize transações da JPA. Esta configuração muito básica é necessária para que nossa aplicação JPA seja capaz de atualizar dados.

```
<bean id="transactionManager"
    class="org.springframework.orm.jpa.JpaTransactionManager"
    p:entityManagerFactory-ref="entityManagerFactory"/>

<tx:annotation-driven         mode="aspectj"           transaction-manager="transactionManager"/>
```

Como se viu, há muita coisa envolvida na configuração da JPA, mas definitivamente vale a pena o esforço para a quantidade de funcionalidade que é obtida.

Resumo

Estruturas como o Spring e o Hibernate proveem um meio de se resolver alguns dos complexos desafios empresariais. A diferença crítica entre o EJB 2.0 e estruturas como o Spring e o Hibernate é que esta complexidade é uma opção que se pode eleger utilizar, em vez de um componente integral da arquitetura da estrutura que se é forçado a abraçar.

Neste capítulo, fez-se um passeio pelo passado para se ver como a persistência evoluiu no ecossistema Java, e agora tem-se um entendimento mais firme da terminologia, bem como das distinções entre especificações e implementações. Aprendeu-se que pode-se ter uma aplicação que use muitas permutações de especificações e implementações. Por exemplo, pode-se construir uma única aplicação que use o EJB 3.0 para uma arquitetura distribuída baseada em componentes, com a JPA para persistência impulsionada pelo Hibernate como implementação da JPA. Teve-se também uma ideia do modelo de domínio e da estrutura DAO que suporta nossa aplicação de exemplo da galeria de arte. Por fim, aprendeu-se bastante sobre a configuração de uma aplicação JPA num ambiente do Spring. Agora, está-se armado com bastante informação para se fazer com que aplicação JPA funcione.

No próximo capítulo, nós continuaremos a construir o modelo de domínio para nossa aplicação da galeria de arte.

CAPÍTULO 5
■■■
Fundamentos do modelo de domínio

O modelo de domínio é a fundação sobre a qual uma camada de persistência é construída. Cada classe do domínio define as propriedades a serem persistidas na base de dados, bem como os relacionamentos entre uma classe e outra. Esta rica estrutura orientada por objetos não é facilmente traduzida para o mundo relacional das bases de dados. O Hibernate fornece o mecanismo necessário para ajudar a atender essa falha de impedância entre estes dois campos.

Mapeamento é o processo pelo qual se fornecem dicas ao Hibernate com relação à forma como as propriedades e referências nas classes do domínio são traduzidas em tabelas, campos e associações na base de dados. Quando o Hibernate entrou inicialmente em cena, os desenvolvedores usavam XML (chamados arquivos .hbm.xml) para especificar as regras de mapeamento de um modelo de domínio. Com a liberação da especificação da JPA veio uma série de anotações que podem ser aplicadas às classes do domínio, oferecendo tipos similares de dicas para os arquivos de mapeamento em XML.

A força do Hibernate é a facilidade com que os desenvolvedores podem começar a construir uma camada de persistência. O primeiro passo é, normalmente, definir o modelo do domínio usando simples JavaBeans (ou POJOs). No capítulo anterior, nós apresentamos várias classes centrais que compõem a raiz do modelo de domínio de nossa aplicação. Neste capítulo, nós construiremos em cima desta fundação, apresentando algumas classes adicionais.

Entendendo as associações

No capítulo 4, nós apresentamos o modelo de domínio de nossa galeria de arte e criamos a entidade Person. Mencionamos que a classe ArtEntity representará a arte, imagens e fotos de nossa aplicação da galeria. Também dissemos que nosso modelo de domínio incluirá uma classe Comment, que representará o comentário de um indivíduo sobre uma ArtEntity em particular.

Uma ArtEntity naturalmente conterá múltiplos comentários para permitir um número ilimitado de visitantes do site para adicionarem seus próprios comentários a respeito da peça de arte em particular que eles estejam vendo. Embora uma ArtEntity possa conter muitas instâncias de Comment, um dado Comment só pode referenciar uma única ArtEntity, como tipicamente um comentário objetiva se relacionar a uma peça de conteúdo em particular dentro da aplicação da galeria. A associação entre uma ArtEntity e suas instâncias de Comment é melhor descrita como um relacionamento *de-um-para-muitos*. Inversamente, o relacionamento entre um Comment e sua ArtEntity associada é conhecido como uma associação *de-muitos-para-um*. Como cada entidade é capaz de referenciar a outra, a associação é considerada *bidirecional*. Se uma entidade é capaz de referenciar outra entidade, mas o inverso não é verdade, esta é considerada uma associação *unidirecional*.

Se se deve usar associações unidirecionais ou bidirecionais, depende da aplicação. No entanto, se não se tem uma exigência específica para usar associações bidirecionais, pode ser mais fácil usar uma abordagem unidirecional, já que as associações bidirecionais podem exigir referências circulares e podem terminar complicando as implementações de transformação (marshaling) ou de serialização.

É sempre importante considerar a maneira pela qual o modelo de domínio e seus relacionamentos serão traduzidos num esquema de base de dados, mesmo quando abstrações de ORM frequentemente tratem desses detalhes para nós. A associação de ArtEntity com Comment exigirá duas tabelas: uma tabela Art_Entity e uma tabela Comment. Uma instância de ArtEntity, então, será associada a um Comment através de uma referência de chave externa à Art_Entity na tabela Comment, como ilustrado na figura 5-1.

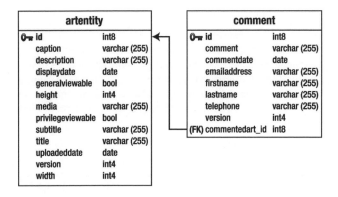

Figura 5-1. O relacionamento entre as tabelas ArtEntity e Comment

Nossa aplicação de galeria também exigirá uma classe Category para representar uma categoria em que uma determinada ArtEntity possa ser posta (para ajudar a organizar artes e fotos em grupos lógicos). Cada Category pode conter mais de uma instância de ArtEntity. Similarmente, cada ArtEntity pode ser posta em múltipplas entidades Category. Esse tipo de associação é normalmente chamado de *muitos-para-muitos*. A associação *de muitos-para-muitos* é um pouco mais complicada que o relacionamento de um-para-muitos. A melhor maneira de se modelar este tipo de relacionamento na base de dados é usar uma *tabela de junção*. Uma tabela de junção simplesmente contém chaves externas das duas tabelas relacionadas, permitindo que linhas das duas tabelas sejam associadas uma com a outra.

A figura 5-2 ilustra este relacionamento.

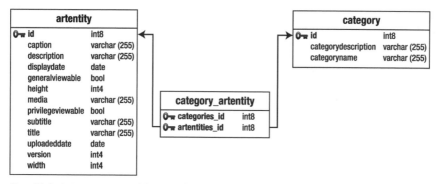

Figura 5-2. O relacionamento entre as tabelas ArtEntity *e* Category

Embora seja importante ter-se um claro entendimento da estrutura de tabelas do modelo de domínio, o Hibernate pode cuidar da criação desses detalhes específicos da base de dados. Ao invés, precisa-se focar na definição das classes e da maneira como elas se relacionam umas com as outras, de um ponto de vista orientado por objetos.

Os desenvolvedores têm diferentes filosofias sobre a melhor maneira de se definir um modelo de domínio do Hibernate. Alguns acreditam ser melhor definir primeiro um esquema de base de dados, e depois criar-se as classes para corresponder à estrutura da base de dados. Obviamente, não há maneira errada (contanto que a aplicação funcione confiavelmente) para se fazer este processo. Porém, em nossa experiência, nós alcançamos os melhores resultados pela definição, primeiro, dos mapeamentos do Hibernate, permitindo-nos considerar as classes Java e a estrutura de tabelas da base de dados em seguida.

Com o JDK 1.5 e o Hibernate 3, a definição de arquivos de mapeamento do Hibernate em XML não é mais necessária. É claro que pode-se ficar à vontade para continuar a seguir esta metodologia mais verbosa, e para muitos desenvolvedores, externalizar as especificidades do mapeamento da base de dados é realmente muito bom. Contudo, é difícil argumentar o fato de que usar o novo suporte de anotações do Hibernate é mais fácil e muito menos verboso. Mas usar anotações não é a única (nem necessariamente a melhor) opção.

Construindo o modelo de domínio

Nós já descrevemos algumas entidades centrais de nossa aplicação de amostra, juntamente com suas correspondentes associações. Agora que consideramos como essas entidades serão representadas na base de dados, vamos começar a construir nossas classes Java. Vamos primeiro definir a classe Comment:

```java
@Entity
public class Comment implements Serializable {

  private Long id;
  private String comment;
  private ArtEntity commentedArt;
  private Date commentDate;
  private String firstName;
  private String lastName;;
  private Integer version;

  @Id
  @GeneratedValue
  public Long getId() {
    return id;
  }

  public void setId(Long id) {
    this.id = id;
  }

  @ManyToOne
  public ArtEntity getCommentedArt() {
    return commentedArt;
  }

  public void setCommentedArt(ArtEntity commentedArt) {
    this.commentedArt = commentedArt;
  }

  @Temporal(TemporalType.TIMESTAMP)
  public Date getCommentDate() {
    return commentDate;
  }

  public void setCommentDate(Date commentDate) {
    this.commentDate = commentDate;
  }

  @Version
  public Integer getVersion() {
    return version;
  }

  public void setVersion(Integer version) {
    this.version = version;
  }

}
```

Em seguida, vamos definir a classe ArtEntity:

```java
@Entity
public class ArtEntity implements Serializable {

  private Long id;
  private String title;
  private String subTitle;
  private Date uploadedDate;
  private Date displayDate;
  private Integer width;
  private Integer height;
  private String media;
  private String description;
  private String caption;
  private String imagePath;
  private Integer version;
  private Set<Category> categories = new HashSet();
  private Set<Comment> comments = new HashSet();

  public ArtEntity() {
  }

  @Id
  @GeneratedValue
  public Long getId() {
    return id;
  }


  public void setId(Long id) {
    this.id = id;
  }

  @Version
  public Integer getVersion() {
    return version;
  }

  public void setVersion(Integer version) {
    this.version = version;
  }

  @ManyToMany(mappedBy = "artEntities")
  public Set<Category> getCategories() {
```

```
    return categories;
}

public void setCategories(Set<Category> categories){
    this.categories = categories;
}

@OneToMany
public Set<Comment> getComments() {
    return comments;
}

public void setComments(Set<Comment> comments) {
    this.comments = comments;
}

public boolean addCommentToArt(Comment comment) {
    comment.setCommentedArt(this);
    return this.getComments().add(comment);
}

}
```

■ **Nota** Por questões de simplicidade, os objetos do domínio nestas listagens de código só implementam `Serializable`. Entretanto, como demonstramos no capítulo anterior, nosso `GenericDao` considera que cada entidade do domínio implementa nossa interface marcadora `DomainObject`. Embora nossas amostras de código sigam esta abordagem, nós mantivemos estas listagens um pouco mais simples para fins ilustrativos.

Nós omitimos algo dos obtentores e definidores redundantes para conservar espaço. Contudo, imediatamente se reconhecerá que nós essencialmente estamos definindo um JavaBean ou POJO. Não há referência a dependências do Hibernate, e nenhuma classe mãe a partir da qual se estender.

Nós definimos as propriedades de que precisamos para persistir na base de dados, juntamente com seus respectivos obtentores e definidores. Da mesma forma que os obtentores e definidores apropriados, nós também adicionamos um método `addCommentToArt(Comment comment)`. Este é um método de conveniência para associações bidirecionais, uma vez que é importante que referências sejam definidas em ambos os lados da associação. No método `addCommentToArt(Comment comment)`, nós asseguramos que o parâmetro `comment` especificado seja adicionado à coleção de comentários da `ArtEntity` e que a propriedade `commentedArt` de `comment` referencie apropriadamente a instância de `ArtEntity`. Nós recomendamos enfaticamente a criação deste tipo de método de "gerenciamento de associações" de um lado do relacionamento para assegurar que ambos os lados de um relacionamento bidirecional seja convenientemente definidos.

Nossa entidade de domínio `Comment` também tem a anotação `@ManyToOne`. Isto diz ao Hibernate que a propriedade `commentedArt` terá uma associação de muitos-para-um com a tabela `ArtEntity`. Da perspectiva de uma base de dados, especificar-se uma anotação `@ManyToOne` no campo `Comment` adicionará um campo de chave externa a nossa tabela `Comment` para a tabela `ArtEntity`. Isto também demonstra algumas das vantagens de se usar o Hibernate para arquitetar tanto o modelo de domínio quanto o esquema da base de dados. Se o Hibernate for usado para gerar o esquema, ele também criará restrições de chave externa para as associações, para assegurar que a integridade referencial da base de dados não seja comprometida.

Convenção sobre configuração

A simplicidade do suporte a anotações do Hibernate brota do uso de omissivos sensíveis, bem como da habilidade do Hibernate de inferir associações e tipos de campo de base de dados pela consideração do tipo Java de cada propriedade JavaBean. Quando os mapeamentos são definidos em XML, nós devemos delinear explicitamente os detalhes de cada propriedade e associação. Com o Hibernate, como as anotações são embutidas no código, nós temos o benefício de extrair dicas do próprio código, o que simplifica dramaticamente os esforços de configuração.

Como se aprendeu no capítulo 4, a anotação chave para a persistência no Hibernate é `@Entity`. Esta anotação diz ao Hibernate que nós pretendemos persistir esta classe. Se estivéssemos seguindo a abordagem do mapeamento por XML, nós precisaríamos, então, definir cada campo explicitamente, no arquivo de mapeamento `hbm.xml`. Com as anotações do Hibernate, só é necessário definir-se os detalhes que não se conformam com o comportamento omissivo do Hibernate.

O Hibernate procurará cada tipo Java da propriedade e seu nome, e usará estes metadados para definir o tipo e o nome do campo de uma coluna, respectivamente. O comportamento omissivo é considerar que todas as propriedades do POJO são persistíveis, mas pode-se também especificar este comportamento explicitamente, usando-se a anotação `@Basic`. Usar `@Basic` também fornece uma maneira de se personalizar vários aspectos relacionados com a persistência, tais como se uma determinada propriedade deve ser carregada folgadamente. Se não se quiser que certos campos sejam persistidos, precisa-se especificar que essas propriedades são transientes, usando-se a anotação `@Transient`.

■ **Nota** O Hibernate oferece controle sobre busca de associações, permitindo que entidades relacionadas sejam carregadas folgadamente – isto é, apenas quando necessário, em vez de quando o objeto de origem for carregado da base de dados. Isto tem benefícios dramáticos no desempenho (se usado apropriadamente), mas também pode degradar o desempenho se não se for cauteloso. Estaremos cobrindo o carregamento folgado em mais detalhes no capítulo 9.

Além das anotações `@Transient` e `@Basic`, também pode-se usar a anotação `@Temporal` para se controlar a maneira como propriedades baseadas em data ou hora serao mapeadas para a base de dados. Em nossa classe `Comment`, nós especificamos o seguinte para declarar que uma propriedade `Date` seja persistida na base de dados como um `timestamp`:

```
@Temporal(TemporalType.TIMESTAMP)
public Date getCreatedDate() {
  return this.createdDate;
}
```

Este conceito de omissivos sensíveis, ou de convenção sobre configuração, realmente reduz a quantidade de codificação necessária para se pôr de pronto um modelo de domínio. E o suporte a anotações do Hibernate oferece ampla flexibilidade para se sobrepor qualquer um dos comportamentos omissivos, caso se esteja inclinado a fazê-lo. Por exemplo, se quisermos definir o nome de uma tabela para nossa classe Comment que seja diferente do nome da classe Java, nós poderíamos fazê-lo pelo uso da anotação @Table:

```
@Table(name = "HOGWASH")
class Comment {
  ... (Métodos omitidos)
}
```

Similarmente, nós podemos exigir que a propriedade comment seja mapeada para a coluna commentText usando a anotação @Column:

```
@Column(name = "commentText")
public String getComment() {
  return this.commentText;
}
```

Este nível de personalização é muito útil, mas na maior parte do tempo é desnecessário e redundante (a menos que se esteja mapeando o modelo de domínio para uma base de dados legada).

■ **Nota** Deve-se ter uma razão muito boa antes de se sobrepor qualquer um dos comportamentos omissivos do Hibernate. Se se sentir a necessidade de se mapear uma propriedade Java para uma coluna de nome diferente, pode-se querer reconsiderar as convenções de nomeação. Agora, não é errado ter-se discrepâncias entre nomes de colunas e nomes de propriedades Java, mas a simplicidade da configuração é muito importante, e nós encorajamos que se limite tanto quanto possível a sobreposição de comportamento omissivo. Afinal, menos código é igual a menos manutenção.

Gerenciando identificadores de entidades

O suporte a anotações do Hibernate exige que se defina uma chave primária e toda as associações de JavaBeans. Em nossa classe Comment, nós adicionamos a anotação @Id acima do método getId(). Esta anotação diz ao Hibernate que a propriedade id de nossa classe Comment é o identificador (ou chave primária) de nossa entidade Comment.

Abaixo da anotação @Id está a anotação @GeneratedValue, que especifica a maneira pela qual o identificador de uma dada instância será criado. O omissivo é AUTO, e, em nosso exemplo, esta é a estratégia de geração de identificador que o Hibernate usará (uma vez que não definimos nenhuma estratégia). AUTO procurará pela base de dados subjacente para tomar a decisão de como os identificadores devem ser criados. As opções são usar uma sequência, uma coluna de identidade, ou usar uma tabela especial para geração de novas IDs. Se se quisesse sobrepor o comportamento omissivo e usar uma sequência, a anotação @GeneratedValue poderia se parecer com isto:

```
@GeneratedValue(strategy=GenerationType.SEQUENCE,   generator="COMMENT_ID_SEQ")
```

Isto criaria uma sequência chamada COMMENT_ID_SEQ para ser usada para geração de novas IDs para nossa tabela Comment. O Hibernate oferece muito mais opções para um identificador de classe de domínio, incluindo geração baseada em UUID, ou simplesmente permitir que sua aplicação atribua diretamente os identificadores.

■ **Nota** Quando usando o modo AUTO para geração de ID, o Hibernate selecionará a estratégia ideal com base na base de dados que se está usando. Entretanto, para muitas bases de dados, o Hibernate terminará criando uma única sequência para ser usada por todas as tabelas. Isso pode ser um tanto confuso, e nós frequentemente temos percebido que a criação explícita de sequências para cada tabela é um pouco mais limpo. Se o modelo de domínio tiver alguma complexidade, nós recomendamos especificar-se uma sequência diferente para cada tabela ou classe.

Usando opções de cascateamento para estabelecer relacionamentos de dados

Associações num modelo de domínio representam a forma como diferentes entidades do domínio se relacionam umas com as outras. Frequentemente, esses relacionamentos podem ser expressos em termos leigos como *relacionamentos pai-filho*, significando que uma entidade possui ou encapsula uma coleção de outra entidade. Na base de dados, as associações são representadas através de junções de tabelas, mas não há uma analogia clara para representação dos relacionamentos mais hierárquicos que temos no Java. É aí que o Hibernate entra em cena. As opções de cascateamento ajudam a estabelecer relacionamentos pai-filho; ou, mais precisamente, as regras de como operações tais como salvar e excluir, que são aplicadas a uma entidade, devem cascatear para as entidades associadas. Este conceito é frequentemente chamado de *persistência transitiva*.

Por exemplo, na nossa aplicação da galeria, nós assertaríamos que ArtEntity possui uma coleção de instâncias de Comment. Isto é lógico, uma vez que um Comment está anexado a uma instância em particular de ArtEntity. Um usuário final pode postar um comentário sobre uma imagem em particular, e este comentário é tipicamente relevante apenas para a imagem sobre a qual ele foi postado. Além do mais, se uma instância de ArtEntity for excluída, não faz sentido manter as instâncias relacionadas de Comment. Em essência, comentários são filhos de uma ArtEntity.

Como os comentários podem ser considerados filhos de uma `ArtEntity`, nós podemos assertar que uma operação de salvamento invocada numa `ArtEntity` também deve cascatear para quaisquer instâncias de `Comment` adicionadas ou atualizadas, associadas àquela instância de `ArtEntity`. Adicionalmente, deva uma `ArtEntity` ser excluída, nós quereremos que a ação de exclusão seja cascateada para quaisquer instâncias de `Comment` associadas. Podemos representar estas regras de cascateamento usando a seguinte anotação:

```
@OneToMany(orphanRemoval = true, cascade = { javax.persistence.Cascade-
Type.ALL })
public Set<Comment> getComments() {
  return comments;
}
```

Neste caso, estamos ajustando `orphanRemoval` para `true`, que também assegurará que quaisquer comentários desreferenciados também serão excluídos. Nós ainda especificamos um `CascadeType` de SAVE_UPDATE, que assegurará que as operações de salvamento e atualização invocadas numa instância de `ArtEntity` também serão repassadas às instâncias filhas de `Comment`.

Adicionando serviço de cache de segundo nível

O Hibernate permite que entidades, bem como coleções de associações (um grupo de comentários), sejam implicitamente reservadas em cache. Com a reserva em cache habilitada, o Hibernate tentará, primeiro, encontrar uma entidade ou coleção no cache, antes de tentar consultar a base de dados. Como o carregamento de dados do cache é muito menos custoso que a realização de uma operação na base de dados, a reserva em cache é outra estratégia eficaz para o melhoramento do desempenho de uma aplicação.

O Hibernate se integra com várias estruturas de cache, tais como o Ehcache, e oferece a interface `CacheManager` se se quiser adicionar uma solução de reserva em cache própria. Uma vez integrada, a reserva em cache acontece implicitamente, sem necessidade de qualquer codificação adicional, além da especificação as regras de reserva em cache para cada entidade e coleção.

Para ter uma reserva em cache básica habilitada em nosso modelo de domínio, nós podemos adicionar a anotação seguinte a cada entidade do domínio, bem como em suas coleções correspondentes, para assegurar que elas sejam apropriadamente reservadas em cache:

```
@Entity
@Cache(usage = CacheConcurrencyStrategy.NONSTRICT_READ_WRITE)
public class ArtEntity implements Serializable {

  ... Métodos omitidos ...

  @OneToMany(orphanRemoval = true, cascade = { javax.persistence.Casca-
deType.ALL })
```

```
@Cache(usage = CacheConcurrencyStrategy.NONSTRICT_READ_WRITE)
public Set<Comment> getComments() {
  return comments;
}

public void setComments(Set<Comment> comments) {
  this.comments = comments;
}

... Métodos omitidos ...

}
```

Especificar uma estratégia de cache de leitura e escrita assegura que o Hibernate invalidará o cache sempre que uma determinada instância do domínio for atualizada. Isso evita que dados caducos fiquem armazenados no cache.

Há três tipos de opção de reserva em cache para o Hibernate: domínio, coleção, e consulta. As opções de domínio e coleção estão demonstradas no exemplo anterior, já que especificamos a anotação `@Cache` para a entidade de alto nível de domínio, bem como para a associação de comentários.

Detalhes de reserva em cache devem ser ajustados usando-se o arquivo de configuração apropriado para a implementação de reserva em cache que se tenha selecionado. No caso do Ehcache, pode-se configurar especificidades, tais como o tempo de vida e o tamanho do cache, numa base de domínio por domínio, no arquivo `ehcache.xml`.

Cobriremos as estratégias de reserva em cache em mais detalhes no capítulo 9.

Usando polimorfismo com o Hibernate

Para nossa aplicação de galeria, nós precisamos de mais algumas classes para ajudar a prover os detalhes de persistência para toda a funcionalidade da galeria. Como rápida recapitulação, eis uma visão geral de nosso modelo de domínio, como ele atualmente se encontra:

- `Person`: representa um usuário administrativo ou um usuário registrado de nossa aplicação de galeria;
- `Exhibition`: organiza coleções de imagens em grupos lógicos;
- `ArtEntity`: representa uma imagem na aplicação e contém metadados sobre a imagem, bem como sua localização;
- `Comment`: representa um comentário de um indivíduo que se relaciona a uma instância de `ArtEntity` em particular.

Nossa classe `ArtEntity` representa metadados básicos sobre uma imagem, mas, e se precisarmos armazenar uma imagem em diferentes resoluções, tais como miniaturas, versões em resolução média e versões em alta resolução? Poderíamos certamente inserir campos adicionais em nossa classe `ArtEntity`, mas o Hibernate oferece uma solução mais limpa.

Soluções de ORM como o Hibernate vão muito além do mapeamento de campos de bases de dados para instâncias do modelo de domínio. Conceitos orientados por objetos, como polimorfismo, são também habilitados pelo Hibernate e são um meio eficaz para o estabelecimento de uma hierarquia de objetos de domínio que compartilhem uma série de propriedades e funcionalidades centrais.

Em vez de armazenar um caminho de imagem diretamente em nossa classe `ArtEntity`, vamos reconstruir estes dados numa classe base separada, chamada `ArtData`. Depois, nós criaremos três subclasses que estenderão, cada uma, a classe `ArtData` (e, consequentemente, compartilharão suas propriedades) mas são talhadas para representar um tipo particular de imagem. Definiremos as quatro novas classes de domínio seguintes:

- `ArtData`: o grosso das propriedades será armazenado aqui, uma vez que esta é a classe base;
- `ArtData_Gallery`: esta classe será usada para representar a vista padrão de uma imagem nas páginas de listas da galeria;
- `ArtData_Thumbnail`: esta classe será usada para representar miniaturas;
- `ArtData_Storage`: esta classe persistirá uma versão em alta resolução da imagem, conveniente para fins de arquivamento ou para vistas com zoom.

■ **Nota** Não incluiremos todo o código fonte para nosso modelo, aqui. Pode-se baixar o código do exemplo para este capítulo se se quiser acompanhá-lo.

O Hibernate oferece quatro opções diferentes para implementação de polimorfismo:

Polimorfismo implícito: esta opção usa a estrutura de herança do Java, sem exigir que esses detalhes estruturais afetem o esquema da base de dados. Em outras palavras, usando-se o polimorfismo implícito, pode-se consultar uma classe mãe, e o Hibernate emitirá consultas de seleção para todas as tabelas dentro da hierarquia de classes Java especificada. Embora esta estratégia permita que se explore a estrutura polimórfica inerente às classes Java, sem afetar a base de dados, estes tipos de consulta podem ser um pouco ineficientes, já que o Hibernate deve fazer um trabalho muito maior para traduzir tabelas distintas numa hierarquia de classes coerente, sem ser capaz de explorar eficientemente a base de dados. As outras estratégias polimórficas se baseiam na base de dados, até certo ponto, para delinear as associações entre classes na hierarquia Java.

Tabela-por-hierarquia: esta opção combina todas as propriedades de uma hierarquia de classes numa única tabela, usando um campo discriminador para ajudar a determinar qual tipo Java é representado por cada linha base de dados. Um discriminador é simplesmente uma coluna de tabela, do qual o valor é usado para especificar a qual classe aquela linha em particular deve ser associada. A vantagem desta abordagem é que todos os campos necessários para qualquer classe dentro da hierarquia são incluídos numa única tabela, sem necessidade da sobrecarga de uma junção de base de dados. A desvantagem é que o design não é muito normalizado, e para qualquer tipo dado, provavelmente haverá campos que não serão utilizados. Isto pode impor limitações ao esquema da base de dados, tais como impedir que se possa especificar restrições de não nulo. Como as exigências de campos diferirá entre as classes na hierarquia e todos eles são compartilhados numa única tabela, deve-se simplificar o esquema até o mínimo denominador comum.

Tabela-por-subclasse: Usando-se esta opção, cada classe Java na hierarquia é representada por uma tabela diferente. Propriedades relacionadas com a classe mãe são persistidas numa única tabela. As propriedades específicas únicas a cada subclasse são armazenadas em suas próprias tabelas da base de dados. Uma subclasse em particular, na hierarquia, é então representada através de uma junção entre a tabela mãe e a tabela da subclasse. A vantagem desta abordagem é que o design é limpo e normalizado, uma vez que propriedades compartilhadas são armazenadas numa única tabela mãe, e só atributos específicos da subclasse são sequestrados para suas próprias tabelas de subclasse. No entanto, embora mais limpa, de um ponto de vista da modelagem de bases de dados relacionais, deve-se considerar o impacto no desempenho em que se incorre devido à necessidade de se juntar tabelas.

Tabela-por-classe-concreta: esta opção exige que cada classe Java que não seja declarada como abstrata seja representada por sua própria tabela. Subclasses não são implementadas como junções entre múltiplas tabelas. Ao invés, todas as propriedades de cada classe – incluindo aquelas herdadas de uma classe mãe – são persistidas em sua própria tabela. Isto, obviamente, requer um pouco de redundância, já que os mesmos campos, através da hierarquia de classes, estarão presentes em cada tabela mapeada. Contudo, o Hibernate pode implementar consultas polimórficas mais eficientemente, pela exploração de uniões do SQL através das tabelas mapeadas para uma determinada hierarquia de classes. A desvantagem é a verbosidade e a redundância aumentadas no esquema da base de dados. Além do mais, o Hibernate impõe limitações à estratégia de geração de IDs usada pelas tabelas mapeadas com esta abordagem polimórfica.

Qual opção usar, realmente depende do modelo do domínio. Se não houver muita disparidade através das classes na hierarquia de classes, então a opção de tabela-por-hierarquia provavelmente faça mais sentido. No nosso caso, esta é a estratégia que empregaremos.

Vamos dar uma olhada na entidade base `ArtData`:

```
@Entity
@Inheritance(strategy=InheritanceType.SINGLE_TABLE)
@DiscriminatorColumn(discriminatorType = DiscriminatorType.STRING)
@DiscriminatorValue("GENERIC")
public class ArtData implements DomainObject {

  private Long id;
  private byte[] picture;
  private Integer version;

  public ArtData() {
  }

  public ArtData(byte[] picture) {
```

```
    this.picture = picture;
}

@Id
@GeneratedValue
public Long getId() {
  return id;
}

public void setId(Long id) {
  this.id = id;
}

public byte[] getPicture() {
  return picture;
}

public void setPicture(byte[] picture) {
  this.picture = picture;
}

@Version
public Integer getVersion() {
  return version;
}

public void setVersion(Integer version) {
  this.version = version;
}

}
```

Muito desta classe deve parecer familiar. Note-se as convenções padrões do JavaBean, bem como as anotações centrais do Hibernate. Vamos focar nas anotações que habilitam a herança em nosso modelo.

A anotação @Inheritance diz ao Hibernate que nós queremos usar herança e que estamos definindo nossa classe base.

```
@Inheritance(strategy=InheritanceType.SINGLE_TABLE)
```

Também estamos especificando que pretendemos usar a estratégia de tabela-por-hierarquia (significando que queremos persistir todos os campos de toda a hierarquia numa única tabela).

A anotação @DiscriminatorColumn fornece ao Hibernate os detalhes sobre nosso discriminador. Como mencionado antes, o discriminador fornece ao Hibernate as dicas de que ele precisa para inferir para qual tipo Java uma determinada linha da base de dados corresponde. No nosso exemplo, nós estamos definindo nossa coluna discriminadora como sendo um tipo String. Poderíamos também usar um char ou um Integer.

Por último, nós definimos o valor do discriminador que cada tipo usará, através da anotação @DiscriminatorValue. No caso da classe base ArtData, nós especificamos um valor de GENERIC. Assim, para cada instância de ArtData que é persistida na base de dados, o Hibernate ajustará a coluna discriminadora para um valor de GENERIC.

Em seguida, nós devemos definir as classes que estendem nossa classe base ArtData. Cada classe é bastante similar uma à outra, no nosso cenário, mas a herança oferece uma maneira clara de se classificar os diferentes tipos de imagens em nossa aplicação da galeria. Além do mais, esta abordagem também provê pontos de extensão futura, caso precisemos definir metadados adicionais que só se relacionem com um tipo de imagem em particular, tal como uma razão de aspecto de miniatura ou detalhes de arquivamento para nossa classe ArtData_Storage.

Eis a nossa classe ArtData_Thumbnail:

```
@Entity
@DiscriminatorValue("THUMBNAIL")
public class ArtData_Thumbnail extends ArtData {

  public ArtData_Thumbnail(byte[] picture) {
    this.setPicture(picture);
  }

  public ArtData_Thumbnail() {
  }

}
```

Esta é uma classe bem direta. Note-se, porém, que estamos definindo um valor de discriminador de THUMBNAIL.

Vamos examinar novamente nossa classe ArtEntity, agora com toda a recriação aplicada:

```
@Entity
public class ArtEntity implements DomainObject {

  private Long id;
  private Integer version;
  private ArtData_Gallery galleryPicture;
  private ArtData_Storage storagePicture;
  private ArtData_Thumbnail thumbnailPicture;
  private Set<Category> categories = new HashSet();
```

```java
  private Set<Comment> comments = new HashSet();

  public ArtEntity() {
  }

  @Id
  @GeneratedValue
  public Long getId() {
    return id;
  }

  public void setId(Long id) {
    this.id = id;
  }

  @Version
  public Integer getVersion() {
    return version;
  }

  public void setVersion(Integer version) {
    this.version = version;
  }

  @OneToOne(cascade = CascadeType.ALL)
  @JoinColumn()
  public ArtData_Gallery getGalleryPicture() {
    return galleryPicture;
  }

  public void setGalleryPicture(ArtData_Gallery pic) {
    this.galleryPicture = pic;
  }

  @OneToOne(cascade = CascadeType.ALL)
  @JoinColumn()
  public ArtData_Storage getStoragePicture() {
    return storagePicture;
  }

  public void setStoragePicture(ArtData_Storage pic) {
    this.storagePicture = pic;
  }

  @OneToOne(cascade = CascadeType.ALL
```

```
@JoinColumn()
public ArtData_Thumbnail getThumbnailPicture() {
  return thumbnailPicture;
}

public void setThumbnailPicture(ArtData_Thumbnail pic) {
  this.thumbnailPicture = pic;
}

@ManyToMany(mappedBy = "artEntities")
public Set<Category> getCategories() {
  return categories;
}

@OneToMany(orphanRemoval = true, cascade = { javax.persistence.CascadeType.ALL })
@Cache(usage = CacheConcurrencyStrategy.NONSTRICT_READ_WRITE)
public Set<Comment> getComments() {
  return comments;
}

public void setComments(Set<Comment> comments) {
  this.comments = comments;
}

}
```

Note-se que, agora, nós definimos alguns relacionamentos de um-para-um para nossas propriedades thumbnailPicture, galleryPicture, e storagePicture. Para simplificar nosso código, nós definimos três associações separadas de um-para-um. No entanto, poderíamos ter optado, também, por colocar todas as entidades ArtData numa única coleção, com um tipo genérico da classe base ArtData. Como cada tipo de imagem é representado por uma subclasse diferente, seria fácil diferenciar entre eles.

Note-se, ainda, que nós definimos uma associação de muitos-para-muitos para a classe Category na propriedade categories. Nós adicionamos a dica mappedBy aqui para indicar que o lado oposto deste relacionamento é referenciado pela propriedade artEntities na classe Comment. Para associações bidirecionais de muitos-para-muitos, nós precisamos dizer ao Hibernate qual lado da coleção é o proprietário. Pela adição do atributo mappedBy à classe Comment, nós estamos assertando que a classe Category possui o relacionamento.

SOBREPONDO EQUALS E HASHCODE

Em cenários simples, o Hibernate é capaz de manter a equivalência de entidades sem necessitar de nenhuma mudança especial nos próprios objetos do domínio. Mas se a aplicação exigir que se adicionem entidades a coleções Java, tais como `java.util.Set`, ou se se planejar trabalhar com entidades desanexadas, provavelmente será preciso sobrepor os métodos omissivos `equals()` e `hashCode()` para os objetos do domínio.

O Hibernate só é capaz de manter a equivalência de entidades dentro do escopo do `EntityManager`. Se se tentar reanexar uma entidade desanexada, o Hibernate não mais será capaz de dar as mesmas garantias. A forma de se resolver este problema é sobrepor `equals()` e `hashCode()` para cada um dos objetos do domínio, oferecendo regras de igualdade que reflitam sua identidade na base de dados.

A abordagem mais simples é usar um identificador de entidade para se determinar a igualdade e gerar seu código de extrato. Porém, se se estiver planejando usar uma estratégia de identificador gerado, isto pode ter implicações negativas. Quando um objeto é inicialmente criado, ele terá um identificador omissivo nulo. Se se tentar adicionar esta entidade recém-criada a um `java.util.Set` e, depois, salvar esta instância, a invocação de `EntityManager.save()` disparará um identificador a ser gerado para a entidade em questão. Contudo, como se tomou por base `equals` e `hashCode` no identificador do objeto, se incorrerá numa situação em que o `hashCode` para o objeto subitamente muda. Esta mudança quebra o contrato para muitos dos tipos de coleção do Java, tais como `Set`, e pode levar a comportamentos inesperados na aplicação.

Há duas opções para se contornar este problema:

• Não use um gerador identificador de estratégia (em vez disso, use uma estratégia de identificador atribuído).

• Use equals () e hashcode ()

Usar uma estratégia de identificador atribuído não é tão difícil, mas pode impor algumas limitações à aplicação. Geralmente, a abordagem recomendada é gerar `equals()` e `hashCode()` usando os valores de propriedades chaves de um objeto do domínio – especificamente, propriedades que definem a unicidade de um objeto a partir da perspectiva da lógica funcional.

Aqui está um exemplo de um `equals` e um `hashCode` personalizados para o objeto de domínio Category:

```
@Override
public boolean equals(Object o) {
  if (this == o) return true;
  if (!(o instanceof Category)) return false;

  Category category = (Category) o;
  if (categoryName != null ?
    !categoryName.equals(category.categoryName) : category.cate-
goryName != null) {
    return false;
  } else {
    return true;
  }
}

@Override
public int hashCode() {
  return categoryName != null ? categoryName.hashCode() : 0;
}
```

Resumo

Neste capítulo, nós apresentamos os fundamentos para definição de um modelo de domínio com o Hibernate. Aprendeu-se sobre o processo de mapeamento e como se pode usar anotações para prover o Hibernate com as dicas apropriadas para se mapear efetivamente as classes do domínio orientado por objetos para uma base de dados relacionais.

Também examinamos o mapeamento de associações, diferenciando entre as várias opções de cardinalidade que o Hibernate oferece. Estes detalhes – tais como se dever usar associações de muitos-para-muitos ou de um-para-muitos – têm um impacto significativo no design do modelo de domínio, bem como no esquema de base de dados resultante. Além do mais, é importante pensar cuidadosamente sobre se uma associação deve ser unidirecional ou bidirecional. Embora as associações bidirecionais sejam frequentemente necessárias para simplificar o acesso e o percurso de referências, esta opção pode ter consequências em termos de dependências circulares que podem complicar a transformação de implementações.

O Hibernate oferece uma poderosa funcionalidade, chamada cascateamento, que permite que se associem as operações aplicadas a uma entidade a suas entidades filhas, de forma que essas operações sejam cascateadas. Esta funcionalidade é útil para se assegurar que entidades filhas sejam mantidas em sincronismo com o estado e o ciclo de vida de suas entidades parentes.

CAPÍTULO 6
DAOs e consultas

Se o modelo de domínio serve como fundação da camada de persistência, então a camada de DAO pode ser considerada o motor. Como já se aprendeu em capítulos anteriores, o padrão DAO tem por objetivo abstrair funcionalidade de persistência de baixo nível, incluindo a criação, leitura, atualização e exclusão de entidades. Mas um DAO normalmente oferece mais que básica funcionalidade CRUD.

Consultas especializadas que refletem a capacidade central de uma aplicação para o acesso a entidades são normalmente fomentadas numa camada DAO. Por exemplo, uma vez que nossa aplicação da galeria exija que os usuários finais sejam capazes de visualizar uma série de imagens dentro de uma determinada categoria, a habilidade de se consultar e carregar os objetos relevantes `ArtEntity` do domínio por uma `Category` especificada deve ser oferecida por uma classe DAO. Em outras palavras, pode-se pensar nas classes DAO de uma aplicação como sendo os blocos fundamentais utilizados pela camada de serviço para prover a funcionalidade relacionada com a persistência necessária para a aplicação. Discutiremos a camada de serviço no próximo capítulo, mas é útil ter em mente que a camada de serviço tipicamente encapsula a lógica funcional de uma aplicação, deixando para a camada DAO o trabalho sujo da persistência.

Uma das razões para o padrão DAO ser considerado uma melhor prática é que ele ajuda a abstrair da interface DAO os detalhes (e a tecnologia) da implementação de persistência. Isto permite que os desenvolvedores da aplicação se fixem nos métodos e funcionalidades de um DAO em particular, extraindo essas especificidades para a interface. A interface DAO, então, se torna o ponto de integração entre a implementação real de persistência e a camada de serviço – o contato para a funcionalidade de persistência de mais baixo nível. Esta é outra área em que o Spring pode ajudar a desacoplar esses componentes.

Neste capítulo, nós construiremos algumas das classes DAO para nossa aplicação da galeria, e examinaremos como usar os vários mecanismos de consulta disposto para nós pelo Hibernate e a JPA, tais como a Linguagem de Consultas do Hibernate (HQL), a Linguagem de Consultas de Persistência do Java (JPQL), e a API Criteria.

Uma implementação básica de DAO do Hibernate

Para começar nossa primeira implementação de DAO, nós nos voltaremos para o `Hibernate-Template` do Spring. Esta classe de suporte explora o padrão de projeto Gabarito, uma abordagem usada numerosas vezes na estrutura.

■ **Nota** Embora ela seja uma das técnicas mais comumente usadas, a construção de classes DAO no `HibernateTemplate` não é a única abordagem a se usar. Examinaremos algumas soluções alternativas, posteriormente, neste capítulo. Como o `HibernateTemplate` já existe há muitos anos, é provável que se incorra em algum código legado que o utilize, mesmo que se opte por uma estratégia alternativa.

O `HibernateTemplate` trata a maioria das operações repetitivas exigidas pelo Hibernate, delegando ao código as partes importantes. Quando se está trabalhando com o Hibernate (ou qualquer outra estrutura de persistência), uma boa quantidade de gerenciamento de recursos é necessária para se pôr tudo trabalhando confiavelmente. Por exemplo, antes de se realizar uma operação relacionada com persistência, alguma configuração é necessária. Preciso é que se abra uma conexão com uma base de dados e se obtenha uma sessão do Hibernate. Pode-se, também, configurar as exigências transacionais ou verificar-se se há uma transação existente em que se deva tomar parte. Por fim, depois que uma operação for completada, alguma limpeza é necessária, assegurando que a sessão seja fechada e que as transações sejam apropriadamente confirmadas ou desfeitas.

O `HibernateTemplate` cuida desses árduos passos. Ele também captura quaisquer exceções que possam ocorrer e as traduz em exceções de acesso a dados próprias do Spring. Esta conversão permite que se trabalhe com uma hierarquia de exceções consistente que não está atada a uma estrutura de persistência específica, de forma que se possa facilmente alternar entre tecnologias díspares de persistência, sem a necessidade de se mudar o tratamento de exceções ao longo do código.

■ **Nota** A hierarquia de exceções do Spring não usa exceções checadas, o que significa que não é preciso capturar nenhuma dessas exceções. Quando o assunto é operações de bases de dados, exceções não checadas são muito mais pragmáticas, se algo der errado, quando se está tentando escrever na base de dados, é possível que a aplicação nada possa fazer para recorrer. Então, pra que tratar essa exceção, se não se pode fazer nada a respeito?

Construindo um DAO

Começaremos com a implementa do `CategoryDAO` para nossa aplicação da galeria. As classes do domínio `ArtEntity` podem ser organizadas em uma ou mais categorias. Esta funcionalidade permite que usuários finais naveguem pelas fotos e desenhos através de categorias. Nós definimos a interface `CategoryDao` assim:

```
public interface CategoryDao {

  public List<Category> getCategories() throws DataAccessException;

  public Category getCategory(Long catId) throws DataAccessException;

  public List<ArtEntity> getArtworkInCategory(Long catId)
      throws DataAccessException;

  public void saveCategory(Category category) throws DataAccessException;

}
```

> ■ **Nota** Embora tenhamos apresentado nossa abordagem do `GenericDao` antes, neste livro, nós estamos dando um passo atrás para examinar a criação de um DAO a partir do zero. Tipicamente, nós estenderíamos a partir de nossa implementação de `GenericDao` e definiríamos os métodos adicionais não oferecidos pela classe base `GenericDao`.

Com esses métodos, nós podemos carregar uma categoria individual, encontrar todas as categorias, e acessar desenhos dentro de uma determinada categoria. O `CategoryDao` nos permite salvar novas instâncias de objetos `Category`, também. É claro que nossa aplicação também pode definir alguns métodos adicionais de persistência relacionados com `Category`, mas esta interface é suficiente para propósitos ilustrativos.

Usando as classes de suporte ao Hibernate do Spring

O Spring se excede na redução da quantidade de código que se precisa escrever para se obter alguma coisa que funcione. Quando se trata de construir classes DAO do Hibernate, tem-se várias opções. Uma das soluções mais comuns é estender a classe `HibernateDaoSupport` do Spring. Esta classe abstrata exige que se passe um `SessionFactory` do Hibernate através do método definidor `setSessionFactory(SessionFactory sessionFactory)`. Deve-se, claro, configurar o `SessionFactory` no Spring, para que ele possa ser facilmente injetado através de configuração. Demonstraremos brevemente este processo.

Quando um `SessionFactory` válido é injetado numa classe que estende `HibernateDaoSupport`, uma instância de `HibernateTemplate` é automaticamente criada, usando-se a referência a `SessionFactory` que foi passada. O `HibernateTemplate` funciona de forma similar à de outras abstrações de gabarito da estrutura Spring, tais como o `JDBCTemplate` e `TransactionTemplate`. Seguindo o padrão de projeto Gabarito, esta classe trata de todo o trabalho pesado exigido pelo Hibernate para que se possa focar na lógica de persistência. O resultado é código mais limpo que normalmente reflete muito pouco além das operações de persistência do Hibernate que se está implementando.

Estender a classe `HibernateDaoSupport` é ideal para a redução de código, uma vez que ela define automaticamente um definidor para o `SessionFactory` do Hibernate e trata da criação de um `HibernateTemplate`. Contudo, se o DAO precisar ser estendido a partir de uma classe base diferente, não se poderá estender o `HibernateDaoSupport` também. É claro que a flexibilidade e o desacoplamento são filosofias chaves do Spring, e, portanto, raramente é necessário estender-se a partir de classes da estrutura (embora isto às vezes seja preferível). Ao invés, pode-se simplesmente criar o `HibernateTemplate` diretamente:

```
@Repository("categoryDao")
public class CategoryDaoImpl implements CategoryDao {

  private SessionFactory sessionFactory;
  private HibernateTemplate hibernateTemplate;

  @Autowired
  public void setSessionFactory(SessionFactory sessionFactory) {
    this.sessionFactory = sessionFactory;
    this.hibernateTemplate = new HibernateTemplate(sessionFactory);
  }

}
```

Esta abordagem exige um pouco mais de conexão, mas agora fica-se livre de estender a partir de classes específicas de qualquer estrutura. Note-se que nós criamos nosso `HibernateTemplate` em nosso método definidor `setSessionFactory(SessionFactory sf)`. Desta forma, quando o Spring injeta o `SessionFactory` do Hibernate, o `HibernateTemplate` será automaticamente criado. Nós aplicamos a anotação `@Repository` para ajudar o Spring a encontrar nosso DAO através do escaneamento de componentes, e usamos a anotação `@Autowired` para injetar o `SessionFactory`.

No fragmento acima, nós estamos usando a anotação `@Autowired` para injetar automaticamente um bean do tipo `DataSource`. Desde que tenhamos apenas um único bean do tipo `DataSource`, este exemplo funcionará bem. Se a aplicação exigir múltiplas fontes de dados, será necessário certificar-se de remover qualquer potencial para ambiguidades. Como discutido no capítulo 2, pode-se usar a anotação `@Qualifier` para se oferecer ao Spring as dicas necessárias para que ele possa distinguir entre as fontes de dados.

A opção por qual abordagem de configuração usar-se depende grandemente do estilo de codificação. No exemplo precedente, nós usamos a anotação `@Repository`, indicando que estamos configurando uma classe com funcionalidade relacionada com persistência. Esta anotação é usada pela facilidade de escaneamento de componentes do Spring, que nós apresentamos no capítulo 3. com o escaneamento de componentes, o Spring busca numa estrutura de pacote especificado para encontrar as classes anotadas como componentes, para que elas possam ser gerenciadas pelo Spring e desempenhem um papel na injeção de dependências.

O Spring define três anotações centrais de estereótipo, cada qual representando uma camada numa aplicação típica:

- @Repository é usada para se delinear as classes que oferecem funcionalidade de repositório de dados. Neste caso, ela é nossa implementação de DAO, já que ela serve ao propósito de abstrair toda a funcionalidade de acesso a dados que se relaciona ao objeto de domínio `Category`;
- @Controller é usada para se delinear classes controladoras, que são usadas na camada web para tratar requisições;
- @Service define uma fachada de serviço. Tipicamente, a camada de serviço empacota a camada DAO, provendo um serviço transacional coerente que frequentemente serve como lógica funcional para uma aplicação. A camada de serviço é frequentemente chamada de fachada, uma vez que ela serve como abstração sobre o código de acesso a dados, ocultando os detalhes de implementação de mais baixo nível e provendo uma API específica do negócio. Discutiremos a camada de serviço em mais detalhes no capítulo 8.

Estas três anotações se estendem logicamente da anotação `@Component`, que define qualquer bean que se pretenda ser gerenciado pelo contentor do Spring. Na verdade, nós poderíamos com igual facilidade ter usado `@Component`, em vez de `@Repository`, no nosso exemplo, mas perderíamos a pretensão de nossa classe como um DAO. Em outras palavras, nós usamos a anotação `@Repository` para dar a dica ao Spring de que nossa classe é um DAO.

Para assegurar que nossa classe `CategoryDao` será configurada no nosso `ApplicationContext` do Spring, nós precisamos adicionar um bean de escaneamento de componentes como o seguinte, à nossa configuração em XML do Spring:

```
<context:component-scan base-package=
    "com.prospringhibernate.gallery.dao.hibernate">
    <context:include-filter type="annotation" expression=
        "org.springframework.stereotype.Repository"/>
</context:component-scan>
```

Este fragmento de XML diz ao Spring para procurar por classes anotadas com `@Repository` no pacote `com.prospringhibernate.gallery.dao.hibernate`. Eventualmente, nós teremos múltiplas implementações de DAO, neste pacote, todas configuradas de forma similar.

Habilitando a reserva de consultas em cache com o HibernateTemplate

O `HibernateTemplate` inclui dois métodos necessários para facilitar a reserva de consultas em cache. Usando-se um cache de consultas com o Hibernate pode-se prover uma melhora significativa no desempenho, pela minimização do número de viagens à base de dados. Entretanto, deve-se verificar cuidadosamente os benefícios da reserva de consultas em cache, já que, às vezes, esta reserva pode, em verdade, ter um efeito danoso no desempenho da aplicação. Discutiremos isso em mais detalhes no capítulo 9.

Há várias estratégias diferentes para a habilitação da reserva de consultas em cache. Uma delas é configurar diretamente um `HibernateTemplate` na configuração do Spring. Desta forma pode-se externalizar e centralizar as especificidades da reserva de consultas em cache:

```
<bean id="hibernateTemplate"
   class="org.springframework.orm.hibernate3.HibernateTemplate">
  <property name="sessionFactory" ref="sessionFactory"/>
  <property name="queryCacheRegion" value="querycache_artwork"/>
  <property name="cacheQueries" value="true"/>
</bean>
```

> ■ **Nota** Deve-se, primeiro, habilitar globalmente a reserva de consultas em cache, pela adição da seguinte propriedade do hibernate ao mapa `hibernateProperties`, quando criando-se o `SessionFactory`:
>
> ```
> <prop key="hibernate.cache.use_query_cache">true</prop>
> ```

Pode-se injetar este `HibernateTemplate` pré-configurado diretamente na implementação do DAO. Se o DAO estender a classe `HibernateDaoSupport`, ele usará automaticamente o `SessionFactory` aplicado ao `HibernateTemplate` configurado pelo Spring. Usando-se esta estratégia, pode-se assegurar que a reserva de consultas em cache estará habilitada para todas as operações que fazem uso do `HibernateTemplate`. A desvantagem desta técnica é estar-se usando um `HibernateTemplate` configurado centralizadamente, o que torna difícil a aplicação de personalizações para DAOs específicos que se baseiam nele. Uma abordagem alternativa é configurar-se os detalhes de reserva de consulta em cache pela extensão do `HibernateTemplate` ou pelo ajuste direto das especificidades do cache de consultas.

Sem usar gabaritos

Quando se usa as abstrações de gabaritos do Spring, não é preciso preocupar-se com o tratamento de processos repetitivos e o gerenciamento de recursos. A maioria das operações do Hibernate pode ser gerenciada através do `HibernateTemplate`.

Quando se trabalha diretamente com o Hibernate, normalmente se é exigido criar-se uma nova `Session` do Hibernate a partir de um `SessionFactory`. Para a maioria das operações, precisa-se, também, estar a par de detalhes transacionais, assegurando-se que as transações sejam iniciadas no começo de uma operação, e, depois, confirmadas ou desfeitas quando a operação for completada.. O `HibernateTemplate` (juntamente com outras classes da estrutura Spring) assegura que a `Session` do Hibernate será aberta e fechada, e que a semântica transacional será apropriadamente aplicada. No entanto, usar um `HibernateTemplate` não é a única abordagem válida, quando do uso do Spring e do Hibernate juntos.

> ■ **Nota** Fique-se à vontade para especificar exigências transacionais completamente no código. Contudo, fazê-lo pode ser verboso e inclinado a erros. Ao invés, nós recomendamos especificar exigências transacionais completamente através de configuração, separando os detalhes transacionais da lógica de persistência. Este é um dos propósitos chaves da camada de fachada de serviço.

A introdução do `HibernateTemplate` se deu cedo, no desenvolvimento do Hibernate. Antes do Hibernate 3, o Hibernate sofria de "algumas falhas arquiteturais". Diferentemente da versão atual, as anteriores tinham uma hierarquia de exceções checadas, que exigiam que os desenvolvedores escrevessem código complicado de DAO como resultado da tentativa de tratar exceções do Hibernate através de uma série de blocos `try-catch-finally` aninhados.

Com a liberação do Hibernate 3.0.1, as coisas se tornaram um pouco mais simples. O Hibernate trocou sua hierarquia de exceções checadas por exceções não checadas, removendo a exigência de emaranhados blocos `try-catch`. Adicionalmente, o Hibernate apresentou o conceito de sessões contextuais, que permitem que o Hibernate associe e sincronize uma única sessão com a transação atual. Isto é similar ao que o Spring oferece em seu suporte ao Hibernate, permitindo que sessões participem automaticamente em transações.

Em seu suporte ao Hibernate 3, as classes `LocalSessionFactoryBean` do Spring integram-se com o suporte a sessões contextuais do Hibernate, criando um `SessionFactory` representado do Hibernate por omissão. Esta versão representada do `SessionFactory` melhora seu método `getCurrentSession`, permitindo que ele seja automaticamente sincronizado com o gerenciamento de recursos do Spring, tal como funcionalidades transacionais.

Usar-se as APIs padrões do Hibernate, em vez de utilizar-se o `HibernateTemplate` do Spring, pode simplificar um pouco do desenvolvimento, mas perdem-se alguns benefícios. O suporte a gabaritos do Spring provê um nível de consistência através de várias tecnologias de persistência; por exemplo, o `JDBCTemplate` do Spring funciona de forma similar ao `HibernateTemplate` ou ao `JPATemplate`.

Adicionalmente, o suporte a gabaritos do Spring traduz automaticamente as exceções de uma estrutura de persistência em particular na exceção apropriada da hierarquia `DataException` do Spring, desacoplando ainda mais o código de uma tecnologia em particular. Mas há uma forma de se chegar a isto sem usar-se o `HibernateTemplate`. Se se adicionar um Post-Processor de BeanFactory, o Spring poderá detectar quaisquer classes DAO anotadas com a anotação `@Repository` e traduzir automaticamente as exceções do Hibernate na hierarquia genérica `DataAccessException` do Spring. Para se fazer com que isso funcione, simplesmente adicione-se o bean seguinte à configuração do Spring:

```
<bean    class="org.springframework.dao.annotation.PersistenceException-
TranslationPostProcessor"/>
```

Depois, assegura-se que as classes DAO sejam apropriadamente anotadas com `@Repository`, e se poderá usar diretamente a API do Hibernate na implementação do DAO, em vez de se basear no `HibernateTemplate`. Pode-se, ao invés, simplesmente definir obtentores e definidores para o `SessionFactory` Hibernate, permitindo que o `AnnotationSessionFactoryBean` injete um `SessionFactory` representado na classe. Pode-se, então, implementar os métodos de DAO pelo acesso à sessão do Hibernate, assim:

```
this.getSessionFactory().getCurrentSession()
```

104 ■ Persistência no Spring com o Hibernate

Uma implementação mais completa pode ser assim:

```
@Repository("categoryDao")
public class CategoryDaoHibernate implements CategoryDao {

  private SessionFactory sessionFactory;

  public SessionFactory getSessionFactory() {
    return this.sessionFactory;
  }

  @Autowired
  public void setSessionFactory(SessionFactory sessionFactory) {
    this.sessionFactory = sessionFactory;
  }

  @SuppressWarnings("unchecked")
  public List<Category> getCategories() throws DataAccessException {
    return this.getSessionFactory().getCurrentSession().createQuery(
      "select categories from Category categories"
    ).list();
  }

  ...

}
```

Este exemplo é um pouco desordenado, mas deve oferecer uma ideia mais clara de como se pode explorar diretamente a API do Hibernate enquanto ainda se tira vantagem das poderosas funcionalidades de gerenciamento de recursos do Spring. A abordagem a se usar depende das preferências pessoais e das exigências específicas. Por exemplo, se a organização usa outras tecnologias de persistência, tais como JDBC ou iBatis, então o uso do `HibernateTemplate` ainda poderá ser uma boa ideia, uma vez que ele oferece maior consistência dentro da organização e, talvez, ao código base. Adicionalmente, o `HibernateTemplate` também pode oferecer alguns atalhoes que não estão disponíveis diretamente com as APIs do Hibernate, tais como a definição de comportamento omissivo (por exemplo, para ativar ajustes de cache) por todo um DAO.

Embora nós foquemos no uso do Hibernate um pouco mais que na JPA, neste capítulo, tenha-se em mente que as duas abordagens são muito similares – especialmente quando o assunto é a sintaxe HQL e JPQL. Por esta razão, nós não vamos examinar cada exemplo de ambas as perspectivas, do Hibernate e da JPA. Porém, para oferecer uma ideia mais clara de como podemos configurar um DAO baseado na JPA, vamos dar uma olhada num breve exemplo:

```
@Repository("categoryDao")
public class CategoryDaoHibernate implements CategoryDao {

  private EntityManager entityManager;

  @PersistenceContext
  public void setEntityManager(EntityManager entityManager) {
    this.entityManager = entityManager;
  }

  @SuppressWarnings("unchecked")
  public List<Category> getCategories() throws DataAccessException {
    return this.entityManager.createQuery(
      "select categories from Category categories"
    ).getResultList();
  }

  ...

}
```

Note-se que a versão da JPA de nosso simples exemplo de DAO é bastante similar, com algumas diferenças de sintaxe. A variação mais significativa é o uso de `@PersistenceContext` para injetar nosso `EntityManager` de JPA. Esta anotação depende da inclusão de um `BeanPostProcessor` em nossa configuração do Spring, o qual ajudará a realizar a configuração padrão da JPA, usando o arquivo `persistence.xml`. Pode-se adicionar este `BeanPostProcessor` pela adição do seguinte à configuração do Spring:

```
<bean class="org.springframework.orm.jpa.support.PersistenceAnnotation-
BeanPostProcessor" />
```

Ao longo deste livro, nós incluiremos exemplos que usam as APIs do Hibernate, a Core JPA e o `HibernateTemplate` ou `JPATemplate` para demonstrar uma faixa mais ampla de implementações.

Consultando no Hibernate

Agora que examinamos algumas abordagens para a implementação de nosso DAO e cuidamos de todos os detalhes de conexão, vamos passar à real implementação. Nós consideraremos o seguinte como primeira versão de implementação de nosso `CategoryDao`:

```
@Repository("categoryDao")
public class CategoryDaoImpl extends HibernateDaoSupport
         implements CategoryDao {

  public List<Category> getCategories() throws DataAccessException {
    return this.getHibernateTemplate().find(
      "select categories from Category categories"
    );
  }

  public Category getCategory(Long catId) throws DataAccessException
{
      return    (Category)    this.getHibernateTemplate().load(Category.
class, catId);
  }

  public List<ArtEntity> getArtworkInCategory(Long catId)
        throws DataAccessException {
    return this.getHibernateTemplate().findByNamedParam(
      "select art from Category cat " +
      "join cat.artEntities art "+
      "where cat.id = :catId ",
      "catId", catId
    );
  }

  public void saveCategory(Category category) throws DataAccessEx-
ception {
    this.getHibernateTemplate().saveOrUpdate(category);
  }

}
```

Se não se estiver tentando acessar uma única entidade, provavelmente se precisará executar uma consulta usando-se ou HQL ou a API Criteria do Hibernate. Aqui, nós examinaremos como usar-se a HQL para alcançar nossas exigências de persistência para o `CategoryDAO`. Começaremos com a base e gradualmente passaremos a abordagens mais complexas de consultas.

Carregando uma entidade

Uma das operações mais básicas que se pode realizar no Hibernate é o carregamento de uma entidade pelo seu identificador. O Hibernate oferece dois meios primários de se acessar uma entidade a partir da base de dados: `load` e `get`. Embora estes dois métodos façam a mesma coisa, há ligeiras diferenças na forma como eles se comportam.

Por exemplo, para carregar uma instância de Category a partir da base de dados, nós poderíamos usar o método getCategory definido em nossa implementação de amostra. Alternativamente, poderíamos também usar diretamente as APIs Core do Hibernate:

```
public Category getCategory(Long catId) throws DataAccessException {
  return (Category) this.getSessionFactory().getCurrentSession()
      .load(Category.class, catId);
}
```

Como se pode ver neste exemplo, o método load toma a classe da entidade, seguida pelo seu identificador.

Poderíamos, ao invés, implementar o método getCategory usando Session.get:

```
public Category getCategory(Long catId) throws DataAccessException {
  return (Category) this.getSessionFactory().getCurrentSession()
      .get(Category.class, catId);
}
```

Os dois métodos parecem quase idênticos, mas têm sutis diferenças. Session.load emitirá uma exceção se não houver fila na base de dados que corresponda ao identificador especificado. Porém, quando do uso do suporte a persistência do Spring, as exceções do Hibernate devem ser automaticamente convertidos na consistente hierarquia DataAccessException do Spring. Session.get retornará null se a entidade não existir. Mas load oferece benefícios de desempenho que get não oferece. Por exemplo, load pode retornar um proxy em vez de atingir imediatamente a base de dados, o qual pode permitir que múltiplas operações de carregamento feitas em lote.

Consultando um tipo em particular

Uma operação comum em HQL é encontrar-se um conjunto de entidades de um dado tipo que correspondam a uma condição específica. O HQL tem uma semântica bem próxima do SQL, com exceção de que ele oferece uma perspectiva orientada por objetos, em comparação com a abordagem mais baseada em tabelas do SQL. Eis uma consulta muito básica:

```
select categories from Category categories
```

Neste exemplo, nós estamos usando a palavra-chave select para indicar quais itens retornar. Poderíamos, ao invés, retornar uma lista de strings representando os nomes de categorias de todas as entidades Category, como segue:

```
select categories.name from Category categories
```

Nestes exemplos, nós usamos a palavra-chave from para indicar que tipos de entidade serão consultadas. Depois, nós apelidamos Category como categories, permitindo-nos usar este apelido dentro da cláusula select para referenciar mais a entidade Category na consulta.

Estas duas consultas tentarão trabalhar com todas as linhas na tabela Category. Para filtrar nossos resultados, precisamos adicionar uma condição à nossa consulta. Vamos examinar as consultas condicionais em seguida.

Usando parâmetros nomeados

Vamos passar adiante para o método localizador que obtém todas as instâncias de ArtEntity dentro de uma Category em particular:

```
public List<ArtEntity> getArtworkInCategory(Long catId)
      throws DataAccessException {
  return this.getHibernateTemplate().findByNamedParam(
    "select art from Category cat " +
    "join cat.artEntities art " +
    "where cat.id = :catId ",
    "catId", catId
  );
}
```

Este método usa uma consulta HQL mais complexa que junta Category com ArtEntity, especificando uma condição where com uma CategoryId parametrizada. Junções em HQL permitem que se consulte múltiplas entidades. Neste exemplo, nós estamos referenciando a classe de domínio ArtEntity através da propriedade artEntities da entidade Category.

No Hibernate, é possível juntar-se dois tipos de entidade explícita ou implicitamente. Usos implícitos de junções não usam realmente a palavra-chave join, mas, ao contrário, navegam através das propriedades e associações dos objetos como parte de uma consulta. Por exemplo, poderíamos implicitamente juntar os objetos de domínio Category e ArtEntity usando a seguinte consulta:

```
from ArtEntity artEntities where artEntities.category.id = :catId
```

Aqui, nós navegamos através de associações dentro da condição where. Isto retorna o mesmo resultado, mas por uma abordagem diferente.

Para este método, nós estamos usando o método findByNamedParam de HibernateTemplate. Este método recebe três parâmetros: a consulta HQL, o nome do parâmetro HQL, e o próprio parâmetro. Recomendamos o uso de parâmetros nomeados, em vez de parâmetros posicionais, para se tornar o código significativamente mais claro e menos complicado. Parâmetros posicionais se baseiam na ordem em que eles são passados, o que é ambíguo e mais inclinado a erros.

Note-se que nossa consulta HQL especifica a condição where cat.id = :catId. A :catId é a forma do Hibernate definir um parâmetro nomeado numa consulta. Este nome pode, então, ser referenciado como nome de parâmetro para o método findByNamedParam de Hibernate-Template.

No exemplo precedente, nós só temos um único parâmetro, mas este não é o caso típico. Quando se necessita de mais de um único parâmetro HQL, pode-se usar a versão sobrecarregada de findByNamedParam que recebe uma matriz de String (como segundo parâmetro) para definir os nomes de parâmetro que se está passando ao método localizador, e uma matriz de Object para os valores reais de parâmetros. Esta versão mais flexível funciona aproximadamente da mesma forma que o exemplo precedente, com exceção dos segundo e terceiro parâmetros, ambos usando matrizes em vez de uma String e um Object, respectivamente. Por exemplo, vamos examinar nosso método authenticatePerson na classe PersonDaoImpl:

```
public Person authenticatePerson(String username, String password)
        throws DataAccessException, AuthenticationException {

  List<Person>   validUsers   =   this.getHibernateTemplate().findByNamedParam(
    "select people from Person people where" +
    "people.username = :username " +
    "and people.password = :password",
    new String[] {"username", "password"},
    new String[] {username, password }
  );

  if (validUsers == null || validUsers.size() <= 0) {
    throw new AuthenticationException("Nenhum usuário encontrado");
  } else {
    return validUsers.get(0);
  }

}
```

Neste exemplo, estamos passando duas condições à nossa consulta HQL: username e password. O segundo argumento usa uma matriz de valores String. O HibernateTemplate também oferece alternativas sobrecarregadas em que se pode especificar um Object ou uma matriz de Object para valores de parâmetros, permitindo que se use qualquer tipo Java como valor de parâmetro numa consulta HQL.

Consultas usando-se o Hibernate Core

Na seçao anterior, nós discutimos como executar consultas HQL usando o HibernateTemplate. Embora esta abordagem funcione razoavelmente bem, provavelmente se terá notado que as coisas podem ficar algo confusas, quando da especificação de múltiplos parâmetros nome-

110 ■ Persistência no Spring com o Hibernate

ados. Como discutimos antes, o `HibernateTemplate` nem sempre é a maneira mais ideal de se implementar DAOs. Vamos, agora, examinar como o método `authenticatePerson` é implementado usando-se as APIs Core do Hibernate:

```
public Person authenticatePerson(String username, String password)
        throws DataAccessException, AuthenticationException {

  Person validUser =
    (Person)         this.getSessionFactory().getCurrentSession().create-
Query(
    "select people from Person people where" +
    "people.username = :username " +
    "and people.password = :password")
    .setString("username", username)
    .setString("password", password)
    .uniqueResult()
  );

  if (validUser == null) {
    throw new AuthenticationException("Nenhum usuário encontrado");
  } else {
    return validUser;
  }

}
```

Como se pode ver, esta forma é um pouco mais clara e mais concisa que a versão do `HibernateTemplate`. As APIs Core do Hibernate oferecem uma maneira fácil de se definir os parâmetros nomeados, usando-se uma sintaxe encadeada (significando que cada método de `Query` retorna a instância de `Query`, permitindo que se invoque múltiplos métodos numa linha). Pode-se, ainda, retornar uma lista ou chamar `uniqueResult()`, que supõe que a consulta retornará apenas um único item, permitindo que se retorne diretamente este item. Se se quiser que a consulta retorne uma lista, pode-se invocar `.list()` em vez de `.uniqueResult()`.

O Hibernate também oferece um método `.iterate()` na classe `Query`, que pode ser útil se houver uma oportunidade decente de que a maioria das entidades retornadas pela consulta sejam armazenadas em cache. O método `.iterate()` retornará apenas os identificadores de cada entidade, em vez de toda a entidade, em si. Supondo-se que as IDs estejam em cache, isto resultará numa operação com melhor desempenho.

Usando consultas nomeadas

Muito embora as APIs Core do Hibernate ajudem a simplificar nossa implementação, o método ainda parece um pouco complexo, devido primariamente ao comprimento da própria consulta, que nós dividimos em partes para melhor legibilidade. Nós também nos baseamos na concatenação de `String`, que incorre num ligeiro impacto no desempenho.

Uma abordagem para se tornar os métodos baseados em HQL mais claros é usar-se uma consulta nomeada. Consultas nomeadas permitem que se externalize consultas a partir do próprio código. Isso pode melhorar a clareza do código, ao mesmo tempo que centraliza as consultas ou inteiramente fora do código, ou agrupadas numa parte particular do arquivo.

Se se usar os arquivos de mapeamento em XML do Hibernate, pode-se definir consultas nomeadas diretamente nesses arquivos. Isso torna possível alterar-se consultas sem a necessidade de se recompilar o código Java. Alternativamente, pode-se definir consultas nomeadas dentro do código, usando-se a anotação @NamedQuery.

Depois que se tiver especificado as consultas nomeadas, pode-se facilmente acessá-las usando-se a seguinte sintaxe (supondo-se que a consulta seja nomeada my.named.query.name):

```
Query query = this.getSessionFactory().getSession().getNamedQuery("my.named.query.name");
```

Uma vez que se tenha uma referência a Query, pode-se trabalhar com ela exatamente da mesma forma como se tivesse criado a consulta diretamente no código.

Recomendamos que se evite colocar consultas HQL diretamente no código do DAO. Ao invés, use-se a funcionalidade de consulta nomeada do Hibernate. Isto permite que se centralize as consultas HQL nos arquivos de mapeamento do Hibernate, ou em arquivos de classes do domínio, usando-se a anotação @NamedQuery. Como mencionamos antes, manter as consultas nomeadas nos arquivos de mapeamento em XML também permite que se afine as consultas sem necessidade de se recompilar as classes, o que pode ser útil quando da depuração de uma crise num ambiente de desenvolvimento ou de testes.

Trabalhando com consultas polimórficas

No capítulo 5, aprendeu-se sobre as diferentes estratégias de mapeamento de uma hierarquia de classes Java. Pode-se ver alguns dos benefícios do suporte do Hibernate ao polimorfismo quando se consideram as funcionalidades de consulta.

Por exemplo, no capítulo 5, nós definimos uma hierarquia de classes destinada a encapsular as diferentes resoluções de imagem persistidas na aplicação da galeria: ArtData, ArtData_Gallery, ArtData_Thumbnail, e ArtData_Storage. Nesta hierarquia, as três últimas classes se estendem da classe base ArtData. Agora, suponha-se que queremos encontrar todas as instâncias que se estendem de ArtData. Podemos fazer isso com a seguinte consulta:

```
Select artData from ArtData artData
```

Isto retornará todas as instâncias de ArtData, incluindo entidades como ArtData_Gallery e ArtData_Thumbnail, que se estendem a partir da classe mãe ArtData. O suporte do Hibernate ao polimorfismo é extremamente poderoso, já que nos permite restringir ou ampliar uma consulta através de uma hierarquia de classes. Na verdade, nós poderíamos consultar todas as instâncias de cada objeto de domínio em nossa aplicação, executando a consulta:

```
From Object
```

A consulta acima carregaria toda a nossa base de dados, uma vez que cada objeto de domínio implicitamente herda de `Object`. Obviamente, nós enfaticamente desencorajamos que se tente isso numa aplicação de produção!

Persistindo dados com o Hibernate

Agora que discutimos algumas opções para definição de métodos localizadores usando o `HibernateTemplate` e as APIs Core do Hibernate, como é que realmente se persiste dados?

Salvando e atualizando dados

Nossa classe `CategoryDaoImpl` define um método `save` para as instâncias de `Category` como segue:

```
public void saveCategory(Category category) throws DataAccessException {
    this.getHibernateTemplate().saveOrUpdate(category);
}
```

Usar-se o `saveOrUpdate` do `HibernateTemplate` é similar a chamar-se `Session.saveOrUpdate(Object)` usando-se as APIs Core do Hibernate. Outras opções de salvamento estão disponíveis no `HibernateTemplate`, tais como combinar, salvar e atualizar, se se quiser tipos mais específicos de comportamento de persistência.

É até possível realizar-se operações em lote usando-se o Hibernate, atualizando-se múltiplos objetos com uma condição `where` para se determinar quais entidades devem ser atualizadas. Pode-se também atualizar uma coleção de objetos de domínio, iterando-se através das entidades e chamando-se `saveOrUpdate` em cada entidade. Discutiremos as estratégias de otimização de desempenho para salvamento de objetos no capítulo 9.

Tratando dados binários

Nosso `CategoryDao` é bastante direto, uma vez que precisa manipular apenas simples campos `String`. Entretanto, como estamos construindo uma aplicação de galeria, precisaremos tratar tipos de dados grandes, para gerenciar os dados usados para representar imagens. Poderíamos optar por armazenar os dados de imagens no sistema de arquivos, armazenando apenas referências de caminhos para a localização em que as imagens estão armazenadas. Porém, nós achamos que é frequentemente mais flexível persistir tudo na base de dados, assegurando que os dados da aplicação fiquem completamente centralizados. Isto também ajuda a reduzir o acoplamento com o sistema de arquivos, e pode tornar mais fácil a geração de cópias de segurança e a migração de dados.

No mundo das bases de dados, objetos grandes (LOBs) são usados para representar grandes campos binários. Tipicamente, LOBs ou BLOBs representam dados binários, enquanto que CLOBs são usados para representar dados de caracteres excessivamente grandes (normalmente maiores que 4.000 caracteres). O processo para se trabalhar com esses tipos de campos no

Spring é similar. Primeiro, precisamos criar uma referência a `DefaultLobHandler` para ser usada em nossas inserções e consultas. Esta abstração do Spring tem por objetivo simplificar a manipulação de campos LOB. Nós podemos criar nosso `DefaultLobHandler` pela adição do seguinte fragmento a nossa configuração do Spring:

```
<bean id="defaultLobHandler"
    class="org.springframework.jdbc.support.lob.DefaultLobHandler"
/>
```

Em seguida, precisamos injetar nossa referência a `defaultLobHandler` na nossa camada DAO. Não precisamos de suporte a LOB em nossa implementação de `CategoryDao`, e ainda não definimos nosso `ArtEntityDao`. Para conservar espaço, nós não vamos entrar nos detalhes de nosso `ArtEntityDao` aqui. Apenas tenha-se em mente que esta interface tratará das operações de persistência para o objeto de domínio `ArtEntity` (que representa uma imagem em particular, dentro de nossa aplicação de galeria). Além disso, deve-se lembrar que campos LOB dentro do modelo de domínio devem ser anotados com `@Lob`, para indicar que a propriedade deve ser mapeada para um tipo Lob da base de dados.

Vamos começar pela preparação do esqueleto de nossa implementação de `HibernateArtEntityDao`:

```
public class HibernateArtEntityDao implements ArtEntityDao {
  private HibernateTemplate template;
  private LobHandler defaultLobHandler;
  // obtentores e definidores omitidos
}
```

Precisaremos assegurar que nossa referência `LobHandler` seja injetada em nossa classe `HibernateArtEntityDao`.

Em seguida, vamos definir um método `saveArtEntity` que receba um parâmetro `ArtEntity`, o qual encapsulará informações sobre nossa imagem, além dos próprios dados da imagem (mais uma vez, tenha-se em mente que esta é uma simplificação de nossa interface e entidade de domínio `ArtEntityDao` reais). Nosso método `saveArtEntity` pode se parecer com o seguinte:

```
public void saveArtEntity(ArtEntity artEntity) throws DataAccessException {
  this.getHibernateTemplate().saveOrUpdate(artEntity);
}
```

Entendendo os benefícios da API Criteria

Embora a HQL e a JPQL sejam estratégias eficientes e concisas para se expressar uma consulta, ambas padecem de algumas limitações. Primeiro, como estas linguagens de consulta são articuladas como texto pleno, elas são inclinadas a erros que não podem ser capturados ou verificados pelo compilador. Métodos contendo erros significativos nas consultas HQL ou JPQL serão perfeitamente compilados, só para emitir exceções em tempo de execução – ou se comportarem de formas inesperadas.

A HQL e a JPQL também não são condutivas para se expressar consultas dinâmicas, em que os atributos da consulta não são completamente conhecidos até o momento da execução. Por exemplo, se quiséssemos que nossos usuários fossem capazes de procurar por imagens pela especificação de qualquer número de marcas, seria difícil representar este tipo de consulta usando HQL ou JPQL. Para fazê-lo, nós podemos tentar gerar dinamicamente uma string de consulta JPQL, pela concatenação das condições de cada parâmetro de marca. Isto, claramente, é uma solução frágil e complicada para este problema.

Para atender a essas limitações, o Hibernate oferece a API Criteria. Até recentemente, a JPA não incluía a API Criteria, obrigando os desenvolvedores que precisavam desse tipo de funcionalidade a sair do padrão JPA. Contudo, com a liberação da JPA 2.0, uma API Criteria baseada em padrões está, agora, disponível.

Usando a API Criteria da JPA 2.0

Nós focamos mais na consulta específica do Hibernate, então vamos examinar a nova API Criteria da JPA 2.0. Para ilustrar a API Criteria, nós definiremos um novo método de DAO para nossa interface `CategoryDao`:

```
public List<ArtEntity> getArtEntitiesByTitle(String title);
```

Este método retornará todas as instâncias de `ArtEntity` que correspondam ao título especificado. Obviamente, nós poderíamos expressar esta consulta usando JPQL, mas a API Criteria oferece algumas vantagens. Um dos benefícios primários é que nós podemos explorar a verificação em tempo de compilação para assegurar que nossa consulta é válida e se encaixa nas restrições de nosso modelo de domínio. Mais tarde, nesta seção, nós examinaremos também outras vantagens da API Criteria, tais como a aplicação de restrições dinâmicas à nossa consulta, incluindo detalhes de paginação, filtragem e ordenação.

Primeiro, vamos dar uma olhada em nossa consulta:

```
public List<ArtEntity> getArtEntitiesByTitle(String title) {
   CriteriaBuilder criteriaBuilder = entityManager.getCriteriaBuilder();
   CriteriaQuery<ArtEntity> criteriaQuery =
     criteriaBuilder.createQuery(ArtEntity.class);
   Root<ArtEntity> root = criteriaQuery.from(ArtEntity.class);
   Path<String> path = root.<String>get("title");
   criteriaQuery.where(criteriaBuilder.equal(path, title));
   return entityManager.createQuery(criteriaQuery).getResultList();
}
```

Se se considerar a estrutura de uma consulta JPQL, então será possível inferir o que o método acima está fazendo. A primeira linha obtém uma referência a um `CriteriaBuilder`. A classe `CriteriaBuilder` é necessária para a geração de aspectos importantes de nossa consulta Criteria, como veremos em breve. A próxima linha, então, usa nossa referência ao `CriteriaBuilder` para criar uma instância de `CriteriaQuery`. Note-se que nós passamos `ArtEntity.class` como único parâmetro para o método `createQuery`. Nós estamos, essencialmente, afirmando que gostaríamos de uma instância de `CriteriaQuery` genericamente tipificada, usando o nosso tipo `ArtEntity`. Nosso intento em fazer isso é especificar que queremos que nossa consulta retorne resultados do tipo `ArtEntity`. Isto não necessariamente implica em estarmos consultando uma instância de `ArtEntity`. Na verdade, nós poderíamos especificar um tipo `Long.class` para o método `createQuery`, para indicar que nossa consulta deveria retornar um `Long`, o que é típico quando da realização de consultas agregadas ou de projeção.

Agora que temos nossa instância de `CriteriaQuery`, nós precisamos declarar o tipo que pretendemos consultar. Nós chamamos o método `from` em nossa instância de `CriteriaQuery`, especificando um parâmetro `ArtEntity`. Esta linha de código, em nosso exemplo, é similar a uma cláusula JPQL "`from ArtEntity`". Em outras palavras, nós estamos expressando nossa pretensão de consultar o tipo `ArtEntity`. Recebemos de volta uma instância de `Root` como resultado da chamada a este método, a qual é genericamente tipificada para nossa instância de `ArtEntity`. A instância de `Root` pode, agora, ser usada como meio de se referenciar propriedades da classe `ArtEntity` que desejamos usar como condições em nossa consulta.

A próxima linha de nosso método usa nossa instância de `Root` para acessar o campo `title` de nossa classe de domínio `ArtEntity`, chamando o método `get` na instância de `Root` e especificando a string "`title`" (que é o nome da propriedade apropriada na classe `ArtEntity`). Este retorna uma instância de `Path`, que nós podemos usar para representar a propriedade `title`, com o fim de expressar uma condição em nossa consulta. Para expressarmos esta condição, nós chamamos o método `where` de nossa instância de `CriteriaQuery`. Note-se que, como parâmetro para o método `where`, nós usamos uma chamada aninhada ao método `criteriaBuilder.equal(path, title)`. Nós usamos o `criteriaBuilder` como produtor para construir a condição `equal`, que retorna uma instância de `Predicate`. Predicados representam lógica encapsulada que retorna verdadeiro ou falso, e são usadas como blocos fundamentais na API Criteria para formar consultas complexas. No nosso caso, nós criamos um `Predicate` para representar a lógica de comparação entre a instância de `Path` (que representa o campo `title` de nossa `ArtEntity`) e o parâmetro `String title`, que foi passado a este método.

Agora que nós articulamos as exigências e condições para nossa `CriteriaQuery`, precisamos executar realmente nossa consulta, para que possamos acessar os resultados. Esta parte do método funciona de forma similar à execução de uma consulta JPQL. Nós invocamos `createQuery` na nossa referência de `EntityManager`, passando nossa instância de `CriteriaQuery`. O método `createQuery` retornará realmente uma instância de `TypedQuery` que é genericamente tipificada para nossa classe de domínio `ArtEntity`. No entanto, para manter nosso método organizado, nós chamamos `getResultList()` na cadeia de métodos para retornar diretamente uma `List` de instâncias de `ArtEntity` que correspondam às condições de nossa consulta.

Provavelmente se estará pensando que o exemplo acima precisava de um pouco mais de trabalho para definir uma consulta que pudesse ser definida em JPQL como:

```
public List<ArtEntity> getArtEntitiesByTitle(String title) {
  Query query = this.entityManager.createQuery(
    "select art from ArtEntity where art.title = :title "
  );
  query.setParameter("title", title);
  return query.getResultList();
}
```

É verdade que a versão JPQL é um pouco mais concisa. Mas, e as nossa preocupações anteriores sobre uma falta de verificação de tempo de compilação a respeito da validade de nossa consulta? Com a abordagem da API Criteria, nós nos beneficiamos de alguma certeza de que a sintaxe de nossa consulta será verificada, enquanto que na JPQL nós não saberemos de problemas até o momento da execução. Entretanto, no nosso exemplo da API Criteria, nós estamos realmente

nos privando um pouco. É bom lembrar que, para representar o campo `ArtEntity.title` como uma referência `Path`, nós usamos o seguinte código:

```
Path<String> path = root.<String>get("title");
```

Esta linha é intuitiva, mas nós ainda estamos nos expondo a erros em potencial, uma vez que poderíamos digitar incorretamente nosso campo de título, ou especificar uma propriedade de classe de domínio que simplesmente não existe. Além disso, quando partirmos para consultas mais complexas, tais como as que envolvem associações, poderemos nos perder com relação à pluralidade ou tipo correto do campo.

Para resolver este problema, a API Criteria da JPA 2.0 oferece um `MetaModel`, que pode ser usado para descrever os metadados relacionados com o modelo do domínio. Embora seja possível definir-se manualmente o próprio `MetaModel`, para espelhar a estrutura de cada uma das classes do domínio, o jeito mais fácil é usar a funcionalidade de processamento de anotações do Java 1.6. O Hibernate oferece o jar hibernate-jpamodelgen, que pode ser usado para se analisar as classes do modelo de domínio e gerar automaticamente o código fonte para o `MetaModel`. O primeiro passo para se fazer isso é adicionar o hibernate-jpamodelgen ao arquivo pom.xml do Maven como dependência:

```
<dependency>
  <groupId>org.hibernate</groupId>
  <artifactId>hibernate-jpamodelgen</artifactId>
  <version>1.0.0.Final</version>
</dependency>
```

Uma vez adicionada esta dependência, pode-se ter o `MetaModel` automaticamente gerado e atualizado sempre que o código for compilado. Embora seja possível tornar este processo mais implícito, nós recomendamos a instalação do complemento do Maven para prover algum nível de controle e configuração. Por exemplo, provavelmente se quererá especificar onde as classes do `MetaModel` deverão ser localizadas. Basta que se copie a seguinte configuração de complemento para o bloco `<plugins>` do pom.xml:

```xml
<plugin>
  <artifactId>maven-compiler-plugin</artifactId>
  <configuration>
    <source>1.6</source>
    <target>1.6</target>
    <compilerArguments>
      <processor>
        org.hibernate.jpamodelgen.JPAMetaModelEntityProcessor
      </processor>
    </compilerArguments>
  </configuration>
</plugin>

<plugin>
  <groupId>org.bsc.maven</groupId>
  <artifactId>maven-processor-plugin</artifactId>
  <executions>
    <execution>
      <id>process</id>
      <goals>
        <goal>process</goal>
      </goals>
      <phase>generate-sources</phase>
      <configuration>
        <!-- diretório de saída de fontes -->
        <outputDirectory>src/main/generated-java</outputDirectory>
      </configuration>
    </execution>
  </executions>
</plugin>

<plugin>
  <groupId>org.codehaus.mojo</groupId>
  <artifactId>build-helper-maven-plugin</artifactId>
  <version>1.3</version>
  <executions>
    <execution>
      <id>add-source</id>
      <phase>generate-sources</phase>
      <goals>
        <goal>add-source</goal>
      </goals>
```

```xml
      <configuration>
        <sources>
          <source>src/main/generated-java</source>
        </sources>
      </configuration>
    </execution>
  </executions>
</plugin>
```

Também pode ser necessário adicionar-se um bloco `<pluginrepositories>` ao pom.xml, se houver problemas na instalação automática dos complementos acima. Pode-se adicionar o bloco seguinte, para assegurar que os complementos necessários possam ser baixados:

```xml
<pluginRepositories>
  <pluginRepository>
    <id>maven-annotation</id>
    <url>
        http://maven-annotation-plugin.googlecode.com/svn/trunk/maven-repo/
    </url>
  </pluginRepository>
</pluginRepositories>
```

Depois que se tiver atualizado a configuração do Maven, deve-se ser capaz de rodar `mvn compile` para disparar o processamento de anotações a fim de gerar-se o `MetaModel`. A configuração do Maven acima gerará a fonte do `MetaModel` em `src/main/generated-java`, mas fique-se à vontade para atualizar a localização conforme as próprias necessidades.

Uma vez gerado o `MetaModel`, deve-se poder encontrar essas classes na localização apropriada. As classes de `MetaModel` espelham as próprias classes do modelo de domínio, exceto que um sublinhado é acrescentado ao nome da classe. Por exemplo, nossa classe de domínio `ArtEntity` teria uma classe `MetaModel` correspondente na mesma estrutura de pacote, mas com o nome `ArtEntity_`. Vamos dar uma olhada na aparência de nossa classe `MetaModel` de `ArtEntity`:

```java
@StaticMetamodel(ArtEntity.class)
public abstract class ArtEntity_ {
    public static volatile SingularAttribute<ArtEntity, String> displayDate;
    public static volatile SingularAttribute<ArtEntity, Integer> width;
    public static volatile SingularAttribute<ArtEntity, Integer> hashCode;
    public static volatile SingularAttribute<ArtEntity, String> caption;
    public static volatile SingularAttribute<ArtEntity, Boolean> privilegeViewable;
    public static volatile SingularAttribute<ArtEntity, Boolean> generalViewable;
    public static volatile SingularAttribute<ArtEntity, Integer> version;
    public static volatile SingularAttribute<ArtEntity, Long> id;
    public static volatile SingularAttribute<ArtEntity, String> subTitle;
    public static volatile SingularAttribute<ArtEntity, String> title;
    public static volatile SingularAttribute<ArtEntity, Integer> height;
    public static volatile SingularAttribute<ArtEntity, String> description;
    public static volatile SingularAttribute<ArtEntity, ArtData_Gallery> galleryPicture;
    public static volatile SetAttribute<ArtEntity, Category> categories;
    public static volatile SingularAttribute<ArtEntity, ArtData_Thumbnail> thumbnailPicture;
    public static volatile SingularAttribute<ArtEntity, String> media;
    public static volatile SetAttribute<ArtEntity, Comment> comments;
    public static volatile SingularAttribute<ArtEntity, ArtData_Storage> storagePicture;
    public static volatile SingularAttribute<ArtEntity, Date> uploadedDate;
}
```

Note-se que a classe é bem simples, contendo apenas propriedades `static volatile` que correspondem a cada uma das propriedades de nossa classe de domínio `ArtEntity`. Como a maioria dos campos em nossa classe de domínio `ArtEntity` é de propriedades escalares, elas são representadas pelo tipo `SingularAttribute`. No entanto, note-se que cada propriedade do `MetaModel` é genericamente tipificada para indicar tanto o tipo da classe de domínio (neste caso, `ArtEntity`), quanto o tipo do campo. Estes metadados se provarão valiosos para a exploração da verificação de tempo de compilação para todos os aspectos de nossa consulta pela API Criteria – mesmo condições que referenciem campos em particular.

Devemos também destacar que as propriedades de categorias e de comentários são representadas pelo tipo `SetAttribute`, em vez do tipo `SingularAttribute`. Diferentemente de outros campos na classe `ArtEntity`, as propriedades de categorias e comentários são associações de coleções representadas por um `java.util.Set`.

Agora que temos um entendimento mais claro do `MetaModel` e de como podemos gerá-lo, vamos voltar à API Criteria para ver como podemos usar esta funcionalidade. Para melhor ilustrar algumas outras funcionalidades da API Criteria, nós examinaremos uma consulta diferente que retornará todas as instâncias de `ArtEntity` que se encaixem numa largura e altura mínimas e máximas. Vamos dar uma olhada no método:

```java
public Long getCountOfArtEntitiesBySize(MaxMin widthRange,
        MaxMin heightRange,
        QueryOpts queryOpts) {
    CriteriaBuilder criteriaBuilder = entityManager.getCriteriaBuilder();
    CriteriaQuery<Long> criteriaQuery = criteriaBuilder.createQuery(Long.class);
    Root<ArtEntity> root = criteriaQuery.from(ArtEntity.class);
    Path<Integer> widthPath = root.get(ArtEntity_.width);
    Path<Integer> heightPath = root.get(ArtEntity_.height);
    criteriaQuery.where(criteriaBuilder.and(
        criteriaBuilder.between(widthPath,
            widthRange.getMin(),
            widthRange.getMax()),
        criteriaBuilder.between(heightPath,
            heightRange.getMin(),
            heightRange.getMax())));

    criteriaQuery.select(criteriaBuilder.count(root));
    Long count = entityManager.createQuery(criteriaQuery).getSingleResult();
    return count;
}
```

Diferentemente de nosso exemplo anterior, este método retorna um Long, uma vez que não queremos uma lista das instâncias em si de `ArtEntity`, mas, ao invés, um total de quantas instâncias correspondem à condição especificada. Note-se que nós encapsulamos os valores de mínimo e máximo para ambas, altura e largura, respectivamente, através de uma classe `MaxMin` personalizada. Para melhor clareza, aqui está a classe `MaxMin` (que é uma classe interna de nosso Dao):

```java
public static class MaxMin {

  private final int max;
  private final int min;

  public MaxMin(int max, int min) {
    this.max = max;
    this.min = min;
  }

  public int getMax() {
    return max;
  }

  public int getMin() {
    return min;
  }

}
```

Como nossa consulta retornará um valor Long, nós invocamos `criteriaBuilder.createQuery(Long.class)` para indicar que esse é o valor de retorno de nossa consulta. Nós usamos o método `criteriaQuery.from()` para indicar que queremos fazer a consulta numa classe `ArtEntity`, que retorna uma instância de `Root<ArtEntity>` - exatamente como no exemplo anterior. Contudo, note-se que na linha seguinte nós chamamos `root.get(ArtEntity_.width)` para retornar uma referência `Path<Integer>`, usada para indicar o campo `ArtEntity.width`. Diferentemente de nosso exemplo anterior, nós estamos usando nossa classe de MetaModel `ArtEntity_` para referenciar atributos da classe de domínio `ArtEntity` de uma forma consistente e segura com relação a tipos. Note-se, também, que recebemos de retorno uma instância de `Path<Integer>` que reflete o tipo genérico correto. Se nós simplesmente especificássemos um valor string "width", em vez de usar o MetaModel, nós não teríamos a garantia de que nossa consulta estaria refletindo com precisão os tipos corretos dos campos.

Em seguida, nós usamos uma condição where em que aninhamos uma expressão and, em que nós aninhamos mais duas cláusulas `Predicate` que articulam as condições between para nossa consulta. Nós usamos nosso `CriteriaBuilder` como produtor para gerar um `Predicate` and, que recebe um número variável de argumentos `Predicate` – dos quais todos deve ser avaliados como true para que a condição da consulta seja satisfeita.

Por fim, nós invocamos `criteriaQuery.select()`, passando uma chamada aninhada a `criteriaBuilder.count(root)`. A expressão interior define uma consulta agregada de count, especificando nossa instância de `Root`. Isto se resume, essencialmente, na contagem de todas as instâncias de `ArtEntity` que correspondem à condição where definida acima. A invocação de `criteriaQuery.select()` é usada para indicar o que será selecionado na consulta, que é efetivamente similar à palavra-chave `select` numa consulta JPQL. O último passo é usar a referência `entityManager` para chamar `createQuery`, usando nossa `CriteriaQuery` configurada como parâmetro, e depois encadear uma chamada a `getSingleResult()`. Como esta consulta deve retornar o resultado de uma consulta agregada, nós queremos chamar `getSingleResult()`, em vez de `getResultList()`.

Até aqui, nós vimos os benefícios do uso da API Criteria pelas garantias obtidas pela verificação em tempo de compilação e da estrutura e sintaxe da consulta, bem como da estrutura do nosso modelo de domínio. Vamos examinar mais um exemplo que toca em alguns dos benefícios da API Criteria ser capaz de expressar consultas em que a estrutura, as condições e a complexidade são dinâmicas por natureza. Neste exemplo, nós definimos um método que nos permite especificar uma instância de `QueryOpts` como parâmetro, a qual encapsula informações de ordenação e paginação. O diferenciador chave, neste (um tanto simplificado) exemplo, é que nós somos capazes de definir uma lista de comprimento variável de campos pelos quais desejamos ordenar o resultado. Entretanto, poderíamos estender mais esse exemplo, permitindo-nos também especificar critérios dinâmicos de filtragem.

Primeiro, vamos examinar a classe `QueryOpts`, que é simplesmente um empacotador para nossa necessidades de paginação e ordenação:

```java
public class QueryOpts {
  private int pageNum;
  private int pageSize;
  private List<FieldOrder> orderList;

  public QueryOpts() {
  }

  public QueryOpts(int pageNum, int pageSize, List<FieldOrder> orderList) {
    this.pageNum = pageNum;
    this.pageSize = pageSize;
    this.orderList = orderList;
  }

  public int getPageNum() {
    return pageNum;
  }

  public void setPageNum(int pageNum) {
    this.pageNum = pageNum;
  }

  public int getPageSize() {
    return pageSize;
  }
```

```java
  public void setPageSize(int pageSize) {
    this.pageSize = pageSize;
  }

  public List<FieldOrder> getOrderList() {
    return orderList;
  }

  public void setOrderList(List<FieldOrder> orderList) {
    this.orderList = orderList;
  }

  public static class FieldOrder {
    private String field;
    boolean ascending;

    public FieldOrder() {
    }

    public FieldOrder(String field, boolean ascending) {
      this.field = field;
      this.ascending = ascending;
    }

    public String getField() {
      return field;
    }

    public void setField(String field) {
      this.field = field;
    }

    public boolean isAscending() {
      return ascending;
    }

    public void setAscending(boolean ascending) {
      this.ascending = ascending;
    }
  }

}
```

Note-se que QueryOpts também contém a classe interna estática FieldOrder, que é usada para representar um nome de campo e sua direção de ordenação (isto é, se ela é ascendente ou descendente).

Agora que temos uma boa ideia da classe QueryOpts, vamos dar uma olhada no método que define nossa consulta dinâmica:

```java
public List<ArtEntity> getArtEntitiesByTitle(String title,
        QueryOpts queryOpts) {
  CriteriaBuilder criteriaBuilder = entityManager.getCriteriaBuilder();
  CriteriaQuery<ArtEntity> criteriaQuery =
      criteriaBuilder.createQuery(ArtEntity.class);
  Root<ArtEntity> root = criteriaQuery.from(ArtEntity.class);
  Path<String> path = root.get(ArtEntity_.title);
  criteriaQuery.where(criteriaBuilder.equal(path, title));
  List<Order> orderList = criteriaQuery.getOrderList();
  List<Order> newOrderList = new ArrayList<Order>(orderList);
  for (QueryOpts.FieldOrder fieldOrder : queryOpts.getOrderList()) {
    Order order = null;
    if (fieldOrder.isAscending()) {
      order = criteriaBuilder.asc(root.get(fieldOrder.getField()));
    } else {
      order = criteriaBuilder.desc(root.get(fieldOrder.getField()));
    }
    newOrderList.add(order);
  }

  criteriaQuery.orderBy(newOrderList);
  TypedQuery<ArtEntity> query =
      entityManager.createQuery(criteriaQuery);
  query.setFirstResult(queryOpts.getPageNum() *
          queryOpts.getPageSize());
  query.setMaxResults(queryOpts.getPageSize());
  return query.getResultList();
}
```

Mais uma vez, nós estamos consultando ArtEntities que correspondam a um título especificado. No entanto, este método também recebe um segundo parâmetro do tipo QueryOpts. A maior parte deste método é similar ao nosso primeiro exemplo da API Criteria. Contudo, note-se como nós especificamos o critério "order by" para nossa consulta. Nós chamamos criteriaQuery.getOrderList() para obter acesso a uma List de classes Order. É importante notar-se que nós não podemos mudar diretamente esta lista, mas, ao invés, devemos criar uma nova ArrayList, copiando quaisquer itens Order da lista original para a nova. Em seguida, nós usamos um laçi for para iterar por nosso "critério de ordem" embutido no parâmetro QueryOpts. Nós realizamos algumas verificações para determinar se um determinado item QueryOpts.FieldOrder é ascendente ou descendente, e depois instanciamos a instância apropriada de javax.persistence.criteria.Order, usando ou criteriaBuilder.asc ou criteriaBuilder.desc. Em qualquer um dos casos, note-se que nós extraímos uma instância de `Path` usando `root.get()` e passando o nome do campo pelo qual desejamos ordenar. Cada instância recém-criada de `javax.persistence.criteria.Order` é adicionada a nossa `newOrderList`.

Depois que tivermos finalizado o laço por nossas necessidades de ordenação, nós chamamos `criteriaQuery.orderBy()`, passando nossa `newOrderList` como parâmetro. Esta chamada a método ajusta efetivamente nossa ordem por critério, sobrepondo quaisquer exigências de ordem previamente especificadas para esta consulta.

Finalmente, nós usamos nossa referência `entityManager` para criar uma referência a `TypedQuery<ArtEntity>`, e depois usamos os detalhes de paginação embutidos no parâmetro `QueryOpts` para ajustar as propriedades `firstResult` e `maxResults`, controlando efetivamente a faixa e o tamanho de página de nossa consulta.

Como se pode ver, a API Criteria é uma ferramenta poderosa para se expressar consultas dinamicamente, de uma forma orientada por objetos. A API Criteria também suporta funcionalidades mais avançadas, como expressões de predicados compostos e junções, bem como capacidades únicas, como "consulta por exemplo". Para algumas consultas, o uso da JPQL ou da API Criteria pode ser uma questão de estilo. Porém, acreditamos ser importante ter um entendimento profundo da API Criteria, para que você possa efetivamente explorar esta funcionalidade – especialmente em circunstâncias em que a JPQL não oferece uma solução elegante ou viável.

Resumo

Neste capítulo, nós apresentamos alguns conceitos centrais de ORM, e se aprendeu mais sobre como o Spring e o Hibernate podem ser usados juntos. Nós também revimos alguns padrões chaves de projeto que são instrumental para a forma como o Spring se integra com muitas estruturas de persistência. Através dos exemplos de nossa aplicação da galeria, nós demonstramos como implementar uma camada DAO eficiente. Examinamos várias opções para integração do Hibernate- usar o `HibernateTemplate` e usar as APIs Core do Hibernate.

O padrão DAO é considerado uma melhor prática para abstração de funcionalidade relacionada a persistência. Usando o Hibernate, nós demonstramos como carregar entidades através de seu identificador, salvar ou atualizar entidades individuais, e consultar objetos de domínio usando HQL. Nós discutimos algumas técnicas de consulta e examinamos várias abordagens para a realização de junções, usando tanto formas implícitas quanto explícitas. Nós também contrastamos a implementação de estratégias usando `HibernateTemplate` do Spring e as APIs Core do Hibernate. Embora o `HibernateTemplate` tenha desempenhado um papel significativo tanto na história do Spring quanto na do Hibernate, seu uso está se tornando menos importante, devido a melhorias na arquitetura do Hibernate, depois da versão 3.0.1.

Este capítulo discutiu várias opções de implementação para construção da camada DAO de nossa aplicação da galeria. Nós construímos em cima de alguns dos conceitos apresentados no capítulo anterior, que ilustraram estratégias de mapeamento para o modelo de domínio de nossa aplicação. No próximo capítulo, nós construiremos sobre a camada de DAO apresentada neste capítulo, demonstrando como a camada de serviço pode ser usada para definir a lógica funcional transacional de uma aplicação.

CAPÍTULO 7

■■■
Gerenciamento de transações

Transações de bases de dados ajudam no agrupamento de uma série de operações numa única unidade de trabalho. Todas as operações têm sucesso ou falham como um grupo.

O poderoso e flexível suporte do Spring a transações é outro fator responsável pelo sucesso e popularidade da estrutura. Antes do Spring, funcionalidades transacionais complexas ou declarativas tipicamente exigiam que uma organização usasse EJB, juntamente com um contentor JEE pesado. Usando técnicas de programação orientada por aspectos (AOP), o Spring ajudou a democratizar o suporte transacional de nível empresarial, permitindo que os desenvolvedores aplicassem de forma limpa regras transacionais ao seu código, estivessem eles usando um servidor de aplicações JEE maduro, um contentor leve de web, ou mesmo um teste isolado de unidade.

O Spring não só ajudou a evitar a necessidade de um contentor pesado, mas também ofereceu uma abstração generalizada para o gerenciamento transacional. Não importava mais se se estivesse usando transações do Hibernate, transações de bases de dados locais, ou mesmo a API de Transações do Java (JTA), que permite transações distribuídas através de múltiplas fontes de dados. De forma bem semelhante à que o Spring oferece uma hierarquia de DataAccessException, a abstração do Spring para o gerenciamento e a demarcação de transações ajuda a simplificar e desacoplar especificidades transacionais do código da aplicação e da lógica funcional.

Grande parte da popularidade do EJB nasceu de seu suporte transacional. O EJB oferecia uma maneira de se especificar regras transacionais através de configuração, evitando que esses detalhes acrescentassem muita complexidade ao código de acesso a dados. Pela exploração das funcionalidades de AOP, o Spring é capaz de oferecer flexibilidade siimilar, mas sem a sobrecarga de um contentor EJB pesado ou a adição de complexidade ou de funcionalidades de que uma organização não precise.

Usando-se o Spring, regras transacionais podem ser consolidadas na configuração, de forma que o código não precisa ficar cheio desses tipos de preocupação. Alternar-se entre um servidor de aplicações JEE usando uma fonte de dados JTA e um simples teste de unidade usando uma fonte de dados local é uma simples questão de se modificar a configuração do Spring – nenhum código precisa ser alterado. O Spring pode explorar algumas das funcionalidades avançadas oferecidas pela JTA, quando empregando um gerenciador de transações JTA. O principal benefício, no entanto, é que o Spring oferece um modelo de programação transacional que é consistente – precise-se de transações que se expandam por múltiplas fontes de dados (uma funcionalidade oferecida pela JTA) ou por uma única fonte de dados, a maneira de se definir essas questões transacionais será sempre a mesma.

Nos raros casos em que realmente se queira definir programaticamente as regras transacionais para a aplicação, o Spring também oferece um meio para se fazer isso. Pode-se simplesmente se basear no modelo de programação transacional do Hibernate, mas, pela exploração das abstrações do Spring, reduz-se o acoplamento com o Hibernate, pelo embasamento do código de persistência em APIs generalizadas. Isto pode ser útil se se decidir sair do Hibernate, no futuro, ou (mais provavelmente) se a camada de persistência utilizar tanto o Hibernate quanto o JDBC.

O Spring permite que se controle a forma como as transações são realizadas, num nível de por método. O gerenciamento de transações pode ser aplicado através de configuração em XML ou usando-se anotações. Neste capítulo, nós demonstraremos ambas as abordagens. Contudo, recomendamos que se usem anotações, já que esta estratégia é a mais intuitiva, e permite que metadados transacionais sejam embutidos diretamente numa classe ou interface da camada de serviço.

A alegria do ACID

Antes de começarmos a adicionar transações a nossa aplicação, usando o Spring, vamos discutir alguns dos conceitos teóricos e fundamentais. Há bastante a se saber sobre transações, mas os detalhes mais importantes a se entender estão encapsulados no acrônimo ACID, que define as quatro exigências centrais de uma transação:

Atomicidade especifica que todas as operações numa única transação devem ser completadas juntas, ou de forma alguma. Em outras palavras, uma transação permite que múltiplas operações de base de dados sejam aplicadas juntas. Na eventualidade de um erro, todo o conjunto de operações é desfeito;

Consistência se refere à exigência de que as transações devem causar uma transição na base de dados de um estado consistente para outro estado consistente. Uma transação de sucesso não pode deixar a base de dados num estado que viole as restrições de integridade da base de dados ou do esquema. Em outras palavras, as transações devem obedecer às restrições da base de dados e às regras de integridade referencial durante cada inserção, atualização ou exclusão, antes que uma transação seja confirmada;

Isolamento define as regras sobre como uma transação em execução afeta ou interage com outras transações presentemente em execução. A estratégia de isolamento usada numa transação é muito importante. Se o nível de isolamento escolhido for muito frouxo, erros difíceis de se encontrar podem ser introduzidos, o que pode impactar negativamente na integridade dos dados. Se o nível de isolamento for muito alto, porém, corre-se o risco de se retardar a aplicação ou de se travar a base de dados. Este ajuste é dependente tanto do servidor de aplicações quanto do da base de dados. Embora haja, tecnicamente, oito níveis de isolamento, em geral só se precisa preocupar com os quatro que são definidos pelo padrão SQL ANSI/ISO. Deve-se notar, ainda, que o nível de isolamento omissivo varia bastante entre os fornecedores de DBMS;

Durabilidade assegura que, uma vez que uma transação seja confirmada, as alterações não serão perdidas e devem sobreviver a falhas da base de dados.

Neste capítulo, nós cobriremos os fundamentos das transações ACID, bem como a forma de se aplicar transações declarativamente, usando-se o Spring. Esses conceitos se provarão indubitavelmente úteis para qualquer tipo de desenvolvimento de aplicações, e podem se tornar úteis, também, durante a próxima entrevista para emprego do leitor! (embora nós recomendemos esperar que estes tópicos surjam por si próprios no contexto de uma entrevista para emprego – não recomendamos que se comece por confessar amor por ACID.)

ACID pode ser visto como um pouco ilusório, mas tem uma maneira de manter os dados seguros e definitivamente manterá a sanidade, quando se estiver lidando com persistência.

Então, por que deve-se preocupar com ACID? É importante entender-se as regras e opções de comportamento de uma base de dados disponíveis, para que se possa explorar efetivamente essas funcionalidades no contexto da aplicação.

Esses detalhes são críticos para o controle de como um grupo de operações é aplicado a uma base de dados, ou de como modificações concorrentes na base de dados podem afetar umas às outras. O gerenciamento impróprio de transações também pode afetar negativamente o desempenho de uma aplicação empresarial.

Entendendo os níveis de isolamento

Os quatro níveis de isolamento que se encontrará na prática, listados do menos para o mais isolado, são Read Uncommitted, Read Committed, Repeatable Read e Serializable. Estes níveis de isolamento também têm impacto na concorrência. O nível de isolamento menos restritivo permite o número mais alto de operações concorrentes na base de dados, enquanto que o mais restritivo é quase garantido de retardar os sistemas. A figura 7-1 destaca as ramificações de cada nível de isolamento, incluindo uma demonstração da correlação entre nível de isolamento e concorrência.

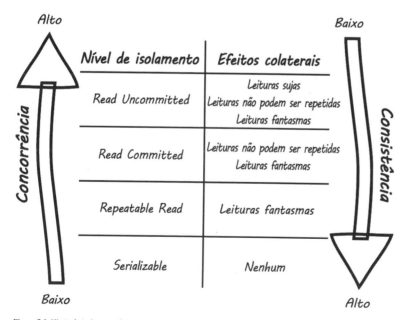

Figura 7-1. Níveis de isolamento dirigem a negociação entre consistência e concorrência

Para se explicar os efeitos colaterais delineados na figura 7-1, considere-se o seguinte cenário em nossa aplicação da galeria:

1. Paul abre uma transação na base de dados, T1, e seleciona (SELECT) tudo da tabela ArtEntity;
2. Brian inicia uma transação separada, T2, para excluir (DELETE) um item de arte da tabela ArtEntity;
3. Brian, ainda na sua mesma transação T2, atualiza (UPDATE) um registro na tabela ArtEntity, corrigindo um erro de digitação;
4. Paul, ainda na sua mesma transação T1, seleciona (SELECT) todos os itens de arte da tabela ArtEntity uma segunda vez;
5. A transação de Brian, T2, é confirmada (COMMIT);
6. Mary inicia uma nova transação, T3, e insere (INSERT) um novo item de arte na tabela ArtEntity;
7. Paul, ainda na sua mesma transação T1, seleciona (SELECT) todos os itens de arte da tabela ArtEntity uma terceira vez;
8. A transação T3 de Mary é confirmada (COMMIT);
9. Paul, ainda na sua mesma transação T1, seleciona (SELECT) todos os itens de arte na tabela ArtEntity uma quarta vez;
10. A transação de Paul, T1, finalmente é confirmada (COMMIT).

Que é que Paul deve ver no quarto passo? E com relação aos passos sete e nove? O fornecedor da base de dados terá definido comportamentos omissivos, mas é importante saber que se tem controle absoluto sobre o resultado, pela escolha do nível de isolamento que se preferir para as transações. Vamos dar uma olhada em como os quatro níveis de isolamento impactam neste cenário.

Serializable

O nível de isolamento mais fácil de se entender é serializable, que força um completo isolamento. Se escolhermos serializable como nosso nível de isolamento, Paul jamais verá qualquer uma das alterações de Brian ou de Mary, até que Paul comece uma nova transação. Do ponto de vista de Paul, a base de dados permanece completamente consistente e não há efeitos colaterais; Paul verá os mesmos resultados para sua consulta todas as quatro vezes, porque todas elas se dão dentro de uma única transação, que é isolada de quaisquer outras modificações. Isto soa bastante ideal, não? Então, o que mais há para se discutir? Infelizmente, há muita sobrecarga associada com este ajuste. Usar serializable reduz amplamente o número de operações concorrentes que podem ocorrer, e pode resultar em horríveis problemas de desempenho envolvendo bloqueios da base de dados. Como tal, o nível de isolamento serializable deve ser usado com parcimônia, quando o caso de uso realmente exigir absoluta consistência e for aceitável o risco de que transações concorrentes poderem ser forçadas a abortar com um erro.

Repeatable Read

Relaxar um pouco o isolamento pelo emprego do nível de isolamento repeatable read em nosso cenário permitiria que Paul visse quaisquer inserções que fossem confirmadas, mas não as atualizações e exclusões. Para se garantir que releituras da mesma linha se mantivessem consistentes, a base de dados subjacente implementaria ordinariamente bloqueios de leitura compartilhada em nível de linha, ou o uso de múltiplas versões. Com este ajuste de nível de isolamento, Paul não veria a atualização ou exclusão de Brian em nenhuma parte do cenário. No entanto, ele veria a inserção de Mary no passo nove, depois de ela ter confirmado sua transação. Este efeito colateral – onde linhas recém-inseridas e confirmadas ficam visíveis para a consulta de Paul (passo nove), e que não eram visíveis antes (passos quatro e sete), dentro de uma única transação (T1) – é conhecido como leitura fantasma.

Read Committed

Read committed é o nível de isolamento omissivo usado pela maioria dos fornecedores de RDBMS, incluindo a Oracle e o PostgreSQL. Este nível de isolamento afirma que uma transação só pode ler dados que foram confirmados na base de dados. Quando da escolha de read committed, Paul verá quaisquer alterações feitas por Brian ou Mary, depois que suas respectivas transações tiverem sido completadas e confirmadas. Isso provê alguma consistência dos dados, ao mesmo tempo que oferece alta concorrência. Tal como no nível de isolamento repeatable read, Paul ainda está suscetível a leituras fantasmas. E tal como era o caso com o nível de isolamento repeatable read, a consulta de Paul no passo nove retornará um novo registro que não estava visível anteriormente, em sua transação. Quando da seleção de read committed, Paul também está exposto a um segundo tipo de efeito colateral: uma leitura não repetível. Esta leitura não repetível ocorre quando releituras da mesma linha retornam dados diferentes dentro da mesma transação. Isto se torna possível depois que a atualização e a exclusão de Brian forem confirmadas no passo cinco. Diferentemente do que aconteceu nos níveis de isolamento serializable e repeatable read, essas modificações em nível de linha se tornam visíveis para Paul no passo sete, muito embora Paul tenha lido essas duas linhas anteriormente e ainda esteja no contexto de sua primeira e única transação, T1. Quando em dúvida, escolha-se a read committed.

Read Uncommitted

No lado oposto do espectro, partindo-se de serializable, está o nível de isolamento read uncommitted. Se empregarmos read uncommitted no nosso cenário, não haverá absolutamente nenhum isolamento transacional. Consequentemente, as três primeiras consultas idênticas de Paul retornarão, todas, diferentes resultados. Se a confirmação de Mary, no passo oito, tiver sucesso, a quarta consulta de Paul retornará os mesmos resultados que sua terceira consulta.

No passo quatro, Paul vê a correção do erro de digitação de Brian (SQL UPDATE), bem como a remoção que ele realizou (SQL DELETE) antes da confirmação da transação de Brian. Este terceiro efeito colateral é comumente chamado de leitura suja, porque Paul está lendo dados provisórios. Se a confirmação de Brian falhar no passo cinco, forçando sua transação a ser desfeita, os dados que Paul estiver vendo serão completamente imprecisos. Ler a inserção de Mary no passo sete, antes de sua confirmação, também é representativo de uma leitura suja, porque estes também representam dados provisórios.

A escolha do nível de isolamento read uncommitted expõe a todos os três possíveis efeitos colaterais. Intuitivamente, isto representa uma estratégia que não é ideal. Contudo, há uma luz no fim do túnel, com o nível de isolamento read uncommitted. Como este nível de isolamento oferece o mais alto grau de concorrência; pode-se esperar que cada uma das operações SQL de Paul, Brian e Mary sejam incrivelmente rápidas. Pode-se adotar este nível de isolamento quando do se precisar enfatizar a velocidade e se estiver confiante de que a aplicação pode lidar com os efeitos colaterais. Tal como com serializable, read uncommitted só deve ser considerado para casos limites de uso.

Controlando o refluxo do ACID

Transações definem como e quando os dados são confirmados numa base de dados. Elas são indispensáveis no agrupamento de lógica de persistência, assegurando que todos os métodos sejam completados com sucesso ou que a base de dados seja retornada ao seu estado anterior. Para a maioria das operações, precisa-se também estar ciente dos detalhes transacionais, assegurando-se que as transações sejam iniciadas no começo de uma operação e confirmadas ou desfeitas quando a operação for completada. O Spring habilita essas funcionalidades através de três conceitos centrais:

- *Gerenciamento de transações por plataforma* se refere à abstração do Spring para o tratamento de confirmações e desfazimentos. Estruturas como o Hibernate e o iBatis têm suas próprias implementações de transações. Além do mais, tipicamente as transações operam diferentemente num ambiente de testes e num servidor de EJB. A abstração do gerenciamento de transações por plataforma do Spring oculta esses detalhes, permitindo que os desenvolvedores especifiquem regras transacionais de uma maneira consistente;

- *Gerenciamento declarativo de transações* permite que os desenvolvedores especifiquem as exigências transacionais para um determinado método através de metadados ou de configuração. Obviamente, o código para iniciar, confirmar e desfazer uma dada transação ainda está sendo executado. Porém, esses detalhes podem ser separados do código em si, e externalizados em arquivos de configuração ou anotações;

- *Gerenciamento programático de transações* controla explicitamente a transação através do código. O Spring fornece uma classe `TransactionTemplate` que pode simplificar enormemente o código necessário para se aplicar semântica transacional a um dado método. Contudo, esta abordagem exige que os detalhes transacionais sejam misturados à lógica funcional e requer que o código interaja diretamente com as APIs do Spring.

Examinaremos cada um desses tipos de transação nas seções seguintes.

Gerenciamento de transações por plataforma

O Spring oferece várias implementações de `TransactionManager`, cada qual preenchendo o papel de (que rufem os tambores) gerenciamento de transações. Instâncias de `TransactionManager` tipicamente estendem a classe `AbstractPlatformTransactionManager`, que, por sua vez, implementa a interface `PlatformTransactionManager`. Estas classes formam a base do suporte transacional do Spring, e oferecem o know-how para se acessar, iniciar, desfazer e confirmar transações. A interface tem esta aparência:

```
public interface PlatformTransactionManager {
  TransactionStatus getTransaction(TransactionDefinition definition)
      throws TransactionException;

  void commit(TransactionStatus status) throws TransactionException;

  void rollback(TransactionStatus status) throws TransactionException;
}
```

Há várias implementações de `TransactionManager`. Por exemplo, o `DataSourceTransactionManager` é usado para implementações de JDBC e iBATIS. Para nossos propósitos, nós estamos predominantemente interessados em implementações de `TransactionManager` baseadas no ORM do Spring: `HibernateTransactionManager` e `JpaTransactionManager`.

Encontra-se implementações de `TransactionManager` até para a JTA usada pelo EJB. A JTA é tipicamente usada para habilitar transações que se expandam por múltiplas bases de dados e até por tecnologias diversas, tal como o Serviço de Mensagens do Java (JMS). Estas incluem a `JtaTransactionManager` genérica e implementações para servidores de EJB específicos, como a `OC4JJtaTransactionManager` para o servidor da Oracle, a `WebLogicJtaTransactionManager` para o servidor do BEA, e a `WebSphereUowTransactionManager` para o servidor da IBM.

Pela adição da marca XML `<tx:jta-transaction-manager/>` ao arquivo de configuração do Spring, pode-se habilitar o Spring a determinar o gerenciador de transações da JTA a ser usado, com base na informação de tempo de execução, de forma que não se precise referenciar explicitamente os detalhes específicos da plataforma na configuração.

Deve-se ter notado as interfaces `TransactionStatus` e `TransactionDefinition` que são parte da interface `PlatformTransactionManager`. Raramente se precisará usar estas interfaces. Elas são configuradas pelo gerenciamento declarativo de transações do Spring (discutido na próxima seção), mas ainda é importante saber delas, já que esses detalhes ajudam a explicar como as funcionalidades transacionais do Spring funcionam, nos bastidores.

`TransactionStatus`: Encapsula informações chaves relacionadas com uma transação rodando ativamente, tal como se uma nova transação foi criada e se a transação deve ser desfeita ou confirmada. Ela também permite que a transação seja marcada como `Rollback-Only` (somente desfazimento). Ajustar-se uma transação em execução para ser `Rollback-Only` informa ao sistema de transações que a transação deve ser desfeita. Por exemplo, no caso de uma condição de erro, pode-se escrever código para chamar `setRollbackOnly()` numa instância de `TransactionStatus`, o que assegurará que a transação ativamente em execução será desfeita.

`TransactionDefinition`: Define as propriedades ACID de que falamos antes, incluindo detalhes tais como as regras de isolamento para a transação, se a transação realizará alguma escrita (ou se é só de leitura), por quanto tempo a transação pode rodar antes de expirar, e como tratar a propagação da transação.

Aprenderemos mais sobre como estas classes são usadas mais à frente, neste capítulo, quando discutirmos o gerenciamento programático de transações.

Gerenciamento declarativo de transações

A *programação declarativa* emprega metadados para definir as exigências para um determinado conjunto de lógica de aplicação, em vez de codificar diretamente os passos que definem este comportamento. Tipicamente, usa-se a programação declarativa no contexto de uma estrutura, que é projetada para analisar os metadados a fim de talhar seu comportamento convenientemente. Usar o gerenciamento declarativo de transações, portanto, implica em definir-se as regras ou atributos que compõem o comportamento das transações, em vez de espalhar-se esta lógica diretamente no código. Como se pode provavelmente adivinhar, o Spring aplica essas questões de corte cruzado ao código pela exploração de seu excelente suporte à AOP. Entretanto, como as transações são uma funcionalidade tão crítica e dominante, os detalhes de AOP são um pouco abstraídos para propiciarem uma abordagem mais clara e mais específica da transação.

O Spring tem uma fantástica abordagem dirigida por anotações para o gerenciamento de transações. Uma alternativa é usar-se uma estratégia dirigida por XML com basse na configuração do Spring. Discutiremos ambas essas abordagens, começando com o gerenciamento de transações baseado em anotações, uma vez que já se viu exemplos deste em capítulos anteriores.

Anotações transacionais

Usando-se a anotação @Transactional, pode-se definir alguns atributos e comportamento transacionais.

Propagation define o comportamento transacional para o método especificado. Este ajuste determina se uma nova transação deve sempre ser criada, se uma transação aninhada deve ser criada, ou mesmo se nenhuma transação deve ser criada. Eis os valores de Propagation que se pode usar no Spring:

- REQUIRED: se houver uma transação, suportá-la; do contrário, criar uma nova;
- SUPPORTS: se houver uma transação, ela será suportada, mas esta não é uma exigência;
- MANDATORY: deve haver uma transação; do contrário, emitir uma exceção;
- REQUIRES_NEW: criar uma nova transação e suspender a atual, se esta existir;
- NOT_SUPPORTED: executar o código dentro do método "transacionalizado" não transacionalmente, e suspender a transação atual;
- NEVER: emitir uma exceção se existir uma transação;
- NESTED: realizar uma transação aninhada se existir uma transação; do contrário, criar uma nova transação. Transações aninhadas oferecem uma forma de se prover comportamento transacional mais granular, permitindo-se que um grupo de transações internas seja executado. Isto pode ser útil, por exemplo, para os casos em que algumas transações aninhadas podem ser desfeitas, mas sem se abortar toda a operação.

Isolation (isolamento) é o "I" de ACID, e defiine como uma transação em execução afeta (e é afetada por) outros processos de base de dados ocorrendo na aplicação. Os ajustes para se controlar o comportamento de isolamento para uma dada transação são:

- DEFAULT: permite que o armazenamento de dados defina o nível de isolamento;
- READ_UNCOMMITTED: este nível de isolamento permite que alterações feitas por outras transações em execução sejam lidas pela transação ativamente em execução,

mesmo quando as outras transações não tiverem sido confirmadas. Em outras palavras, este ajuste habilita leituras sujas;
- READ_COMMITTED: leituras sujas e não repetíveis não são permitidas, mas leituras fantasmas o são. Apenas alterações aplicadas por transações confirmadas com sucesso são visíveis;
- REPEATABLE_READ: indica que leituras sujas e não repetíveis são impedidas, mas leituras fantasmas podem ocorrer;
- SERIALIZABLE: indica que leituras sujas, não repetíveis e fantasmas são impedidas.

O Spring também oferece uma maneira de se especificar alguns dos atributos fundamentais de uma transação. Por exemplo, pode-se usar o atributo readOnly para indicar se uma transação é somente de leitura (em oposição a uma transação em que inserções ou atualizações são realizadas). Um valor de true para readOnly assegura que o método só realizará operações de leitura.

O atributo timeout define por quanto tempo uma transação pode viver sem confirmação ou desfazimento. Se a expiração para uma transação em execução ocorrer sem que ela seja completada, o Spring automaticamente desfará a transação.

O suporte transacional do Spring provê um meio de se especificar como uma transação deve se comportar se uma exceção for emitida. Por exemplo, nós podemos especificar que sempre que uma InvalidImageException for emitida de um método em nosso ArtEntityService, a transação presentemente rodando deve ser desfeita. O Spring oferece os atributos rollbackFor e rollbackForClassName para habilitar este comportamento. Este ajuste permite que se especifique uma matriz de classes ou nomes de classes (dependendo do ajuste usado) de exceções que, quando emitidas, farão com que a transação presentemente rodando seja automaticamente desfeita.

Similarmente, pode-se especificar o comportamento inverso (quais exceções não devem adionar um desfazimento) através do uso dos atributos noRollbackForClass e noRollbackForClassName. Estas opções funcionam da mesma forma que rollbackFor e rollbackForClassName, mas impedem que uma transação seja desfeita se uma das classes de exceção especificadas for emitida enquanto esta transação estiver sendo executada.

Armados com um entendimento mais claro de algumas das opções de configuração para transações do Spring, vamos dar uma olhada em como podemos especificar a semântica transacional para nossa classe de serviço. Para manter as coisas simples, examinaremos uma versão simplificada de nossa classe ArtEntityService.

```
class ArtEntityServiceImpl implements ArtEntityService {

    @Transactional(rollbackFor=InvalidImageExeption.class,
        readOnly=false,
        timeout=30,
        propagation=Propagation.SUPPORTS,
        isolation=Isolation.DEFAULT)
    public void saveArtEntity(ArtEntity artEntity) throws InvalidImageException {
        this.getArtEntityDao().saveArtEntity(artEntity);
    }

}
```

136 ■ Persistência no Spring com o Hibernate

Aqui, nós definimos um método de serviço transacional que especifica uma expiração de 30 segundos, e que será automaticamente desfeita se uma `InvalidImageException` for emitida. Note-se que nós também configuramos a transação para ser escrivível (`readOnly` está ajustado para `false`).

Agora que nós configuramos os detalhes de nossa transação, precisamos configurar nosso gerenciador de transações. Como notado antes, o Spring oferece uma interface `PlatformTransactionManager`, juntamente com um conjunto de implementações para uso com diferentes estratégias de persistência. Para transações globais que se expandam por múltiplas fontes de dados, nós precisaríamos usar o suporte a JTA do Spring. Para nosso exemplo, usaremos a `JpaTransactionManager` do Spring. Nosso `spring-jpa.xml` deve ser atualizado para refletir o seguinte (as partes importantes para o suporte a transações estão em negrito):

```
<?xml version="1.0" encoding="UTF-8" standalone="no"?>
<beans xmlns="http://www.springframework.org/schema/beans"
    xmlns:p="http://www.springframework.org/schema/p"
    xmlns:tx="http://www.springframework.org/schema/tx"
    xmlns:aop="http://www.springframework.org/schema/aop"
    xmlns:context="http://www.springframework.org/schema/context"
    xmlns:xsi="http://www.w3.org/2001/XMLSchema-instance"
    xsi:schemaLocation="http://www.springframework.org/schema/beans
      http://www.springframework.org/schema/beans/spring-beans-3.0.xsd
      http://www.springframework.org/schema/context
      http://www.springframework.org/schema/context/spring-context-3.0.xsd
      http://www.springframework.org/schema/tx
      http://www.springframework.org/schema/tx/spring-tx-3.0.xsd">

    <!-- Produtor de Gerenciador de Entidades da JPA -->
    <bean id="entityManagerFactory"
        class="org.springframework.orm.jpa.LocalContainerEntityManagerFactoryBean"
        p:dataSource-ref="galleryDataSource"/>

    <bean
    class="org.springframework.orm.jpa.support.PersistenceAnnotationBeanPostProcessor" />

    <!-- Tratador de LOB da base de dados -->
    <bean id="defaultLobHandler"
    class="org.springframework.jdbc.support.lob.DefaultLobHandler" />

    <!-- Carrega DAOs do pacote da JPA -->
    <context:component-scan base-package="com.prospringhibernate.gallery.dao.jpa" />
```

```xml
<!-- Config da transação -->
<bean id="transactionManager"
  class="org.springframework.orm.jpa.JpaTransactionManager"
  p:entityManagerFactory-ref="entityManagerFactory"/>

<tx:annotation-driven          mode="aspectj"          transaction-
-manager="transactionManager"/>

</beans>
```

A configuração em XML, neste exemplo, especifica nosso bean `artEntityService`, juntamente com nosso `PlatformTransactionManager`. Estamos usando o `JpaTransactionManager` do Spring, mas a forma pela qual somos capazes de configurar transações declarativamente não seria diferente, se decidíssemos criar uma implementação em JDBC, ou mesmo se precisássemos de transações globais através da JTA. O Spring nos permite usar uma estratégia consistente para especificação de transações, independente dos detalhes subjacentes da implementação.

Note-se, ainda, o bean `tx:annotation-driven` que o Spring inclui em seu espaço de nomes `tx`. Este fragmento de XML é necessário para se habilitar o uso de nossas anotações `@Transactional`. Sem ele, o Spring não habilitaria transações para nosso `ArtEntityService`. A anotação `tx:annotation-driven` suporta as seguintes funcionalidades:

- `transaction-manager:` esta fornece o nome do bean usado para o gerenciador de transações. Teoricamente, pode-se ter mais de um gerenciador de transações no contexto da aplicação Spring e usar-se apenas um. O valor omissivo é `transactionManager`;
- `mode:` esta especifica o tipo de mecanismo de representação que se quer. Tem-se a opção de `proxy` para se usar a representação do Spring, ou `aspectj` para se usar o AspectJ, uma estrutura de AOP de nível industrial. O omissivo é `proxy`;
- `proxy-target-class:` por omissão, o Spring cria um objeto representante do Java, e anexa apenas as interfaces que o objeto implementa. Por exemplo, se se tiver uma classe `PersonDaoJPA` que implemente uma interface `PersonDao`, o processo de representação criará um objeto que implementa `PersonDao`, adicionará a implementação da semântica transacional, e passará a requisição à implementação. Se a classe não implementar nenhuma interface, ou se se precisar que o representante estenda a classe, e não só suas interfaces, o Spring, então, usará a estrutura de manipulação de bytecode de código aberto Code Generation Library (CGLIB) para realizar a representação. A abordagem da CGLIB tem uma limitação: é necessário pôr-se anotações transacionais na própria classe, não na interface.
- `order:` há muitas outras estruturas que tiram vantagem da representação, mas para usá-las, pode-se precisar ordenar explicitamente os mecanismos transacional e outros de representação. Números de ordem mais baixa são processados primeiro.

Transações declarativas por meio de XML

Em vez do uso da anotação @Transactional para aplicação de semântia transacional, pode-se usar uma abordagem puramente dirigida por XML. Esta abordagem é útil nos casos em que se prefira não aplicar anotações, ou não se possa usar anotações porque se precisa usar o JDK1.4 ou se queira aplicar semântica transacional a uma biblioteca que não se possa mudar.

Casando-se a configuração XML tx:advice com uma configuração de AOP baseada em XML promove-se uma combinação sinergética. Por exemplo, pode-se usar nomes de métodos para se descobrir automaticamente que tipo de transacionalidade se quer aplicar.

Eis um exemplo que especifica que os métodos que começam com save, update e delete necessitam de uma transação, e tudo o mais suporta (mas não exige) uma transação somente de leitura:

```
<tx:advice id="txAdvice" >
  <tx:attributes>
    <tx:method name="save*" propagation="REQUIRED"/>
    <tx:method name="update*" propagation="REQUIRED"/>
    <tx:method name="delete*" propagation="REQUIRED"/>
    <tx:method name="*" propagation="SUPPORTS" read-only="true"/>
  </tx:attributes>
</tx:advice>
```

tx:advice suporta um atributo XML transaction-manager, mas, por omissão, ele usa o nome transactionManager, exatamente como tx:annotation-driven.

Além da correspondência flexível de nome de método, o elemento tx:method tem os mesmos tipos de parâmetros que a anotação @Transactional. Pode-se definir valores para propagation, isolation, timeout, read-only, rollback-for, e no-rollback-for. Estes atributos XML de tx:method têm os mesmos valores que seus correspondentes de @Transactional.

Um outro detalhe precisa ser adicionado a este exemplo, para torná-lo completo. Precisa-se usar a estrutura de AOP do Spring para se definir quais beans precisam do aviso. Pode-se fazer isso pelo uso do espaço de nomes aop no arquivo XML do Spring. Por exemplo, se quiséssemos aplicar o aviso transacional a todas as classes que se encontram no pacote com.prospringhibernate.gallery.service, poderíamos adicionar o seguinte ao nosso arquivo XML do Spring:

```
<aop:config>
  <aop:pointcut id="allServices"
    expression="execution(*com.prospringhibernate.gallery.service.*.*(..))"/>
  <aop:advisor advice-ref="txAdvice" pointcut-ref="allServices"/>
</aop:config>
```

A AOP do Spring é bastante flexível, e até permite que se usem anotações para definição do pointcut. Se se quiser aplicar `txAdvice` a qualquer classe que esteja anotada com `@Transactional`, pode-se alterar o pointcut `allServices` para isso:

```
<aop:pointcut id="allServices"
  expression="@target(org.springframework.transaction.annotation.Transactional)"/>
```

Pode-se até combinar as duas abordagens de pointcut, assim:

```
<aop:pointcut
  id="allServices"
  expression="execution(*com.prospringhibernate.gallery.service.*.*(..)) &&
     @target(org.springframework.transaction.annotation.Transactional)"/>
```

Vamos dar uma olhada em mais um truque da AOP do Spring: usar-se o nome do bean para se definir um pointcut. Aqui está como se aplicar uma transação a um bean chamado `personService`:

```
<aop:pointcut id="allServices" expression ="bean(personService)"/>
```

Também pode-se usar o caractere de máscara do asterisco (*) para corresponder a todos os beans que terminem com `Service` ou `Dao`, como segue:

```
<aop:pointcut    id="allServices"    expression    ="bean(*Service) ||
bean(*Dao)"/>
```

Se a aplicação de complexos pointcuts de AOP a transações ACID ainda parecer um tanto estranha, pode-se encontrar muita documentação por aí a fora[1]. No entanto, a informação que se viu aqui deve bastar para se iniciar no entendimento de como pôr-se em ordem transações ACID.

Gerenciamento programático de transações

Não podemos pensar em muitos casos reais de uso para se trabalhar com transações programáticas, em vez de se explorar o suporte declarativo transacional do Spring, que é mais simples. Entretanto, o entendimento de transações programáticas pode se provar útil na compreensão da maneira como as transações do Spring funcionam nos bastidores.

---

1 Se se quiser aprender mais sobre o imenso e importante campo do processamento de transações, considere-se a leitura de Transaction Processing: Concepts and Techniques, de Jim Gray e Andreas Reuter (Morgan Kaufmann, 1992); Principles of Transaction Processing, Second Edition, de Philip A. Bernstein e Eric Newcomer (Morgan Kaufmann, 2009); e Pro JPA 2: Mastering the Java Persistence API, de Mike Keith e Merrick Schincariol (Apress, 2009).

Para demonstrar como as transações programáticas funcionam, nós retrabalharemos o exemplo ArtEntityService para usar transações programáticas, assim:

```
public class ArtEntityServiceImpl implements ArtEntityService {

  private TransactionTemplate transactionTemplate;

  public ArtEntityServiceImpl(PlatformTransactionManager transactionManager) {
    this.transactionTemplate = new TransactionTemplate(transactionManager);
  }

  public Object saveArtEntity(ArtEntity artEntity) {
    return transactionTemplate.execute(
      new TransactionCallback() {
        public  Object  doInTransactionWithoutResult(TransactionStatus status) {
          try {
            this.getArtEntityDao().saveArtEntity(artEntity);
          } catch (ImageErrorException e) {
            status.setRollbackOnly();
          }
          return;
        }
      }
    );
  }

}
```

Neste fragmento, nós nos baseamos na injeção por construtor para prover uma referência para nosso JpaTransactionManager (que é uma implementação da interface PlatformTransactionManager). Usando o transactionManager, nós criamos uma instância de TransactionTemplate, que usamos para envolver nosso comportamento de persistência no escopo de uma transação.

O uso do TransactionTemplate deve ser familiar. Este é um caso comum do Spring, e funciona de forma similar ao HibernateTemplate que usamos em nossas classes de DAO. A diferença fundamental é que nós estamos usando o TransactionTemplate para tratar do processo repetitivo de transações, em vez de configuração e fechamento de conexões de bases de dados.

Para envolver nosso código de persistência numa transação, nós chamamos o método execute em nossa propriedade transactionTemplate, passando uma implementação anônima de TransactionCallback como parâmetro. No exemplo, nosso método de serviço não retorna valor, então nós implementamos o método doInTransactionWithoutResult. Porém, se precisarmos retornar um valor de nossa transação, nós usaríamos, ao invés, de `doInTransaction`.

Dentro do escopo da `TransactionCallback`, nós estamos chamando o mesmo código de persistência que usamos em nosso exemplo baseado em anotações. Nós delegamos ao nosso `artEntityDao` a realização do trabalho pesado. Note-se, contudo, que nós capturamos a `ImageErrorException`, e, caso a exceção seja emitida, nós usamos o parâmetro `TransactionStatus` para desfazer a transação.

Claramente, esta abordagem não é tão clara nem elegante quanto o uso de transações declarativas no Spring. De qualquer forma, é útil ver-se como os vários componentes se encaixam sem se basear na AOP para injeção implícita deste comportamento.

Exemplos transacionais

Agora que cobrimos os principais conceitos, vamos ver alguns cenários reais. Examinaremos uma aplicação de lote e transações envolvendo duas fontes de dados.

Criando uma aplicação em lote

Aplicações em lote podem ser um tanto lentas, especialmente com estruturas de ORM. Tanto a base de dados quanto a estrutura de ORM precisam reservar recursos valiosos para cada operação realizada numa transação. A base de dados precisa manter bloqueios em tabelas que se está alterando. O ORM, por várias razões, precisa reservar em cache os objetos que se persistiu e leu da base de dados. Quanto mais operações uma transação executar, mais recursos o ORM e a base de dados precisarão dedicar a ela.

Vamos começar com o exemplo seguinte, que atualiza todo um punhado de registros:

```
@Transactional(readOnly = false, propagation = Propagation.SUPPORTS)
public void batchProcessAll() {
  int count = dao.getCount();
  // executa a função ACID num grande laço for
}
```

Aqui, nós estamos tentando atualizar todos os dados numa única transação. Dependendo da quantidade de dados e de recursos do sistema, isto pode não ser possível, ou pode levar a um desempenho degradado para nossa aplicação. Ao invés, nós podemos encontrar uma maneira de definir unidades menores que possam ser confirmadas, o que liberará alguns dos recursos utilizados pela base de dados e pela estrutura de ORM. Contudo, o processo de confirmação da transação consome recursos, também. Se confirmarmos muito frequentemente, provavelmente reduziremos o desempenho. Há um balanço entre confirmação muito frequente e muito esporadicamente – por exemplo, confirmar após um certo número de itens terem sido processados.

Nós podemos criar um método que processe um número x de unidades e confirme-o após completar. É realmente muito simples de se configurar isso. Nós escolheremos 100 como número arbitrário de unidades de trabalho.

142 ▪ Persistência no Spring com o Hibernate

```
// sem mais nenhuma transação neste método
public void batchProcessAll() {
  int count = dao.getCount();
  for(int i=0; i<count; i+= 100) {
    doMyUnit(i, i+100);
  }
}

@Transactional(readOnly = false, propagation = Propagation.REQUIRES_NEW)
public void doMyUnit(int start, int finish) {
  // executa a função ACID da início ao fim da unidade
  dao.flush();
}
```

Note-se o uso de Propagation.REQUIRES_NEW. Ela diz ao Spring que uma nova transação começa quando o método é invocado e confirma quando o método completa. É simples assim criar-se e confirmar-se uma transação. Há muitas variáveis, indo da capacidade do servidor à carga da aplicação, para se ser capa de prescrever um tamanho ideal de lote, de forma que a determinação do melhor tamanho para a aplicação provavelmente exigirá algumas tentativas e erros.

Usando duas fontes de dados

Suponha-se ter duas bases de dados, e que se queira aplicar as transações corretas aos beans corretos. Precisa-se criar dois transactionManagers diferentes que devem ser aplicados aos subconjuntos apropriados de beans do Spring. Pode-se fazer isso com um pouco de trabalho caprichoso de AOP.

Suponha-se já ter-se configurados os beans transactionManager1 e transactionManager2. Precisa-se começar com o seguinte XML:

```xml
<tx:advice id="txAdvice1" transaction-manager="transaction-manager1" >
  <tx:attributes>
    <tx:method name="save*" propagation="REQUIRED"/>
    <tx:method name="update*" propagation="REQUIRED"/>
    <tx:method name="delete*" propagation="REQUIRED"/>
    <tx:method name="*" propagation="SUPPORTS" read-only="true"/>
  </tx:attributes>
</tx:advice>

<tx:advice id="txAdvice2" transaction-manager="transaction-manager2" >
  <tx:attributes>
    <tx:method name="save*" propagation="REQUIRED"/>
    <tx:method name="update*" propagation="REQUIRED"/>
    <tx:method name="delete*" propagation="REQUIRED"/>
    <tx:method name="*" propagation="SUPPORTS" read-only="true"/>
```

```xml
    </tx:attributes>
</tx:advice>

<aop:config>
    <aop:advisor                   advice-ref="txAdvice1"                   pointcut-
-ref="allDatabaseOneBeans"/>
    <aop:advisor                   advice-ref="txAdvice2"                   pointcut-
-ref="allDatabaseTwoBeans"/>
    <!-- Adicionar pointcuts aqui -->
</aop:config>
```

O elemento `tx:advice` informa ao Spring o que precisa ser feito, e o elemento `aop:config` diz ao Spring onde precisa ser feito.

A questão, agora, é quais beans devem ter qual aviso? Alguns beans precisam de `txAdvice1`; outros de `txAdvice2`; e outros podem precisar de ambos. Por sorte, a AOP do Spring oferece várias opções de mapeamento. Pode-se optar por organizar as classes em pacotes que diferenciam entre as duas fontes de dados a que elas se relacionam e aplicar um pointcut de expressão, ou pode-se planejar nomes lógicos de beans que claramente indiquem qual aviso será aplicado. Pode-se, ainda, criar as próprias anotações, `@Transaction1` e `@Transaction2`, por exemplo, e usar a abordagem `expression="@target(...)"`.

Vamos percorrer um rápido exemplo de nome de bean. Imagine-se que temos duas fontes de dados: `datasource1` e `datasource2`. Digamos que todos os beans de `datasource1` tenham `ds1` como parte do seu nome. Por exemplo, se `PersonDao` dever fazer interface com `datasource1`, ele deverá ser chamado `ds1.personDao`. Se `PersonService` depender de `personDao`, bem como de um DAO de `datasource2`, ele deverá ser chamado `ds1.ds2.personService`. Nossos pointcuts se parecerão com o seguinte:

```xml
<aop:pointcut id="allDatabaseOneBeans" expression="bean(*ds1*)"/>
<aop:pointcut id="allDatabaseTwoBeans" expression="bean(*ds2*)"/>
```

Nós definimos duas expressões pointcut que utilizam uma convenção de nomeação de bean para inferência apropriada de qual fonte de dados e `transactionManager` utilizar para uma dada transação.

Resumo

Neste capítulo, aprendeu-se tanto os fundamentos quanto os detalhes de baixo nível para o gerenciamento de transações de bases de dados com o Spring. Nós exploramos dois caminhos diferentes para aplicação declarativa de transações com o Spring: através de anotações, e através de configuração do Spring baseada em XML. Também é possível utilizar-se programaticamente o gerenciamento de transações do Spring, pelo uso do `TransactionTemplate`. Entretanto, esta abordagem casa o comportamento transacional com a lógica funcional da aplicação.

O entendimento de como as transações funcionam, juntamente com as opções de configuração disponíveis, é crítico para o desenvolvimento e a depuração de aplicações multiusuário.

Nós discutimos tanto cenários simples quanto complexos, neste capítulo, e esperamos que eles ofereçam uma ideia do que é possível quando se estiver usando o Spring para o gerenciamento de transações.

Mais importante, o Spring oferece uma abordagem consistente para aplicação de semântica transacional a uma aplicação, não importa qual seja a arquitetura ou o ambiente. Isso significa que se pode configurar e codificar a aplicação da mesma forma, independente de se estar desenvolvendo para um servidor de aplicações JEE, usando uma fonte de dados JTA, ou para um contentor leve com uma fonte de dados local. A diferença é apenas uma questão de configuração.

CAPÍTULO 8
Testes eficientes

Testes automatizados, e testes de unidades em particular, são agora universalmente vistos como uma melhor prática para o desenvolvimento de software. Uma série de estruturas de testes está disponível, e aí se encontra muito espaço para se debater os méritos dos testes de unidades em comparação com os testes de integração, se imitarem-se objetos com comportamentos interessantes, com estruturas como o jMock ou o EasyMock, ou se usar uma abordagem mais clássica com vagas básicas, quando se aplicar o desenvolvimento dirigido por testes (TDD), se o desenvolvimento dirigido por comportamento (BDD) se tornará lugar comum, e assim por diante.

Ao longo deste livro, nós destacamos várias melhores práticas, incluindo a divisão da aplicação em camadas e a codificação para interfaces. Neste capítulo, nós demonstraremos como esses princípios se prestam à construção de sólida cobertura de testes com ênfase apropriada nos aspectos exercitáveis de uma aplicação em isolamento.

Uma base de código que seja dividida em camadas, de forma que cada camada tenha uma única responsabilidade, é muito mais testável que código que tente combinar múltiplos aspectos de funcionalidade numa única classe. Código testável é aquele que é desacoplado e dividido em camadas lógicas, e código bem dividido em camadas é testável porque produz partes pequenas e definidas da visão geral de uma aplicação. Pela codificação para interfaces e exploração das capacidades de injeção de dependências do Spring, ganha-se a habilidade de imitar ou chutar uma camada (tal como a camada de DAO), quando se estiver testando a camada acima dela (neste caso, a camada de serviço que usa DAOs).

Estruturas de injeção de dependências, como o Spring, são tremendamente úteis para testes, porque tornam relativamente fácil a instanciação direta de classes, provendo colaboradores pelo código. Com o Spring em particular, pode-se injetar dependências automaticamente, nas classes de teste, pela especificação das anotações apropriadas. Isto permite que se construa um contexto de aplicação para testes que use opções de configuração que possam diferir bastante da configuração de produção. Esta flexibilidade permite que se teste código com um grande número de potenciais entradas.

Quando o assunto é verificar-se as asserções de uma camada de persistência, é importante verificar-se o comportamento das classes de DAO e de serviço, os detalhes e o comportamento da configuração das classes de domínio, e até a colaboração e a conexão das dependências.

Nós vamos arranhar na superfície dessas estratégias neste capítulo, mas é importante ter-se em mente que uma estratégia eficaz de testes deve incorporar tanto testes de unidade quanto de integração. Por sorte, o Spring auxilia na simplificação da criação de ambos os tipos de testes, bem como de outras formas de teste automatizado, tais como testes funcionais com ferramentas como o Selenium.

Testes de unidade, de integração e funcionais

O Spring torna fácil o teste de partes específicas do código, sem o embasamento num servidor de aplicações ou outros detalhes infraestruturais. Pode-se alternar entre diferentes implementações de bases e fontes de dados, ou testar classes de DAO em isolamento, pela imitação desses detalhes.

Testes de unidade são uma estratégia eficaz para a verificação de que uma determinada classe funciona apropriadamente em isolamento. Estimar-se classes em isolamento é muito valioso, e não existe substituição proporcional para um bom teste de unidade. Escrever-se um teste de unidade eficaz envolve a definição de asserções relacionadas com o comportamento de áreas específicas de uma classe em isolamento. A boa cobertura de teste está relacionada com quais linhas têm seu comportamento esperado verificado.

Diferentemente dos testes de unidade, os *testes de integração* tipicamente verificam múltiplos componentes simultaneamente, frequentemente pela execução das mesmas camadas de implementação usadas na versão de produção da aplicação. Por exemplo, uma prática comum para testes de integração é instanciar-se o ApplicationContext do Spring e testar-se uma implementação de DAO usando-se uma base de dados real, juntamente com as abstrações do Hibernate do Spring. A vantagem desta abordagem é que se está tocando em múltiplos componentes, assegurando-se que todas as peças estão funcionando juntas apropriadamente. A desvantagem é que ela não provê muita granularidade para se determinar se um componente em particular funciona apropriadamente por si só. Para uma estratégia abrangente de testes, nós recomendamos incluir ambos os testes, de unidade e de integração.

Uma *suíte de testes* é uma série de classes individuais de teste que são projetadas para rodarem juntas e que tipicamente fazem asserções relacionadas a uma determinada camada ou componente. Por exemplo, pode-se criar uma suíte de testes de DAO composta de todos os testes de DAO. O exemplo seguinte mostra tudo o que é necessário para se criar uma suíte de testes:

```
public void static testSuite() {
  return new TestSuite(ArtworkDao.class,
      CategoryDao.class,
      ExhibitionDao.class,
      PersonDao.class);
}
```

Modernos IDEs (Eclipse, IntelliJ IDEA, NetBeans, e muitos outros) e outros ambientes de tempo de execução (tais como o Ant e o Maven) sabem como rodar tanto testes individuais de unidade quanto suítes de testes, que podem incluir tanto testes de unidade quanto de integração. É comum usar-se a noção de suítes para se distribuir estrategicamente testes em conjunto. Por exemplo, pode-se querer uma suíte de testes de testes rápidos de unidade que sejam executados em cada confirmação e uma suíte de testes diferente composta de testes de integração de longa duração, que sejam feitos em dados intervalos agendados.

Testes funcionais são outra estratégia para se verificar se a aplicação está se comportando convenientemente. Testes funcionais oferecem a avaliação de mais alto nível de uma base de código, e tipicamente exigem que uma aplicação rode dentro de um contentor de ambiente de produção – por exemplo, usando-se um contentor de servlet.

Testes funcionais num contexto de aplicação web normalmente envolvem uma série de requisições HTTP e, depois, asserções com relação às respostas que devem ser retornadas. Por exemplo, um serviço web REST pode incluir uma bateria de testes funcionais que verifiquem os dados que são retornados quando uma porção de XML é POSTada para um URL em particular. Outro tipo de teste funcional pode verificar certos elementos de HTML numa resposta HTTP retornada, dado um determinado URL.

A desvantagem dos testes funcionais, especialmente quando eles se relacionam com a verificação de marcação HTML, é que eles tendem a ser muito frágeis – no sentido de serem inclinados a falhar como resultado de alterações menores na aplicação. Entretanto, testes funcionais têm seu lugar, e frequentemente são uma ferramenta eficaz para se verificar suposições básicas a respeito do comportamento de uma aplicação.

Usando o JUnit para testes eficientes

As duas maiores estruturas de teste de unidade na comunidade Java, presentemente, são o JUnit e o TestNG. Para nossos exemplos, nós usaremos o JUnit. A abordagem do JUnit 4 é altamente baseada em anotações. A anotação `@Test` é tudo de que se precisa para se definir um teste:

```
package com.prospringhibernate.gallery.test;

import org.junit.Test;
import org.junit.Assert;

public class TrivialJUnitTest {

  @Test
  public void testSimpleStuff() {
    String name = "ProSpringHibernate";
    Assert.assertEquals("ProSpringHibernate", name);
  }

}
```

Outras duas anotações básicas do JUnit podem ajudar a definir o ciclo de vida do teste. Pode-se rodar algum código imediatamente antes e depois de cada método de teste, usando-se as anotações `@Before` e `@After`. Pode-se adivinhar qual anotação vem antes de um teste? Pode-se, também, rodar código antes e depois de todos os testes numa dada classe usando-se `@BeforeClass` e `@AfterClass` (note-se que o método `@BeforeClass` deve ser estático). Há, ainda, uma anotação `@Ignore`, que permite que se use uma anotação `@Test` e não se rodar um método em particular.

É claro que o ponto principal de um teste é configurar-se um cenário, e depois verificar-se um grupo de asserções. O JUnit oferece várias asserções embutidas, tais como a verificação de que dois valores devem ser iguais, de que um valor retornado não seja nulo, e assim por diante. Percebe-se muitas dessas anotações no exemplo seguinte.

```java
package com.prospringhibernate.gallery.test;

import org.junit.Test;
import org.junit.Ignore;
import org.junit.Assert;
import org.junit.Before;
import org.junit.BeforeClass;

public class SimpleJUnitTest {

  public static String staticName = null;
  public String memberName = null;

  @BeforeClass
  public static void initializeClass() {
    staticName = "Rod Johnson";
  }

  @Before
  public void initializeTest() {
    memberName = "Gavin King";
  }

  @Test
  public void simpleEqualsAssertion() {
    Assert.assertEquals("Rod Johnson", staticName);
  }

  @Test
  public void simpleBooleanAssertion() {
    Assert.assertFalse(staticName.equals(memberName));
  }

  @Test
  @Ignore
  public void dontTestThis() {
    // note-se que este falharia sem a @Ignore
    Assert.assertEquals("Rod", memberName);
  }

}
```

Agora vamos passar além do básico e aplicar alguns testes a nossa aplicação de galeria de arte.

Testes de unidade com imitações

Os testes nos exemplos anteriores são bastante simples, por não terem nenhuma dependência do contentor do Spring nem implementações de outras classes ou componentes. Como nossos testes são isolados para uma classe específica, eles se classificam como testes de unidade. Na maior parte do tempo, se precisará ir além de testes tão básicos para simular os efeitos de duas ou mais classes interagindo umas com as outras. Os testes de integração são uma forma de se fazê-lo, mas isso implica numa boa quantidade de código e do estreito acoplamento de testes. Uma estratégia alternativa é usar-se rotinas curtas ou imitações.

O uso de rotinas curtas e de imitações tenta simular o comportamento de um determinado componente ou camada numa aplicação, sem se basear numa implementação real e finalizada. Esta abordagem ajuda a focar as questões de teste no código realmente sendo testado, em vez dos detalhes de outras camadas.

O uso de rotinas normalmente implica em um determinado componente ser falseado, com "respostas enlatadas" sendo retornadas para que a camada sendo testada seja levada a crer que está falando com a implementação real. E o uso de imitações também tenta simular uma camada em particular, mas faz mais que simplesmente retornar respostas enlatadas. Um objeto imitado também pode ser usado para validar comportamento esperado relacionado com a camada que ele deve representar. Por exemplo, é possível especificar-se que um certo método é chamado na imitação, bem como outros detalhes que ajudem a prover valiosas asserções sobre como o código que se está testando se integra à camada imitada.

O Spring oferece várias camadas de imitação úteis, que podem ser usadas como substituição inserta para várias camadas numa aplicação. Por exemplo, as camadas de imitação JNDI, Servlet-API, e Portlet que simulam comportamento e expectativas associadas para suas respectivas camadas. Para imitação de outros componentes, é possível usar-se estruturas como a jMock, a EasyMock ou a MockObjects. Estas estruturas oferecem meios extensíveis para definição dinâmica das próprias imitações.

Para os nossos exemplos, nós usaremos a poderosíssima estrutura jMock. A JMock permite que se defina o comportamento de uma determinada classe, bem como de expectativas de como métodos em particular, na classe, serão chamados e do que eles retornarão no contexto de um teste de unidade. A jMock emprega uma DSL simples que permite que se especifique uma faixa bastante flexível de comportamentos. Destacaremos alguns dos conceitos básicos da jMock quando examinarmos um teste de unidade com imitações, mais à frente, neste capítulo.

Vamos examinar um teste de unidade que tenta verificar o comportamento de nossa implementação de `ArtworkService`:

```java
package com.prospringhibernate.gallery.test;

import com.prospringhibernate.gallery.domain.Person;
import    com.prospringhibernate.gallery.exception.AuthenticationException;
import com.prospringhibernate.gallery.service.ArtworkFacade;

import org.junit.Test;
import org.junit.Before;
import org.junit.runner.RunWith;

import org.jmock.Mockery;
import org.jmock.Expectations;
import org.jmock.integration.junit4.JMock;
import org.jmock.integration.junit4.JUnit4Mockery;

@RunWith(JMock.class)
public class JMockJUnitTestExample {

  Mockery context = new JUnit4Mockery();

  private Person person;
  private ArtworkFacade artworkService;

  @Before
  public void initializeTest() {
    person = new Person();
    person.setUsername("nomedeusuário");
    person.setPassword("senhaboa");

    // aqui nós usamos a jMock para criar uma imitação baseada em nossa Interface
    artworkService = context.mock(ArtworkFacade.class);
  }

  @Test
  public void testAuthenticationSuccess() throws AuthenticationException {

    // define expectativas para o método authenticatePerson
    context.checking(new Expectations() {{
      allowing(artworkService).authenticatePerson("nomedeusuário", "senhaboa");
      will(returnValue(person));
    }});
```

```
    artworkService.authenticatePerson("nomedeusuário", "senhaboa");

}

@Test (expected=AuthenticationException.class)
public void testAuthenticationFailure() throws AuthenticationException
{
    // define expectativas, supondo-se um
    // nome de usuário/senha inválido
    context.checking(new Expectations() {{
        allowing(artworkService).authenticatePerson("nomedeusuario", "senharuim");
        will(throwException(new AuthenticationException()));
    }});
    artworkService.authenticatePerson("nomedeusuário", "senharuim");

}
}
```

Note-se que nenhuma dependência externa é necessária para este teste de unidade. Isto não só ajuda a isolar o código que estamos testando, mas também acelera significativamente o teste. Deve-se lembrar que nossa fachada `ArtworkService` depende de vários DAOs, incluindo o `ArtEntityDao` e o `PersonDao`, mas não há nada neste código que instancie essas classes antes de o método `authenticatePerson` ser executado.

Nós declaramos que estamos usando a estrutura jMock pelo fornecimento da anotação @RunWith(JMock.class). Em seguida, nós definimos a variável de instância de contexto, criando uma instância de `JUnit4Mockery`. Podemos, então, usar a variável de instância de contexto para definir o comportamento e as expectativas de nossa `ArtworkFacade` imitada.

Nós criamos uma instância imitada pela chamada ao método mock em nossa variável de instância de contexto, passando-lhe a interface para o tipo que desejamos imitar:

```
artworkService = context.mock(ArtworkFacade.class);
```

Esta linha ajusta nossa instância `artworkService` para uma implementação imitada de nossa interface `ArtworkFacade`. Isto cuida da configuração.

Agora, precisamos delinear o comportamento e as expectativas para a imitação que acabamos de definir. Isso é feito em uns poucos passos. As expectativas são especificadas pela chamada a `context.checking()` e passando-lhe uma classe interna anônima do tipo `Expectations`. A classe `Expectations` oferece a maior parte das funcionalidades de DSL de jMock, permitindo-nos mais facilmente expressar o comportamento de cada método que pretendemos imitar.

As coisas ficam interessantes neste bloco de `Expectations`. Nós podemos especificar o comportamento de cada método – até definindo comportamentos diferentes com base em diferentes parâmetros ou condições. Há várias opções que podem ser definidas na imitação do comportamento de nossa `ArtworkFacade`. Porém, devemos primeiro definir as expectativas de como nosso método será chamado. Esperamos que ele seja chamado exatamente uma única vez, mais de uma vez, dentro de uma faixa, ou um número especificado de vezes? Ou não nos importa se nosso método será ou não chamado? Esses detalhes são chamados de *contagem de invocações*, e representam a primeira parte da DSL de jMock.

No nosso exemplo, nós usamos a regra de invocação `allowing`, que diz ao jMock que nós não nos importamos tanto com a contagem de invocações. Se nos importássemos, nós poderíamos ter usado `oneOf`, que implica em esperarmos que o método seja chamado apenas uma vez. Ou poderíamos ter usado `exactly(5).of()` para exigir que nosso método fosse chamado precisamente cinco vezes. Da mesma forma, poderíamos ter usado `atLeast(5).of()` para insistir que nosso método fosse chamado ao menos cinco vezes. A jMock falhará automaticamente o teste se as expectativas que se especificar não forem atendidas no teste de unidades.

Até aqui, a estrutura de nossa DSL se parece com a seguinte:

`Invocation-Count(mockInstance).method(expectedParams);`

Nesta estrutura, nós especificamos os parâmetros esperados que nosso método imitado deve receber. Pode-se realmente definir mais de uma regra, cada qual especificando um conjunto diferente de parâmetros. Na verdade, nem é necessário especificar-se parâmetros concretos. Pode-se, ao invés, especificar *correspondências*, que podem ser usadas para se definir condições mais generalizadas para uma determinada regra comportamental. A função de uma correspondência é permitir a expressão de condições flexíveis para as expectativas de um método imitado. Correspondências devem ser aninhadas numa cláusula `with`:

```
atLeast(5).of(artworkService).
    authenticatePerson(with(any(String.class)), with(any(String.class)));
```

Esta regra afirma que `authenticatePerson` deve ser chamado ao menos cinco vezes, com dois parâmetros que devem ser do tipo `String`. Neste caso, nós estamos usando a correspondência any, que nos permite especificar o tipo a que o parâmetro deve corresponder. Há várias outras correspondências – tais como `aNull`, `aNonNull`, `not`, e `same` – e pode-se até definir as próprias correspondências.

Assim, nós definimos a expectativa básica de um método imitado. Mas como expressamos o comportamento de uma imitação? Como provavelmente se depreende de nosso exemplo, a jMock nos premite definir o comportamento de uma "regra" em particular pela especificação de uma chamada a `will` após nossa expectativa. Nós definimos dois possíveis resultados para nosso método `authenticatePerson`. A primeira expectativa define um "bom" nome de usuário e senha. Nós seguimos esta expectativa com o seguinte:

`will(returnValue(successfulPerson));`

Isto assegurará que uma instância `successfulPerson` (definida antes) será retornada sempre que `nomedeusuário` e `senhaboa` forem fornecidas ao método `authenticatePerson` no teste de unidade.

Similarmente, nós definimos outra expectativa que presume um nome de usuário e senha inválidos. Para esta variante, nós especificamos esta chamada a `will`:

```
will(throwException(new AuthenticationException()));
```

Isto assegurará que uma `AuthenticationException` será sempre emitida em nosso teste de unidade, sempre que um nome de usuário e senha inválidos forem fornecidos ao método `authenticatePerson` (desde que o nome de usuário e a senha inválidos correspondam a nossas condições muito restritivas, que exigem que elas sejam `nomedeusuário` e `senharuim`).

Algumas outras variações podem ser usadas com a chamada a `will`, tais como `returnIterator` e `doAll`, para oferecer mais flexibilidade na definição do comportamento de nosso método imitado, dada uma série de condições. Há, ainda, algumas funcionalidades mais avançadas do jMock que permitem que se restrinja uma série de chamadas a uma sequência em particular, ou que se trabalhe com uma máquina de estados e se verifique certas suposições sobre o estado, à medida que ele muda de uma chamada para a próxima. Veja-se a documentação do JMock para aprender mais.

■ **Nota** Nós encorajamos a exploração da imitação em mais detalhes, uma vez que ela é uma poderosa ferramenta para a criação de uma estratégia eficaz de testes de unidade. Frequentemente, os desenvolvedores se concentram demais nos testes de integração, simplesmente porque os testes de unidade podem parecer mais complicados quando o "falseamento" do comportamento de dependências se torna necessário. A imitação é uma solução pragmática para a fácil definição de comportamentos e expectativas para dependências, encorajando o desenvolvimento de mais testes de unidade.

Nós apresentamos uma visão geral superficial do teste de unidade de um trecho de código em isolamento. No entanto, uma estratégia eficaz de testes também precisa levar em consideração a forma como um determinado componente funciona no contexto de uma aplicação em execução. É aí que entram os testes de integração, e o Spring serve para simplificar os testes de integração, ao ajudar a inicializar a suíte de testes, resolvendo dependências e tratando dos detalhes de persistência, tais como as transações.

Injeção e teste de dependências no Spring

A estrutura Spring oferece uma camada de abstração conveniente que simplifica drasticamente a alternância entre essas estruturas de teste, chamada de estrutura TestContext. Esta estrutura, que foi adicionada como parte do Spring 3, ajuda a abstrair quaisquer detalhes específicos de estruturas de teste. Pelo uso da estrutura TestContext do Spring, não mais é necessário preocupar-se com as especificidades de uma estrutura de testes em particular. Isto torna especialmente fácil pular-se de uma estratégia de testes para outra. Mas o mais importante é que a estrutura

TestContext serve para simplificar os detalhes dos testes, tornando mais fácil não só a escrita de testes eficazes de unidade e de integração, mas também a integração de dependências do Spring e o fazer-se asserções úteis relacionadas com a camada de persistência.

Os testes do Spring incluem uma combinação de XML e anotações para afetar a forma com que as dependências são injetadas numa classe de teste. A configuração em XML funciona de forma similar aos exemplos que já se viu antes, neste livro. Quando da definição de testes de integração, pode-se usar o mesmo código XML (mais ou menos) que se usa em uma aplicação. Contudo, frequentemente é desejável sobrepor-se certos beans, tais como a fonte de dados, enquanto se mantém os mesmos detalhes de conexão e implementação para os objetos de serviço e os DAOs da aplicação. Tal estratégia permite que se verifique o comportamento de toda a camada de persistência, ao mesmo tempo que se explora uma base de dados especializada para testes.

Há algumas anotações específicas do Spring disponíveis para se ter a configuração de teste armazenada na aplicação, e o XML de teste num teste JUnit em execução. A anotação `@RunWith` permite que se especifique a estrutura de testes que se quer usar. Como mencionado antes, um dos benefícios primários do uso da estrutura TestContext do Spring é que ele permite que se defina uma classe de teste sem que se amarre o código a uma estrutura de testes em particular. Pode-se especificar que uma classe em particular é, na verdade, um teste, usando-se a anotação `@Test`. Depois, para se indicar qual estrutura de testes deve ser usada para rodar o teste, pode-se usar uma `@RunWith`, que permite que se especifique qual estrutura de testes rodar. Para os exemplos deste capítulo, nós vamos ficar com o JUnit 4. Colocamos a seguinte anotação no topo de nossa classe de teste:

`@RunWith(SpringJUnit4ClassRunner.class)`

Se quiséssemos alternar para o TestNG, poderíamos fazê-lo simplesmente mudando o valor desta anotação. Adicionar-se a anotação `@RunWith` à classe de teste de unidade faz-se com que o Spring entre em cena para execução dos testes e conexão das dependências necessárias. No entanto, há várias opções para a especificação dos detalhes de conexão. A estratégia escolhida dependerá das necessidades únicas da aplicação. Por exemplo, se se estiver construindo uma aplicação simples com uma única fonte de dados, então pode-se usar uma estratégia de autoconexão por tipo, que injeta implicitamente a classe que corresponde ao tipo especificado no método definidor em que a anotação foi adicionada. Mas se a aplicação usar múltiplas fontes de dados, então a abordagem de autoconexão por tipo não será tão trivial. Para esses casos, deve-se usar as anotações `@Resource` ou `@Qualifier`, para desambiguar a dependência que se quer injetada.

Embora seja normalmente preferível deixar-se que o Spring trate da injeção de dependências por meio de configuração ou de anotações, também é possível fazer-se com que uma classe de teste implemente `ApplicationContextAware` ou estenda `AbstractJUnit4SpringContextTests`, que oferecem acesso direto ao `ApplicationContext`, a partir do qual se pode fazer uma busca usando-se o nome do bean:

`context.getBean("datasource");`

Assim, agora tem-se uma ideia de algumas das opções para injeção das camadas das quais a classe de teste depende. A questão que fica é como injetar. Em nossa aplicação da galeria, nós definimos beans do Spring num arquivo XML chamado `spring-master.xml`, que, por sua vez, importa nossa configuração de `spring-persistence.xml`. Podemos importar esta configuração pela adição da anotação seguinte:

```
@ContextConfiguration(locations = {"classpath:/META-INF/spring/spring-master.xml"})
```

A anotação `@ContextConfiguration` define as localizações dos arquivos de configuração. Pode-se determinar, na base do teste, se se deseja usar do arquivo de configuração do Spring para a aplicação finalizada ou definir-se uma configuração de teste de unidade mais específica, que seja talhada para as necessidades de um teste em particular.

A configuração do Spring através de XML é útil, mas agora, provavelmente, se está pensando em como se pode acessar alguns beans que estejam definidos na configuração ou aqueles que foram selecionados por meio de escaneamento de componentes. Lembre-se a anotação `@Autowired` que os beans gerenciados do Spring podem usar. Pode-se usá-la no código de teste para informar ao Runner do JUnit do Spring que se precisa de alguns beans do Spring.

Eis a aparência do código de teste de `PersonDAO`, quando reunimos tudo isso:

```
package com.prospringhibernate.gallery.test;

import org.junit.Test;
import org.junit.runner.RunWith;
import org.springframework.beans.factory.annotation.Autowired;
import org.springframework.test.context.ContextConfiguration;
import org.springframework.test.context.junit4.SpringJUnit4ClassRunner;

import com.prospringhibernate.gallery.dao.PersonDao;

@RunWith(SpringJUnit4ClassRunner.class)
@ContextConfiguration(locations = {"classpath:spring-master.xml"})
public class PersonDaoTest {

  @Autowired
  PersonDao personDao;

  @Test
  public void testPerson() {
    // inserir a lógica de teste aqui
  }

}
```

Vamos explorar o que está acontecendo aqui. @RunWith informa ao JUnit que o teste precisa de alguma lógica extra para ser configurado apropriadamente. Que a lógica extra vem na forma de uma instância de uma classe que implementa a interface Runner do Junit. No nosso caso, nós temos um Runner do Spring chamado SpringJUnit4ClassRunner que sabe como configurar o contexto de nossa aplicação e injetar nosso teste com toda a conexão de que ele necessita, usando as anotações de injeção de dependências padrões do Spring, tais como @Autowired. SpringJUnit4ClassRunner também procura por algumas outras anotações, incluindo @ContextConfiguration e @Transactional.

Como se viu no exemplo, @ContextConfiguration diz ao SpringJUnit4ClassRunner os arquivos de configuração de que se precisa para configurar o ambiente de teste. Nos bastidores, SpringJUnit4ClassRunner configura e gerencia um contexto de aplicação do Spring para os testes de unidade com base nas localizações que se especificou na @ContextConfiguration. A estrutura TestContext é responsável por realizar, de fato, a injeção de @Autowired. Essa estrutura também acompanha os resultados do status do teste atual, tais como que método e classe rodaram e qual exceção foi emitida como parte do teste. @RunWith e @ContextConfiguration são os componentes centrais essenciais dos testes do JUnit4 do Spring.

■ **Nota** A estrutura TestContext tem algumas otimizações de desempenho para assegurar que ela só carregará essa configuração uma única vez para todos os testes, se se rodar múltiplas classes de teste que usem a mesma configuração de contexto de aplicação. Há várias outras funcionalidades avançadas relacionadas com a estrutura TestContext que valem a pena ser exploradas, se se precisar de testes mais avançados.

Testando com uma base de dados

Agora que se sabe como escrever uma classe de teste do JUnit e configurá-la com XML do Spring, está-se pronto para fazer alguns testes com bases de dados! A forma mais simples de teste pode ser simplesmente reutilizar os bons DAOs em que se esteve trabalhando. Pode-se também aplicar as usuais anotações @Transactional do Spring, juntamente com outra anotação: @TransactionConfiguration.

@TransactionConfiguration passa ao teste transacional do Spring informações ambientais sobre como obter o transactionManager e se é desejável confirmar ou desfazer a transação após cada teste.

O teste seguinte pega todos esses elementos e os põe para trabalhar:

```
package com.prospringhibernate.gallery.test;

import java.util.List;

import junit.framework.Assert;

import org.junit.After;
import org.junit.Test;
```

```
import org.junit.Before;
import org.junit.runner.RunWith;

import org.springframework.beans.factory.annotation.Autowired;
import org.springframework.test.context.ContextConfiguration;
import org.springframework.test.context.junit4.SpringJUnit4ClassRunner;
Import   org.springframework.test.context.transaction.TransactionConfiguration;
import org.springframework.transaction.annotation.Transactional;

import com.prospringhibernate.gallery.dao.PersonDao;
import com.prospringhibernate.gallery.domain.Person;
import    com.prospringhibernate.gallery.exception.AuthenticationException;

@RunWith(SpringJUnit4ClassRunner.class)
@ContextConfiguration(locations  =  {"classpath:/META-INF/spring/spring-master.xml"})
@TransactionConfiguration(transactionManager = "transactionManager", defaultRollback = true)
@Transactional()
public class TestContextJUnitIntegrationTest {

  Person person;
  PersonDao personDao;

  public PersonDao getPersonDao() {
    return personDao;
  }

  @Autowired
  public void setPersonDao(PersonDao personDao) {
    this.personDao = personDao;
  }

  @Before
  public void preMethodSetup() {
    person = new Person();
    person.setFirstName("First");
    person.setLastName("Last");
    person.setUsername("username");
    person.setPassword("goodpassword");
    person.setRoleLevel(Person.RoleLevel.ADMIN.getLevel());
    person.setVersion(1);
    personDao.save(person);
```

```
}

@After
public void postMethodTearDown() {
  personDao.remove(Person.class, person.getId());
  person = null;
}

@Test
public void testPersonPersisted() {
  final List<Person> people = personDao.getAll();
  Assert.assertEquals(1, people.size());
}

@Test
public void testAuthenticationSuccess() throws AuthenticationException
{
  Person p = personDao.authenticatePerson("username", "goodpassword");
  Assert.assertNotNull(p);
}

@Test (expected=AuthenticationException.class)
public void testAuthenticationFailure() throws AuthenticationException
{
  personDao.authenticatePerson("username", "badpassword");
}

}
```

Este exemplo está usando nossa configuração de aplicação web do Spring como definida em `spring-master.xml`, o que significa que estamos usando a configuração de nossa base de dados H2. Com as anotações @Before e @After, nós estamos assegurando que o estado da classe `Person` estará correto para cada invocação de método de teste. Por fim, em unidades bem discretas, nós testamos o comportamento de nosso `PersonDao` quando fazendo uma chamada de sucesso para `getAll()` entidades `Person`, uma chamada de sucesso para autenticação na base de dados, e, por último, uma tentativa falha de autenticação com os dados de usuário que inserimos com o método `preMethodSetup()`.

Note-se, ainda, que nós definimos `defaultRollback = true`, o que assegurará que este método será automaticamente desfeito após completamento. O desfazimento automático de transações num teste de integração é uma estratégia eficaz para se assegurar que cada método de teste retornará a base de dados a seu estado original. Quando da definição de um teste de integração que dialogue com uma base de dados, é importante reduzir o potencial de "efeitos colaterais" na base de dados e assegurar que cada teste se mantenha isolado, sem ser afetado por métodos previamente executados, nem neles ser baseado.

Resumo

Este capítulo apresentou algumas estratégias de teste para aplicações do Spring. É claro que se pode fazer muito mais para se testar com ambos, o JUnit e o Spring, para não dizer das realmente poderosas construções de testes que são possibilitadas pelas estruturas de imitação que mencionamos. Além disso, tópicos tais como testes de desempenho e testes de carga são extremamente relevantes para persistência.

Para testes de integração com bases de dados mais avançados, nós recomendamos que se consulte a extensão DbUnit do JUnit. DbUnit oferece excelentes facilidades para se assegurar que a base de dados estará num estado conhecido, entre os testes, e como instrumento para auxiliar na montagem de dados corretivos que podem ser usados em toda uma suíte de testes.

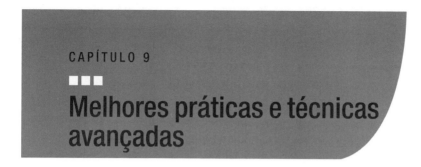

Melhores práticas e técnicas avançadas

Ao longo deste livro, aprendeu-se muito sobre o funcionamento das estruturas Spring e Hibernate. Neste capítulo, se aprenderá as técnicas necessárias para a construção de uma aplicação de desempenho pronta para produção. Embora o Hibernate e o Spring sejam relativamente fáceis de se inicializar, seus ajustes omissivos são apropriados apenas para aplicações simples. Se se estiver construindo uma aplicação com exigências significativas de carga ou desempenho, provavelmente será preciso fazer-se alguma afinação para se atingir um desempenho de pico. Na maioria dos cenários, pode-se contornar as questões de desempenho pela exploração de estratégias arquiteturais ou de otimização apropriadas.

Questões de carregamento folgado

O carregamento folgado há tempos foi visto como uma das funcionalidades mais valiosas do Hibernate, especialmente com relação à melhoria do desempenho. Pela declaração de uma associação ou propriedade de um objeto do domínio como folgada, uma aplicação pode evitar sobrecarga indevida na base de dados subjacente, o que frequentemente pode levar a tempos de resposta mais rápidos e menores conjuntos de dados – ambos qualidades favoráveis.

Sem o carregamento folgado, uma simples consulta pode ser executada repetidamente sem necessidade ou, pior ainda, uma consulta para uma única entidade de domínio pode forçar o carregamento de todo um grafo de objeto, já que o Hibernate tenta passar de uma associação para outra.

O problema é que o carregamento folgado é uma faca de dois gumes. Ele é vital para a manutenção de um desempenho de carregamento decente, mas também é um risco significativo de problemas de desempenho maiores. Embora o carregamento folgado reduza a quantidade de dados (bem como o potencial de junções de tabelas) carregados da base de dados, esta folga pode ser muito problemática para dados que possam precisar ser carregados de todo jeito da base de dados.

Isto não implica que o carregamento folgado é uma funcionalidade má ou que deve ser desabilitado. Este é um problema mal compreendido que é muito dependente do contexto.

Vamos começar pelo exame de uma das questões mais comuns e significativas relacionadas com o carregamento folgado que afetam as aplicações baseadas em persistência.

O problema dos N+1 Selects

Vamos examinar a forma pela qual o carregamento folga funciona, num típico caso de uso. Em nossa aplicação de amostra, nosso objeto de domínio Category contém uma associação de um-para-muitos com o objeto de domínio ArtEntity. Em outras palavras, uma Category contém uma coleção de instâncias de ArtEntity:

```
@Entity
public class Category implements DomainObject {

  private Long id;
  private String categoryName;
  private String categoryDescription;
  private Set<ArtEntity> artEntities = new HashSet<ArtEntity>();

  ...

  @ManyToMany
  public Set<ArtEntity> getArtEntities() {
    return artEntities;
  }

  public void setArtEntities(Set<ArtEntity> artEntities){
    this.artEntities = artEntities;
  }

  ...

}
```

Por omissão, o `java.util.Set` de entidades `ArtEntity` é declarado como folgado. Vamos considerar o que acontece nos bastidores, quando tentamos carregar todas as `artEntities` para uma série de categorias.

```
entityManager.createQuery("SELECT c FROM Category c").getResultList();
```

Supondo-se haver ao menos uma linha na tabela `Category`, as sentenças precedentes retornarão uma lista de instâncias de `Category`. Entretanto, como nossa associação `artEntities` (dentro da classe `Category`) é declarada como folgada, o Hibernate não fará uma junção SQL na tentativa de carregar dados tanto da tabela `Category` quanto das linhas relacionadas da tabela `ArtEntity`. Em vez de carregar essas linhas de `ArtEntity` da base de dados, o Hibernate preencherá a propriedade `artEntities` para cada instância de `Category` retornada com um objeto representante.

Para coleções, o Hibernate oferece implementações persistentes de coleções que servem como representantes para as associações de coleções em nosso modelo de domínio. Por exemplo, nossa propriedade `artEntities` é declarada como `java.util.Set`. O Hibernate ajustará esta propriedade para uma instância de `org.hibernate.collection.PersistentSet`, uma classe especial projetada para interceptar tentativas de acesso à coleção referenciada, de forma que a coleção folgada possa ser inicializada.

O Hibernate gerará representantes para cada objeto de domínio numa aplicação, e usará esses representantes para associações de terminação simples que estejam marcados como folgados. Por exemplo, podemos definir nossa associação de muitos-para-um de `commentedArt` no objeto de domínio `Comment` como folgada, usando a seguinte anotação:

```
@ManyToOne(fetch=FetchType.LAZY)
public ArtEntity getCommentedArt() {
  return commentedArt;
}
```

Este fragmento impedirá que uma referência de `Comment` à `ArtEntity` associada seja carregada da base de dados, até que a propriedade seja acessada.

O objetivo desses representantes é servir como guarda-vagas. Para dados que não sejam carregados da base de dados, o Hibernate não poderá simplesmente ignorar essas propriedades. Ao invés, um representante pode ser usado para adiar o comportamento de carregamento. Se nenhuma tentativa for feita para se acessar uma propriedade folgada não inicializada, então nada acontecerá. No entanto, se se fizer uma tentativa de acesso a um desses representantes, então o representante interceptará esta requisição e acionará uma rechamada na base de dados. O resultado final é que a propriedade folgada será inicializada com os dados relevantes da base de dados.

Tudo isso soa bastante ideal. Mas vamos considerar o que acontece se tivermos múltiplas instâncias de `ArtEntity` associadas a cada `Category`. Quando uma dada instância de `Category` for inicialmente carregada, a associação `artEntities` será ajustada para uma instância de `org.hibernate.collection.PersistentSet`. Agora imagine-se que queiramos iterar por todas as `ArtEntities` de todas as instâncias de `Category` retornadas em nossa consulta original.

```
for (Category category: categories) {
  for (ArtEntity artEntity: category.getArtEntities()) {
    // inicializa implicitamente outra coleção, aqui
    System.out.println("art:" + artEntity.getTitle());
  }
}
```

Embora este código possa parecer inofensivo, há realmente um sério problema de desempenho ocultando-se nas entrelinhas. Como a associação `artEntities` ainda não está inicializada quando recuperamos inicialmente cada instância de `Category`, nós estamos realmente inicializando cada associação `artEntities` dentro de cada iteração sucessiva do laço. Como o Hibernate não tem como inferir o que estamos tentando fazer, ele simplesmente inicializa cada instancia na medida que a referenciamos. O resultado é uma consulta SQL separada para cada item na coleção. Assim, para o laço precedente, nós estamos, na verdade, realizando inadvertidamente (*número de categorias*) + 1 consulta! Subitamente, o carregamento folgado não parece mais uma ótima técnica de otimização.

Este perturbador cenário comum é conhecido como problema dos *N+1 selects*, em que uma consulta de seleção é emitida *N* vezes (uma para cada item retornado pela consulta original), mais a consulta original para carregar a entidade que contém a coleção.

Um dilema similar ocorre para outras associações, tais como na referência de muitos-para-um ao objeto de domínio ArtEntity da classe Comment. Neste cenário, se uma lista de instâncias de Comment devesse ser carregada, uma consulta de seleção adicional seria iniciada a cada vez que uma tentativa de acesso à propriedade commentedArt fosse feita. Suponha-se que uma página JSP iterasse por uma longa lista de comentários, na tentativa de exibir informações relacionadas sobre o comentário e sua arte associada. Isto teria o potencial de exigir centenas de viagens adicionais à base de dados!

Entender o potencial para este problema é o primeiro passo, mas como fazemos para evitar o problema dos N+1 selects? Infelizmente, não há uma solução única (se houvesse, ela provavelmente seria parte implícita do Hibernate ou da JPA). Cada situação pode exigir uma abordagem ligeiramente diferente. Felizmente, várias estratégias podem ajudar a mitigar este cenário potencialmente danoso. O objetivo, claro, é limitar o número de consultas SQL e tentar carregar todos os dados necessários tão eficientemente quanto possível.

Mapeamentos menos folgados

Uma solução para o problema dos N+1 selects é atualizar a configuração de mapeamentos para as classes de domínio afetadas. O comportamento omissivo para coleções é ser folgado e inicializar a coleção através de um SELECT do SQL quando a associação for acessada. Esta estratégia omissiva é conhecida como *busca de seleção*, uma vez que um segundo SELECT é emitido para inicializar a associação ou propriedade folgada. A solução mais simples é sobrepor-se este comportamento omissivo, evitando-se que a propriedade seja folgada.

Vamos refazer a configuração de mapeamento que afeta a associação artEntities em nossa instância de Category, assim:

```
@ManyToMany
@Fetch(FetchMode.JOIN)
public Set<ArtEntity> getArtEntities() {
  return artEntities;
}
```

Pela adição da anotação @Fetch, especificando um FetchMode de JOIN, nós exigimos que o Hibernate inicialize automaticamente nossa coleção artEntities pelo uso de uma junção externa quando uma determinada instância de Category for carregada. O Hibernate é afetado por esta diretiva @Fetch quando da navegação para uma determinada instância de Category, carregando uma instância por meio de get() ou load(), ou quando carregando instâncias de Category por meio da API Criteria. Alternativamente, pode-se optar por especificar FetchMode.SUBSELECT, que, ao invés, carregará a coleção artEntities pela inclusão de uma sub-seleção de SQL como parte da consulta inicial. Em qualquer dos casos, o resultado final será que a associação artEntities não será mais folgada, e uma consulta adicional não será exigida para inicializar cada associação artEntities.

Então, problema resolvido, certo? Não exatamente. Lembre-se que mencionamos que o carregamento folgado é realmente uma funcionalidade bem importante, e que, sem ele, corre-se o risco de se carregar inadvertidamente grande parte de toda a base de dados para a memória. Em outras palavras, pode-se nem sempre precisar da associação `artEntities`, e, nessas circunstâncias, é melhor manter a propriedade como folgada.

Assim, às vezes é bom ser folgado, como em fins-de-semana e nas férias, quando se está descansando. Mas outras vezes ser folgado pode levar a problemas (especialmente no trabalho). Com o Hibernate é a mesma coisa. A melhor maneira de se resolver o problema dos N+1 selects é manter as associações declaradas como folgadas por omissão, mas sobrepor-se este comportamento quando se souber que a associação é necessária. Por exemplo, usando a JPQL, nós poderíamos escrever a seguinte consulta:

```
List categories = entityManager.createQuery("SELECT c FROM category c
         LEFT JOIN FETCH c.artEntities
         WHERE c.id = :id").getResultList();
```

Como parte desta consulta JPQL, nós emitimos uma `LEFT JOIN FETCH`. Isto forçará o Hibernate a inicializar nossa associação `artEntities`, sobrepondo o comportamento folgado omissivo no arquivo de mapeamento.

Usando lotes para melhor desempenho

Uma outra estratégia para a redução do número de consultas SQL necessárias para o carregamento de dados é usar a funcionalidade de loteamento do Hibernate, que carrega múltiplas entidades ou coleções. O loteamento oferece uma solução ligeiramente mais simples que o controle do carregamento folgado. Tenta-se obter os dados em lotes para se evitar que esses dados sejam carregados em muito mais "consultas únicas", posteriormente. A vantagem do loteamento é que ele pode ajudar a melhorar o desempenho sem exigir alterações significativas a consultas ou ao código.

A anotação `@BatchSize` pode ser adicionada a uma entidade de domínio ou a uma associação em particular. Vamos atualizar novamente nossa associação `artEntities`, na nossa classe `Category`, para ver como podemos usar a funcionalidade de loteamento do Hibernate:

```
@ManyToMany
@BatchSize(size = 10)
public Set<ArtEntity> getArtEntities() {
  return artEntities;
}
```

Agora, muito embora nossa associação `artEntities` ainda é folgada por omissão, o Hibernate se adiantará a nós, e tentará inicializar mais que apenas uma única coleção de `artEntities` por vez. Ele o faz usando uma condição `in` do SQL, passando dez identificadores de uma instância de `Category` quando do carregamento da tabela `ArtEntity`.

Em outras palavras, o loteamento funciona de forma similar à configuração folgada omissiva. Primeiro, uma `Category` é carregada, depois sua associação `artEntities` é carregada numa consulta separada (quando a propriedade `artEntities` é acessada, claro). No entanto, com o loteamento habilitado, o Hibernate tentará carregar mais de uma associação `artEntities`, consultando o número de associações especificado no atributo `size` da anotação `@BatchSize`.

Tenha em mente que `@BatchSize` não tenta carregar múltiplos itens numa coleção. Uma coleção é normalmente inicializada por completo através de uma seleção separada. Ao invés, `@BatchSize` carregará múltiplas associações, para evitar a inicialização de outras associações em nossas outras instâncias de `Category` (usando nosso exemplo).

Exceções da inicialização folgada

Outra questão comum é a ameaçadora `LazyInitializationException`. Provavelmente se pode inferir o que esta exceção significa a partir de seu nome: o Hibernate é incapaz de inicializar uma propriedade folgada. Quais circunstâncias são consideradas para tal problema?

Como discutimos no capítulo 4, o estado persistente de um objeto de domínio é gerenciado através da implementação da interface `EntityManager` do Hibernate. Se um novo objeto de domínio for instanciado, ele será considerado transiente até que ele esteja associado ao `EntityManager`. Similarmente, um objeto de domínio já persistente pode continuar a ser persistente se o `EntityManager` for fechado, o que leva a entidade a transitar para um estado Detached (desanexado). No entanto, alterações neste objeto de domínio não serão "gravadas" até que ele transite de volta a um estado Managed (gerenciado), sendo reassociado a outro `EntityManager`.

Um objeto de domínio que se tornou dissociado de um `EntityManager` é chamado de objeto desanexado. O Hibernate é capaz de detectar alterações feitas num objeto de domínio desanexado e propagar essas alterações para a base de dados, uma vez que a instância esteja reassociada. Contudo, há algumas coisas que são difíceis de se contornar quando um `EntityManager` é fechado, e propriedades folgadas são uma dessas coisas.

Como se aprendeu na seção anterior, o Hibernate implementa a folga referenciando propriedades não inicializadas com representantes – sejam implementações especiais de coleções persistentes, sejam classes de representantes, dependendo do tipo de associação ou propriedade. Esses representantes são capazes de adiar o carregamento de uma associação até que uma tentativa de acessá-las seja feita. Uma vez que isso aconteça, os representantes acessarão o `EntityManager` e tentarão carregar os dados necessários da base de dados. Obviamente, isto não pode acontecer se o `EntityManager` for fechado, e aí uma `LazyInitializationException` é emitida.

A causa mais comum de uma `LazyInitializationException` brota da falha em se inicializar uma coleção ou propriedade folgada num DAO ou método controlador, deixando, ao invés, que uma JSP ou outra tecnologia relacionada com a vista descubra uma propriedade não inicializada. O problema é que o Hibernate fechará o `EntityManager` por omissão, sempre que uma operação persistente for completada. No caso de um DAO ou método de serviço, o `EntityManager` é normalmente fechado quando esses métodos relevantes retornarem.

A melhor maneira de se evitar a `LazyInitializationException` é assegurar que todas as associações e propriedades folgadas que forem exigidas pela vista sejam inicializadas com sucesso antes que os objetos de domínio sejam passados à camada de visualização. Felizmente, o Spring oferece algumas soluções que ajudam a evitar a ocorrência de `LazyInitializatio-nExceptions`, até mesmo quando propriedades folgadas não sejam apropriadamente inicializadas antes da passagem dos objetos de domínio à vista. Há duas variações para a solução, mas ambas empregam a mesma estratégia geral: adiar o fechamento do `EntityManager` até depois de a vista ter terminado sua execução.

Agora aberto até tarde: mantendo o `EntityManager` aberto depois de sua hora de dormir

O adiamento do fechamento do `EntityManager` é agora conhecido como o padrão EntityManager Aberto na Vista. A abordagem mais simples para se aplicar esta estratégia é usar um filtro servlet, como descrito na próxima seção. Entretanto, se se estiver usando o MVC do Spring, uma alternativa é usar-se um interceptador.

A técnica do interceptador essencialmente abre um `EntityManager` no início de uma requisição de servlet e liga o `EntityManager` ao segmento atual, permitindo que ele seja acessado pelas classes de suporte ao Hibernate do Spring. Depois, ao final da requisição, o `EntityManager` é fechado e desligado do segmento. Isto é uma simplificação um tanto exagerada, e os detalhes de implementação diferem ligeiramente, dependendo de se estar usando o filtro de servlet ou o interceptador controlador. Contudo, os conceitos básicos são os mesmos: abrir um `EntityManager` e associá-lo ao segmento ativo para ser usado pelos métodos relacionados à persistência, e depois assegurar que o `EntityManager` seja mantido aberto até que a requisição seja completada. Como a requisição não se completa até que a execução da vista tenha terminado de ser processada, o potencial para a `LazyInitializationException` é significativamente reduzido.

O uso do padrão EntityManager Aberto na Vista é relativamente simples. Se já se estiver usando o MVC do Spring, pode-se definir a classe `OpenEntityManagerInViewInterceptor` como um novo bean, adicionando-a à configuração do MVC do Spring, assim:

```
<bean name="openEntityManagerInViewInterceptor"
  class="org.springframework.orm.jpa.support.OpenEntityManagerInViewInterceptor" />
```

Com o `OpenEntityManagerInViewInterceptor` definido, precisa-se, então, adicionar este interceptador à lista de interceptadores do MVC. Os interceptadores definidos nesta lista serão invocados (em ordem) como parte do fluxo de processamento de requisições de cada controlador do MVC. Os controladores do MVC do Spring fornecem ganchos para o ciclo de vida de um controlador do MVC, tais como `preHandle`, `postHandle`, e `afterCompletion`. O Spring 3 oferece uma maneira fácil de se definir globalmente os interceptadores. Vamos examinar um arquivo de configuração do MVC.

```
<?xml version="1.0" encoding="UTF-8" standalone="no"?>
<beans xmlns="http://www.springframework.org/schema/beans"
    xmlns:context="http://www.springframework.org/schema/context"
    xmlns:mvc="http://www.springframework.org/schema/mvc"
    xmlns:p="http://www.springframework.org/schema/p"
    xmlns:xsi="http://www.w3.org/2001/XMLSchema-instance"
    xsi:schemaLocation="http://www.springframework.org/schema/beans
      http://www.springframework.org/schema/beans/spring-beans-3.0.xsd
```

```
        http://www.springframework.org/schema/context
        http://www.springframework.org/schema/context/spring-context-
-3.0.xsd
        http://www.springframework.org/schema/mvc
        http://www.springframework.org/schema/mvc/spring-mvc-3.0.xsd">

    <context:component-scan base-package="com.prospringhibernate.gallery"
        use-defaultfilters="false">
    <context:include-filter type="annotation"/>
     expression="org.springframework.stereotype.Controller"
    </context:component-scan>

    <!-- integra os controladores do MVC através de @Controller -->
    <mvc:annotation-driven/>

    <!--especifica os interceptadores que serão aplicados a todos os hand-
lerMappings -->
    <mvc:interceptors>
        <bean
        class="org.springframework.orm.jpa.support.OpenEntityManagerIn-
ViewInterceptor"/>
    </mvc:interceptors>

    ...

</beans>
```

Neste exemplo, nós usamos as funcionalidades `mvc:annotation-driven` e `component-scan` para nos permitir habilitar as funcionalidades de ciclo de vida do Spring e para definir nossos controladores através de anotações (significando que podemos adicionar `@Controller` à classe e que o Spring integrará essas classes como controladores, contanto que elas estejam no caminho apropriado do pacote). Note-se, ainda, que nós adicionamos nosso `OpenEntityManagerInViewInterceptor` em linha, no bloco `mvc:interceptors`. Quaisquer beans interceptadores definidos aqui terão os métodos apropriados invocados nos vários estágios do ciclo de vida da requisição.

Aplicando-se o filtro de EntityManager aberto

Se não se estiver usando o MVC do Spring, ou simplesmente não se quiser usar uma abordagem baseada em interceptadores, pode-se, ao invés, adicionar o `OpenEntityManagerInViewFilter` ao arquivo web.xml. A abordagem é, grosso modo, a mesma que a técnica do interceptador, com exceção de que os ganchos para se abrir e fechar o `EntityManager` ocorrem no nível de requisição do servlet, em vez de no nível do controlador.

Aqui está como se pode adicionar o `OpenEntityManagerInViewFilter` ao arquivo web.xml da aplicação:

```xml
<!-- liga um EntityManager da JPA ao segmento para todo o processamento
da requisição -->
<filter>
  <filter-name>OpenEntityManagerInViewFilter</filter-name>
  <filter-class>org.springframework.orm.jpa.support.OpenEntityManagerIn-
ViewFilter</filter-class>
</filter>

<!--Mapeia o filtro do EntityManager para todas as requisições -->
<filter-mapping>
  <filter-name>OpenEntityManagerInViewFilter</filter-name>
  <url-pattern>/*</url-pattern>
</filter-mapping>
```

Este fragmento é um excerto de um arquivo web.xml que referencia a definição e o mapeamento do filtro necessários para se integrar o OpenEntityManagerInViewFilter. É importante que se defina o padrão de máscara filter-mapping apropriado, já que este definirá a quais URLs o processamento deve ser aplicado.

Uso de Cache

Até aqui, nós discutimos algumas estratégias para a redução ou otimização das viagens à base de dados. Melhor ainda que melhorar as maneiras pelas quais os dados são consultados é evitar-se a necessidade de acesso à base de dados por completo. Obviamente, alguns acessos à base de dados são sempre necessários, mas o uso de cache pode minimizar bastante a carga da base de dados e melhorar o desempenho da aplicação.

Uma das maiores vantagens do Hibernate é que ele oferece "gratuitamente" aos desenvolvedores muitas funcionalidades. E uma dessas funcionalidades gratuitas é o uso implícito de cache. Se se for decidir implementar uma camada de persistência usando-se JDBC puro, precisa-se integrar explicitamente o uso de cache nos métodos de DAO ou em algum nível de abstração mais baixo. Embora o uso de cache possa parecer trivial de se implementar na superfície, começa-se a perceber a complexidade quando se consideram as regras para invalidação (os fatores que causam a expiração de um determinado item no cache), evitação de conflitos, e tratamento do tempo de vida (TTL) de um item em cache.

Então, se o Hibernate oferece todas essas funcionalidades de uso de cache gratuitamente, qual é o benefício de se entender a mecânica desse uso? Embora o Hibernate inclua algumas funcionalidades básicas de uso de cache, provendo otimizações básicas para se limitar quaisquer viagens desnecessárias à base de dados, a afinação de seu comportamento omissivo pode melhorar significativamente o desempenho da aplicação.

Para se poder explorar o uso de cache para um desempenho aprimorado de aplicações, precisa-se entender as diferentes camadas de uso de cache no Hibernate, e o que realmente pode ser reservado em cache. Para todos os objetos de domínio, o Hibernate oferece dois níveis distintos de uso de cache:

- O cache de primeiro nível, ou L1, é oferecido pelo `EntityManager`, e, portanto, só se relaciona com o escopo limitado de um usuário ou requisição em particular. O cache de primeiro nível foi projetado primariamente como uma otimização, evitando a reconsulta de objetos de domínio que já foram carregados;
- O cache de segundo nível, ou L2, tem o escopo do `EntityManagerFactory`, e, portanto, tem vida mais longa e pode oferecer capacidades de cache para múltiplos usuários e requisições. O cache de segundo nível oferece o máximo de utilidade e flexibilidade para otimização por meio de uso de cache.

Então, a abordagem é ativar o cache de segundo nível e integrar um provedor de cache para iniciar o uso de cache. Agora, precisamos considerar o que pode ser reservado em cache.

O Hibernate reserva objetos de domínio em cache de formas ligeiramente diferentes. Cada objeto de domínio de alto nível é reservado numa região diferente. Uma *região* é essencialmente uma seção ou espaço de nomes diferente, destinada a particionar cada entidade e impedir o potencial para conflitos. Cada objeto de domínio é persistido num cache usando-se seu identificador como chave. Assim, dada uma região de cache e um identificador, pode-se acessar os dados de um objeto de domínio em particular. Cada objeto de domínio é reservado em cache pelo armazenamento dos valores de suas respectivas propriedades.

Contudo, as referências e coleções de um objeto de domínio são persistidas separadamente do objeto de domínio. Em outras palavras, a representação reservada de um objeto de domínio só referenciará os identificadores de suas referências. Por exemplo, associações de muitos-para-um serão persistidas como uma única ID, enquanto que uma coleção será persistida como uma lista de identificadores. Coleções de objetos de domínio são realmente persistidas numa região de cache diferente, destinada especificamente para essa coleção em particular. A chave, neste caso, ainda é o identificador do objeto de domínio pai, mas a região é específica para o objeto de domínio e o nome da coleção. O valor, porém, é uma lista de identificadores, onde cada identificador na lista corresponde à ID de cada entidade referenciada na coleção original.

O Hibernate usa esta estratégia porque é mais eficiente o simples armazenamento das IDs de cada entidade numa coleção, em vez dos dados de cada entidade por inteiro. O objetivo é que ter-se as IDs deve bastar, uma vez que os dados completos devem ser reservados em outra parte, na região de cache do próprio objeto de domínio referenciado. Além do mais, a reserva de referências como identificadores desacopla os objetos de domínio a que elas se relacionam, assegurando-se que alterações nos objetos de domínio referenciados só são reservadas numa única localização. Isto é obiamente mais simples que se gerenciar uma complexa árvore de dependências – especialmente quando se começa a considerar a complexidade da invalidação de um item em particular, quando ele expira ou quando uma atualização é feita na base de dados.

Integrando uma implementação de uso de cache

O Hibernate oferece uma camada de abstração genérica para a funcionalidade de uso de cache, permitindo que numerosas implementações de cache sejam facilmente conectadas à infraestrutura do Hibernate. Há várias soluções excelentes de uso de cache, incluindo a Ehcache, a SwarmCache, a JBoss Infinispan, e muitas mais. Cada implementação difere ligeiramente no conjunto de funcionalidades oferecidas. Por exemplo, algumas oferecem capacidade de agrupamento, permitindo que múltiplos nós num agrupamento compartilhem os mesmos dados em cache (o que pode reduzir o potencial para conflitos de cache e dados caducos). Outras oferecem funcionalidades especializadas, tais como comportamento transacional.

Capítulo 9 - Melhores práticas e técnicas avançadas ▪ 171

▪ **Nota** A escolha do provedor de cache a ser usado depende das necessidades. Geralmente, nós recomendamos o Ehcache, uma implementação de código aberto flexível que oferece capacidade de agrupamento. Se a aplicação tiver necessidade de um cache transacional ou outras necessidades específicas, deve-se examinar algumas das outras opções de provedor de cache.

Vamos revisitar nossa configuração em `persistence.xml` e modificá-la para incorporar o Ehcache.

```xml
<?xml version="1.0" encoding="UTF-8" standalone="no"?>
<persistence xmlns="http://java.sun.com/xml/ns/persistence"
    xmlns:xsi="http://www.w3.org/2001/XMLSchema-instance"
    xsi:schemaLocation="http://java.sun.com/xml/ns/persistence
    http://java.sun.com/xml/ns/persistence/persistence_2_0.xsd"
    version="2.0">

  <persistence-unit     name="galleryPersistenceUnit"     transaction-
-type="RESOURCE_LOCAL">
    <provider>org.hibernate.ejb.HibernatePersistence</provider>
    <properties>
      <property name="hibernate.dialect" value="org.hibernate.dialect.H2Dialect"/>
      <!--
        value='create' para se construir uma nova base de dados a cada execução;
        value='update' para se modificar uma base de dados existente;
        value='create-drop' para se criar e excluir tabelas a cada execução;
        value='validate' não faz nenhuma alteração na base de dados
      -->
      <property name="hibernate.hbm2ddl.auto" value="create"/>
      <property name="hibernate.show_sql" value="true"/>
      <property         name="hibernate.cache.use_second_level_cache" value="true"/>
      <property name="hibernate.cache.provider_class"
        value="net.sf.ehcache.hibernate.SingletonEhCacheProvider"/>
      <property name="hibernate.ejb.naming_strategy"
        value="org.hibernate.cfg.ImprovedNamingStrategy"/>
    </properties>
  </persistence-unit>

</persistence>
```

Aqui, nós habilitamos o cache de segundo nível pelo ajuste da propriedade hibernate. cache.use_second_level_cache na unidade de persistência para true. Depois, nós especificamos a implementação de cache, ehcache, através da propriedade hibernate.cache. provider_class.

Uma vez que se tenha ativado o cache de segundo nível e selecionado um provedor de cache, tem-se oficialmente registrado o uso de cache. Em seguida, precisa-se configurar as regras do uso de cache.

Determinando as regras de uso do cache

Para se configurar as regras de uso do cache para o modelo de domínio, a abordagem mais simples é adicionar-se a anotação @Cache aos objetos de domínio. Como exemplo, vamos examinar a configuração de cache do objeto de domínio Category em nossa aplicação de galeria de arte:

```
@Entity
@Cache(region="category", usage = CacheConcurrencyStrategy.READ_WRITE)
public class Category implements DomainObject {
  private Long id;
  private String categoryName;
  private String categoryDescription;
  private Set<ArtEntity> artEntities = new HashSet<ArtEntity>();
  @Id
  @GeneratedValue
  public final Long getId() {
    return id;
  }
  public void setId(Long id) {
    this.id = id;
  }
  ...
  @ManyToMany
  @Cache(usage=CacheConcurrencyStrategy.READ_WRITE)
  public Set<ArtEntity> getArtEntities() {
    return artEntities;
  }
  public void setArtEntities(Set<ArtEntity> artEntities){
    this.artEntities = artEntities;
  }
  ...
}
```

Aqui, nós adicionamos uma anotação @Cache em dois lugares: no topo da entidade, o que serve como configuração para se reservar o próprio objeto de domínio em cache, e acima de nossa associação de muitos-para-muitos artEntities. Portanto, nós definimos as regras de uso de cache tanto para o próprio objeto de domínio Category quanto para a coleção artEntities do objeto de domínio Category.

Na primeira instância da anotação @Cache, nós também definimos o atributo region. Isto nos permite ajustar a região em que estaremos persistindo nossos dados reservados em cache. Omitimos este atributo para a coleção artEntities, o que, então, permitirá que o Hibernate use o ajuste omissivo de região. A região omissiva é o nome da classe (incluindo o pacote). Para coleções, a região omissiva é o nome completo da classe, seguido por .<nomedacoleção>. Assim, no caso da coleção artEntities, o nome omissivo de região será com.prospringhibernate.gallery.domain.Category.artEntities. É claro que poderíamos sobrepor isto, pela especificação de uma região para a coleção.

O atributo usage da anotação @Cache define a estratégia de cache a ser usada para a entidade ou coleção configurada. Quando do uso do Ehcache, há três opções:

- O ajuste read-only só deve ser usado quando os dados a serem reservados em cache nunca forem atualizados. Uma estratégia de cache read-only oferecerá o melhor desempenho, uma vez que os dados reservados jamais precisarão expirar ou ser invalidados;
- O ajuste nonstrict-read-write deve ser usado quando o acesso concorrente aos dados for improvável, já que a implementação de uso de cache não tentará bloquear o cache para evitar erros de contenção ou de versão;
- O ajuste read-write é conveniente quando o acesso e a atualização concorrentes de dados for provável, já que esta abordagem oferece a semântica de um nível de isolamento de leitura confirmada.

Configurando regiões de cache

Em seguida, precisa-se efetuar a configuração para as regiões em que os dados serão persistidos. O Ehcache emprega um arquivo de configuração em XML que é carregado na inicialização da aplicação. Tipicamente, o arquivo é chamado ehcache.xml e é colocado na raiz do classpath. No entanto, pode-se sobrepor esta localização omissiva pelo ajuste das seguintes propriedades no arquivo persistence.xml:

```
<prop key="hibernate.cache.region.factory_class">
  net.sf.ehcache.hibernate.EhCacheRegionFactory
</prop>
<prop key="net.sf.ehcache.configurationResourceName">
  /caminho/para/ehcache.xml
</prop>
```

O arquivo omissivo ehcache.xml que segue com o Ehcache inclui uma configuração omissiva de cache que contém os ajustes que serão usados para qualquer região que não seja explicitamente definida. Porém, normalmente é uma boa ideia configurar-se cada região de cache que se planeje incluir na aplicação. Aqui está um exemplo da definição de nossas regiões de cache para nosso objeto de domínio Category e para a coleção Category.artEntities:

```
<cache name="Category"
  maxElementsInMemory="10000"
  eternal="false"
  timeToIdleSeconds="300"
  timeToLiveSeconds="600"
  overflowToDisk="true"
/>
<cache    name="com.prospringhibernate.gallery.domain.Category.artEnti-
ties"
  maxElementsInMemory="10000"
  eternal="false"
  timeToIdleSeconds="300"
  timeToLiveSeconds="600"
  overflowToDisk="false"
/>
```

Nós definimos duas regiões de cache, como especificado pelo atributo name. Tipicamente, o atributo name para um objeto de domínio inclui o nome completamente qualificado da classe (incluindo o pacote). Entretanto, em nossa configuração anterior de cache do objeto de domínio Category (a listagem na seção anterior), nós mudamos explicitamente o atributo de região omissiva, usando, ao invés, o nome mais curto de região Category. Deixamos o valor da região omissiva para a coleção artEntities.

Estes ajustes de região de cache funcionam da seguinte forma:

- maxElementsInMemory especifica o número máximo de entidades em cache a serem armazenadas nesta região. Nós usamos um valor de 10000 para ambas as regiões de cache, mas é importante consider-se este número muito cuidadosamente. Usar-se um valor muito alto pode causar problemas de OutOfMemoryException, bem como degradar o desempenho. Como os tamanhos dos objetos e os padrões de acesso podem variar tanto, de aplicação para aplicação, é uma boa ideia experimentar-se estes ajustes e fazer-se o perfil da aplicação para se determinar os melhores valores;
- eternal especifica se uma região de cache deve "viver para sempre". Este valor pode ser útil (juntamente com overFlowToDisk) quando se quiser manter o cache previamente preenchido entre reinicializações. Isso também é valioso em situações em que pode ser muito demorado o preenchimento do cache. Um valor de true para eternal assegurará que os dados em cache serão persistidos, mesmo quando a aplicação precisar ser reiniciada;
- timeToIdleSeconds especifica quanto tempo um item em cache permanecerá lá, quando não houver tentativas de acessá-lo. Por exemplo, se uma determinada instância de Category estiver armazenada no cache mas não houver tentativas de se carregar este valor do cache por algum tempo, então o benefício de se manter este

item em cache é questionável. É uma boa ideia manter-se este ajuste em torno de metade do valor de `timeToLiveSeconds`;
- `timeToLiveSeconds` corresponde ao TTL de uma entidade – a quantidade de tempo antes de a entidade em cache expirar e os dados serem eliminados do cache, a despeito do último acesso;
- `overFlowToDisk` especifica que se o `maxElementsInMemory` for excedido, o Ehcache deverá começar a armazenar o excedente em disco. Embora este ajuste soe útil, tenha-se em mente que persistir dados em disco incorre em significativo impacto no desempenho, quando comparado com o armazenamento em memória. Está-se usando cache porque tem-se uma base de dados para persistência permanente de dados. É claro que os dados reservados em cache no disco sobrepujam o desempenho de uma base de dados, mas ainda se deve considerar este ajuste com cuidado.

É muito importante considerar-se cautelosamente os valores de TTL. Ajustar esses valores muito altos aumenta o potencial para dados caducos e conflitos de versões. Este risco é significativamente aumentado em situações em que uma aplicação é distribuída numa configuração aglomerada (mas o cache para cada nó do servidor de aplicações não é compartilhado). Numa típica configuração de agrupamento, atualizações feitas num nó invalidarão o cache desse nó, mas essas alterações não serão propagadas para os caches de outros nós no agrupamento. Uma solução é usar-se um valor mais baixo de TTL para o atributo `timeToLiveSeconds`, o que reduz a probabilidade de dados caducos no cache. Uma melhor solução é usar-se uma solução de cache agrupável, o que permite que todos os nós no agrupamento usem um cache compartilhado, reduzindo significativamente o potencial para conflitos e dados caducos. Discutiremos as estratégias de uso de cache aglomerado posteriormente, neste capítulo.

Reservando as consultas em cache

Semelhantemente à reserva de coleções em cache, a reserva de consultas em cache tenta armazenar apenas os identificadores das entidades retornadas pelo resultado de uma consulta em particular. Por omissão, as consultas são todas reservadas em cache numa única região, mas pode-se sobrepor este ajuste pela especificação do nome de uma região para uma consulta em particular, forçando-se a consulta a ser reservada em outro lugar. A chave para uma determinada consulta reservada é composta da consulta juntamente com os identificadores ou valores de cada parâmetro da consulta. Esta abordagem assegura que os resultados de cada consulta reservada serão reservados separadamente. Se a mesma consulta for invocada com parâmetros ligeiramente diferentes, o cache não será usado.

Embora o uso de cache para coleções e objetos de domínio seja mais uma parte da configuração omissiva, a reserva de consultas em cache requer alguns passos adicionais. Primeiro, o cache de segundo nível deve ser habilitado, como descrito na seção anterior. Depois, a seguinte propriedade deve ser ajustada para `true` no arquivo `persistence.xml`:

```
<property name="hibernate.cache.use_query_cache" value="true"/>
```

O Hibernate explora uma região adicional de cache para potencializar sua implementação do cache de consultas: a `UpdateTimestampsCache`. Esta região de cache deve também ser configurada explicitamente no arquivo de configuração do Ehcache. Aqui está uma configuração de amostra:

176 ■ Persistência no Spring com o Hibernate

```
<cache name="org.hibernate.cache.UpdateTimestampsCache"
    maxElementsInMemory="5000"
    eternal="true"
    overflowToDisk="true"/>
```

Aqui, nós especificamos que esta região de cache deve ser eterna (eternal). Este é o ajuste recomendado para a UpdateTimestampsCache, mas no mínimo, o TTL deve ser maior que o TTL de qualquer uma das regiões de cache de consulta.

Se se decidir usar a região de cache omissiva para todas os caches de consulta, pode-se configurar o seguinte, no Ehcache, para o próprio cache de consultas:

```
<cache name="org.hibernate.cache.StandardQueryCache"
    maxElementsInMemory="500"
    eternal="false"
    timeToLiveSeconds="120"
    overflowToDisk="true"/>
```

Esta configuração define os ajustes da região de cache para as consultas a serem reservadas.

UMA ADVERTÊNCIA SOBRE O USO DE CACHE DE CONSULTAS

Nós enfaticamente recomendamos que se faça alguns testes de desempenho antes de se tentar usar a reserva de consultas em cache, uma vez que ela pode de fato degradar o desempenho, em vez de melhorá-lo.

A razão pela qual a reserva de consultas em cache pode, às vezes, causar pior desempenho que não usá-la em absoluto é devido ao uso da UpdateTimestampsCache. Esta região cuida das atualizações mais recentes para todas as tabelas na aplicação, armazenando marcas de tempo para cada tabela correspondente à hora em que uma tabela foi atualizada pela última vez. Quando uma consulta é invocada, mesmo que os dados resultantes ainda estejam armazenados no cache, se o Hibernate detectar que uma tabela associada à consulta mudou desde que a consulta foi reservada, ele invalidará os dados da consulta e será necessário atingir-se a base de dados, em vez do cache. Portanto, se a aplicação incorrer em frequentes atualizações em qualquer uma das tabelas, os benefícios da reserva de consultas em cache se tornam reduzidos. Além disso, como qualquer atualização a qualquer tabela também implica em alterações na UpdateTimestampsCache, este recurso se torna um potencial para gargalos, devido à contenção de bloqueio. Subitamente, a reserva em cache não soa tão útil.

Não queremos desencorajar ninguém, no entanto. É importante entender-se a forma pela qual a reserva de consultas em cache funciona, para que se possa melhor avaliar as necessidades e determinar se ela é apropriada para a aplicação.

Usando cache numa configuração aglomerada

Se se estiver construindo uma aplicação que seja destinada a um alto volume de requisições, provavelmente se precisará configurar múltiplos nós de aplicação numa configuração aglomerada. Embora ter-se múltiplos nós ofereça mais recursos para a aplicação, se cada nó mantiver seu próprio cache, começa-se a forçar a base de dados. Com cada nó adicional somado ao aglomerado, aumenta-se proporcionalmente a carga na base de dados, de tal forma que o número de nós no aglomerado representará o fator do volume de requisições na base de dados:

(Núm de Nós no Aglomerado) * (Requisições) = Carga na Base de Dados

Adicionalmente, atualizações na base de dados feitas por um nó não serão propagadas para o estado do cache de outros nós no aglomerado, resultando em leituras caducas. Obviamente, a carga na base de dados aumentará proporcionalmente ao número de nós do servidor de aplicações no aglomerado, mas o uso de cache também deve ser levado em consideração; quanto mais eficaz a estratégia de cache, menor a carga na base de dados. Dito isto, a carga na base de dados ainda será multiplicada pelo número de nós, mesmo com uma estratégia agressiva de uso de cache. De fato, a eficácia do uso de cache é proporcionalmente enfraquecida à medida que o número de nós no aglomerado aumenta.

Quando se está construindo aplicações que têm objetos que recebem altos volumes de escrita, a solução é remover a redundância de se manter um único cache por nó, e, ao invés, passar-se para uma configuração de uso de cache aglomerado. Há várias implementações de uso de cache que oferecem capacidade de aglomerado, incluindo o Ehcache e o SwarmCache. Para nossa discussão, nós continuaremos usando o Ehcache como provedor de cache.

Uso de cache aglomerado e mecânicas de replicação

O Ehcache oferece três mecanismos diferentes para sincronização dos dados de cache de cada nó. À medida que dados são persistidos no cache de um nó, as alterações são divulgadas para os outros nós no agrupamento usando-se uma estratégia particular de replicação. O Ehcache suporta replicação através de JMS, RMI, JGroups ou Terracotta. Para todas essas estratégias, o Ehcache não tenta usar bloqueio como meio de evitar inconsistências de dados entre nós no agrupamento. Isso provavelmente é feito por considerações de desempenho, e, portanto, a aplicação deve lidar com o potencial para dados caducos.

Quando usado na configuração agrupada básica, o Ehcache não distribui a totalidade dos dados reservados em cache para cada um dos nós no agrupamento. Ao invés, cada nó contém um conjunto completo dos dados reservados. Embora isso aumente a sobrecarga de memória, melhora o desempenho pela redução da sobrecarga na rede. Para reduzir o consumo de memória da aplicação, deve-se ajustar o número máximo de objetos armazenados em cada região de cache. Deve-se também considerar o tamanho médio de cada entidade que pode ser armazenada numa determinada região de cache, já que isso impactará na utilização de memória. Nós vimos problemas de memória brotarem em configurações de cache com um número baixo de itens reservados, devido ao tamanho grande de cada item armazenado no cache. Esses fatores raramente recebem ampla consideração, mas frequentemente são a causa de gargalos significativos.

A despeito do mecanismo de replicação, o Ehcache oferece duas estratégias diferentes para realmente notificar diferentes nós no agrupamento a respeito de mudanças:

- A estratégia omissiva é enviar a chave do item em cache que foi atualizado, juntamente com o valor atualizado. Esta estratégia é chamada de replicateUpdatesViaCopy, já que o valor atualizado é enviado a todos os outros nós no agrupamento. Embora esta abordagem seja normalmente a maneira mais rápida de se manter diferentes nós em sincronismo, ela também traz a sobrecarga do envio pela rede do valor atualizado. Nos casos em que o valor atualizado é suficientemente grande, isto pode ter implicações no desempenho;
- Uma alternativa é simplesmente enviar uma notificação aos outros nós de que eles devem invalidar os dados em seus respectivos caches. Depois, uma vez que determinada chave de cache tenha sido invalidada, ela será eventualmente recarregada da base de dados na próxima tentativa de se acessar essa entidade (ou coleção) em particular para cada um dos nós no agrupamento. Obviamente, isto incorrerá em carga adicional na base de dados – quando uma falta de cache ocorrer em cada um dos outros nós no agrupamento, eles precisarão reconsultar a base de dados para preencher seus respectivos caches. A vantagem desta abordagem é que somente a chave do cache precisa ser transmitida para os outros nós.

O comportamento omissivo de replicação é notificar assincronamente aos outros nós a respeito de alterações, permitindo que a propagação de cache aconteça em segundo plano e não afete o tempo de resposta da operação original (o notificador). Em cenários de alta concorrência, em que a coerência de dados seja uma prioridade elevada, o Ehcache pode realizar replicações sincronamente, ao invés, evitando que a operação de cache retorne até que os demais nós no aglomerado tenham sido notificados com sucesso. Como isto terá significativas implicações no desempenho, ele deve ser usado somente em situações especializadas.

Configurando a replicação

A implementação de aglomerado do Ehcache não requer nenhuma alteração no código ou na arquitetura de uma aplicação. Precisa-se simplesmente modificar a configuração do Ehcache.

Para obtermos uma configuração de uso de cache aglomerado para nosso exemplo, nós precisamos atualizar nosso arquivo ehcache.xml. Selecionaremos o mecanismo de replicação JGroups. O fragmento seguinte é sugerido pela documentação do Ehcache:

```
<cacheManagerPeerProviderFactory
    class="net.sf.ehcache.distribution.jgroups.JGroupsCacheManagerPeerProviderFactory"
    properties="connect=UDP(mcast_addr=231.12.21.132;mcast_port=45566;ip_ttl=32;
    mcast_send_buf_size=150000;mcast_recv_buf_size=80000):
    PING(timeout=2000;num_initial_members=6):
    MERGE2(min_interval=5000;max_interval=10000):
    FD_SOCK:VERIFY_SUSPECT(timeout=1500):
    pbcast.NAKACK(gc_lag=10;retransmit_timeout=3000):
    UNICAST(timeout=5000):
    pbcast.STABLE(desired_avg_gossip=20000):
    FRAG:
    pbcast.GMS(join_timeout=5000;join_retry_timeout=2000;
```

```
shun=false;print_local_addr=true)"
propertySeparator="::"
/>
```

Isto especifica os detalhes de rede e de comunicação para a implementação JGroup do cacheManagerPeerProviderFactory do Ehcache.

Em seguida, devemos adicionar um elemento cacheEventListenerFactory para cada uma de nossas regiões de cache. Se não especificarmos configuração específica para cada região de cache, poderemos simplesmente adicionar este elemento à configuração de região omissiva. Vamos configurar nossa região de cache de ArtEntity como segue:

```
<cache name="com.prospringhibernate.gallery.domain.ArtEntity"
    maxElementsInMemory="5000"
    eternal="false"
    timeToIdleSeconds="900"
    timeToLiveSeconds="1800"
    overflowToDisk="false">

<cacheEventListenerFactory
    class="net.sf.ehcache.distribution.jgroups.JGroupsCacheReplicatorFactory"
    properties="replicateAsynchronously=true,
        replicatePuts=true,
        replicateUpdates=true,
        replicateUpdatesViaCopy=true,
        replicateRemovals=true"/>
</cache>
```

Nesta configuração, nós ajustamos replicateAsynchronously para true, assegurando que as atualizações acontecerão assincronamente. Além disso, ajustamos replicateUpdatesViaCopy para true, assegurando que os valores de elementos em cache atualizados serão enviados diretamente para todos os outros nós do aglomerado. A maioria dos outros atributos devem ser bastante autoexplicativos.

USANDO UM SERVIDOR DE CACHE EXTERNO

Uma outra solução que limita o potencial para questões de coerência é usar-se um servidor isolado de cache. Memcached, um popular sistema de cache de objeto em memória de código aberto, usa uma estratégia similar.

O Ehcache oferece uma implementação de Cache Server, que é um servidor de cache autocontido que roda em sua própria JVM. Como o Cache Server não é atado a nenhum nó em particular, no aglomerado da aplicação, não há muito risco de conflitos de versão entre caches (uma vez que só há um único cache externo). Se se estiver preocupado com o servidor de cache ser um único ponto de falha, pode-se distribuí-lo numa configuração aglomerada.

O uso de um servidor de cache externo pode reduzir o potencial para inconsistências nos dados em cache. Contudo, deve-se pesar isto em comparação com o impacto da sobrecarga na rede, em que se incorre pelo fato de que todas as chamadas ao servidor de cache deverão ser feitas pela rede (em vez de no processo). Mais uma vez, nós recomendamos que se experimentem as várias opções de cache, e selecione-se a solução que seja mais ideal para as exigências da aplicação.

Resumo

Neste capítulo, nós examinamos várias estratégias para avaliação e melhoramento do desempenho da aplicação. Uma das armadilhas mais comuns para os desenvolvedores é a questão dos N+1 selects. Este problema tipicamente brota de uma falha em se afinar apropriadamente a configuração de mapeamento de um objeto de domínio, ou as consultas na camada de DAO. O entendimento de como este problema pode surgir, bem como de que forma detectá-lo, é importante para se assegurar um decente desempenho de ORM. Embora a afinação realmente dependa das necessidades únicas de uma aplicação, frequentemente a melhor solução é considerar-se quais dados precisam ser disponibilizados nas camadas de serviço, do controlador ou da visualização, e otimizar as consultas para carregar esses dados tão eficientemente quanto possível. Viu-se que o uso de uma junção de busca é frequentemente uma abordagem eficaz para a inicialização de uma associação, sem se exigir múltiplas consultas. Basear-se na capacidade de loteamento do Hibernate também pode ser uma estratégia decente, embora ela nem sempre seja tão eficaz.

Outra técnica para melhoramento do desempenho é explorar-se as capacidades de cache do Hibernate. A afinação conveniente do cache pode fazer uma dramática diferença para o desempenho da aplicação. Entretanto, o uso de cache também pode degradar o desempenho, se ele não for feito corretamente. Por exemplo, usar-se cache muito agressivamente pode disparar exceções `OutOfMemoryException`. O entendimento das diferentes opções de configuração do uso de cache no Hibernate ajudará a se selecionar o comportamento apropriado. Também é importante experimentar-se diferentes ajustes de TTL.

O Hibernate oferece várias camadas diferentes de cache. O cache de primeiro nível tem escopo no `EntityManager`, mas raramente exige muita afinação. O cache de segundo nível oferece a habilidade de reserva de objetos de domínio, coleções e consultas em cache, cada um desses tipos de cache é gerenciado e reservado separadamente. Objetos de domínio são chaveados por seus identificadores, e os valores de todas as propriedades de um objeto são persistidas no cache. Associações e consultas, porém, persistem apenas coleções de identificadores. Estes identificadores são referências cruzadas para o cache da entidade, para o carregamento dos dados reais do objeto de domínio.

Algumas implementações de cache, como a Ehcache, são aglomeráveis, permitindo que as atualizações ao cache sejam persistidas nos outros nós no aglomerado. Entretanto, sem uma maneira de se manter os caches dos outros nós no aglomerado em sincronismo, há o potencial para problemas significativos, causados por conflitos de versão ou dados caducos. Por exemplo, é possível que uma importante atualização aplicada à base de dados seja inadvertidamente desfeita. Isto pode acontecer quando o cache de um nó não é notificado da atualização inicial na base de dados. Assim, quando um usuário diferente tentar realizar uma operação de escrita na mesma entidade, o usuário estará aplicando suas atualizações sobre dados caducos, o que efetivamente desfará a atualização inicial, quando o segundo processo (caduco) for aplicado.

Quando distribuindo-se uma aplicação aglomerada, é importante usar-se um cache aglomerável ou um servidor de cache centralizado que todos os nós no aglomerado possam compartilhar. O Ehcache oferece um produto servidor isolado, chamado Cache Server. Além disso, o Ehcache oferece várias opções de configuração para afinação de suas funcionalidades aglomeráveis. É importante experimentar-se os vários ajustes para se determinar as opções mais convenientes para as exigências da aplicação.

No próximo capítulo, nós continuaremos a investigar estratégias avançadas para o oferecimento de funcionalidades especializadas para a camada de persistência, melhoramento do desempenho e utilização de melhores práticas.

CAPÍTULO 10

■■■
Estruturas de integração

Raro será o caso em que uma aplicação exija apenas o Spring e o Hibernate. Dependendo da situação, provavelmente se precisará integrar múltiplas estruturas para se alcançar as necessidades da aplicação. Às vezes, esses detalhes de integração serão uma questão trivial. Outras vezes, a integração com outra estrutura pode apresentar seu próprio conjunto único de desafios.

Duas necessidades muito comuns encaradas por engenheiros, hoje, são a implementação de busca de texto livre e a exposição de APIs baseadas em web. Neste capítulo, nós mostraremos como se pode explorar várias estruturas para se atingir esses objetivos. Para se expor uma API para nossa aplicação de galeria de arte, nós tiraremos vantagem dos melhoramentos de serviços web RESTful adicionados ao Spring 3.0, bem como do Dozer, do suporte de mapeamento Objeto/XML do Spring, de do padrão de Objeto de Transferência de Dados para a transformação (marshaling) de dados. Para implementar a busca por texto livre, nós exploraremos o Hibernate Search, um subprojeto do Hibernate que oferece uma forma transparente para integração do Lucene numa aplicação baseada no Hibernate.

Serviços web RESTful com o Spring

Hoje em dia, as necessidades das aplicações web se tornaram crescentemente complexas. À medida que o poder de processamento e a largura de banda aumentam, as expectativas dos usuário crescem juntas, levando a arquiteturas mais complexas e a funcionalidades mais responsivas e interativas. Páginas web em HTML dirigidas por gabaritos, impulsionadas por controladores e JSPs raramente ainda são adequadas. Ao invés, as típicas aplicações atuais exigem trocas de mensagens assíncronas entre o cliente e o servidor – frequentemente explorando Ajax ou Flash. Este desvio do puro processamento no lado servidor significa que a execução da interface de usuário é só uma parte da batalha. Uma grande proporção do trabalho, em muitas das aplicações ricas de Internet (RIAs) atuais, frequentemente giram em torno da comunicação com um serviço web ou com a serialização de dados como parte de uma estratégia de uso remoto.

REST, que é a sigla em inglês para Transferência Representacional de Estado, tornou-se cada vez mais popular para a implementação de serviços web. O REST é melhor descrito como um estilo arquitetural, em vez de um protocolo ou padrão. O REST explora o HTTP para prover uma abordagem consistente, orientada por recursos, para representação de dados. Ao contrário do estilo de comunicação por chamada a procedimento remoto (RPC), em que a metáfora é mais inclinada a uma chamada a método, o REST foca na representação de um recurso em particular, que é tipicamente incorporado como um URL. As APIs de RESTful exploram muitas das funcionalidades próprias da Web, tais como as estratégias de autenticação baseada em HTTP, do uso de cache, e do uso de proxy.

> ■ **Nota** Roy Fielding cunhou, originalmente, o termo REST em 2000, como parte de sua dissertação de doutorado. Fielding foi um dos autores primários da especificação do HTTP, e o REST foi definido em paralelo à especificação do HTTP 1.1.

Substantivos, verbos e tipos de conteúdo

As APIs de RESTful são normalmente expressas em termos de substantivos, verbos e tipos de conteúdo:

- *Substantivos* são os nomes dos recursos. Esses nomes são normalmente expressos como URLs;
- *Verbos* são as operações que podem ser realizadas num recurso. Os verbos são os mesmos que são comuns ao HTTP: GET, POST, PUT, e DELETE;
- Representações de *Tipo de conteúdo* se referem ao formato dos dados usado para possibilitar a comunicação máquina a máquina. Representações populares são o XML, o JSON, o HTML, dados binários, tais como imagens, ou mesmo ontologias em RDF.

Substantivos, verbos e representações podem ser vistos como delineados na figura 10-1.

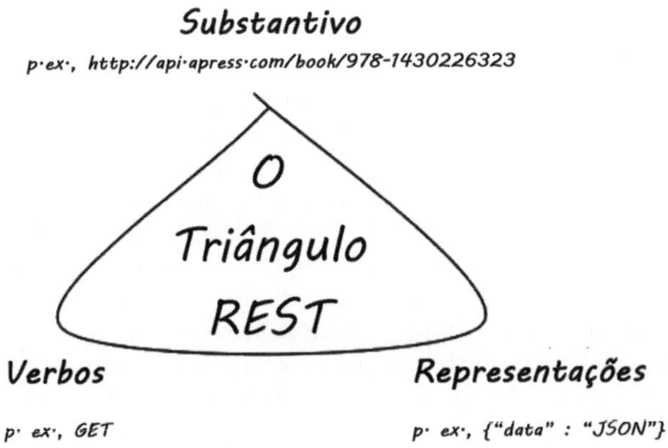

Substantivo
p·ex·, http://api·apress·com/book/978-1430226323

O Triângulo REST

Verbos
p· ex·, GET

Representações
p· ex·, {"data" : "JSON"}

Figura 10-1. Uma vista RESTafari dos substantivos, verbos e representações de tipo de conteúdo

Para ilustrar ainda mais o relacionamento entre substantivos, verbos e representações de tipo de conteúdo, vamos supor que a Apress tenha uma API que seja usada para gerenciamento de seus livros. Para criarmos este livro, nós podemos emitir um POST do HTTP para um URL como http://api.apress.com/book/. O corpo desse POST, bem como o formato dos dados retornados, fica completamente a cargo do projetista da API. O REST não prescreve nenhum formato de dados em particular, de forma que os projetistas de APIs devem fazer a escolha certa para seu caso. A API pode aceitar XML, JSON, ou qualquer número de formatos de dados que possam ser transmitidos por HTTP. A API da Apress pode até suportar múltiplas representações dos dados, permitindo que os consumidores da API emitam requisições a um único URL de recurso, como XML ou JSON. Tipicamente se trata esta negociação de conteúdo pela especificação de um cabeçalho `content-type` (por exemplo, `json/text`).

Uma API bem projetada pode, também, permitir que se indique qual a representação de dados se espera receber de volta, pelo fornecimento de um cabeçalho `Accept`. Aderindo-se à semântica do HTTP, a adição com sucesso de nosso livro retornaria o código de status do HTTP 201, created. A API provavelmente ofereceria, também, um link para o recurso que representa a entidade recém-criada, por seu nome, `http://api.apress.com/book/prospringhibernate`, ou, talvez ainda melhor, pelo número ISBN-13, `http://api.apress.com/book/978-1430226323`.

Com um recurso definido, um serviço web RESTful pode usar os verbos oferecidos pelo HTTP para acessar ou manipular os dados que esses recursos representam. Por exemplo, se se quisesse recuperar a representação atual de nosso livro, se emitiria um `GET` do HTTP para o recurso `http://api.apress.com/book/978-1430226323`, especificando-se um cabeçalho `content-type` como `json/text`. A resposta JSON poderia se parecer com isto:

```
{
  "book" : {
    "ISBN-13" : "978-1430226321",
    "title" : "Code Generation in Action",
    "authors" : {
      "author" : [ {
        "first" : "Paul", "last" : "Fisher"
      }, {
        "first" : "Brian", "last" : "Murphy"
      }
    ] },
    "publisher" : "Apress"
  }
}
```

Similarmente, se se quisesse atualizar as propriedades deste recurso (para atualizar algum conteúdo relacionado com este livro), se emitiria uma requisição `PUT` do HTTP, destinada ao URL `http://api.apress.com/book/978-1430226323`, passando-se o estado atualizado do recurso.

Aqui, nós focaremos nas funcionalidades oferecidas pelo Spring que simplificam o desenvolvimento de APIs de RESTful. Antes de podermos trabalhar nossa implementação do Spring, porém, nós precisamos estabelecer uma estratégia de serialização. Para transmitirmos um rico modelo de domínio pela rede, nós precisamos poder achatar nosso grafo de objeto para que ele possa ser serializado e representado como XML ou JSON.

Serializando o grafo do objeto

A despeito da simplicidade inerente às arquiteturas RESTful, um desafio permanece na maneira como o modelo de domínio será serializado no formato que o serviço web escolha prover. Por exemplo, se se optar por representar os dados como XML, há numerosas estruturas e técnicas para conversão de um modelo de domínio orientado por objetos para XML. Não importa para o que se escolha transformar o objeto de domínio, provavelmente se incorrerá no problema da serialização demasiada do grafo do objeto. Este é um efeito colateral de um outro tipo de incoerência de impedância entre o campo orientado por objetos do Java e o campo plano, baseado em texto, do XML e do JSON.

No capítulo 9, aprendeu-se os benefícios e desvantagens do carregamento folgado. Quando o assunto é a transformação de dados, o carregamento folgado pode surgir novamente, se não se for cuidados e se tentar transformar as entidades do domínio depois que o `EntityManager` já tiver sido fechado. Contudo, mesmo que o `EntityManager` permaneça aberto, fica-se inclinado a inicializar o grafo do objeto enquanto o processo de transformação tenta serializar os dados para o formato de carga especificado.

Infelizmente, este é um problema difícil de se resolver. Uma solução é conectar uma estrutura especializada, projetada para evitar que a `LazyInitializationException` apareça, ou que dados em excesso sejam inadvertidamente transformados. Tal solução é a estrutura chamada Gilead. O Gilead tenta clonar as entidades do domínio numa nova instância, em que representantes do Hibernate tenham sido eliminados. Isto evita o potencial para ocorrências de `LazyInitializationException`, bem como a probabilidade de se carregar todo o grafo de objetos, o que causa séria sobrecarga na base de dados e implicações no desempenho.

O problema com a "anulação" de todas as associações de uma entidade, de forma que ela possa ser serializada num formato mais compacto e eficiente é que se esses dados forem lidos de volta na aplicação e reanexados a um `EntityManager`, essas associações anuladas farão com que o Hibernate remova dados importantes, tais como a eliminação de coleções numa determinada entidade. O Gilead oferece várias estratégias para o que ele chama de *processo de combinação*, em que os dados retornados para a aplicação do Hibernate são remontados de volta na estrutura original. Uma solução tenta manter esses detalhes na `HttpSession`, o que exige o mínimo de intrusão no código da aplicação, mas pode, também, trazer problemas com desempenho e escalabilidade. Outra estratégia requer que o modelo de domínio estenda uma classe base oferecida pelo Gilead. O Gilead, então, usa esta classe base como meio de ocultar a informação necessária para se combinar os dados leves transformados de volta na aplicação do Hibernate. Pode-se aprender mais sobre o Gilead em `http://noon.gilead.free.fr/gilead/`.

Usando o temido padrão DTO

O padrão Objeto de Transferência de Dados (DTO) é considerado por muitos como uma "má ideia". Isso se deve ao fato de ele ter o potencial de adicionar significativa redundância e complexidade ao código, levando a mais elevado potencial para erros e sobrecarga de manutenção, ao longo do tempo. No entanto, há momentos em que o padrão DTO pode servir como solução viável, e a lida com a transformação do modelo de domínio é questionavelmente um desses.

O padrão DTO tipicamente exige a criação de classes especializadas destinadas unicamente à transferência de dados dos objetos do domínio. Normalmente, cria-se uma estrutura de pacote separada para ajudar a evitar confusão. As classes DTO provavelmente serão menores e mais compactas que os objetos do domínio, frequentemente substituindo referências a objetos por um identificador simples, e possivelmente removendo as associações. Obviamente, as especificidades da camada DTO depende das necessidades únicas da aplicação. Contudo, como as classes DTO não têm dependências do Hibernate, são mais compactas e têm muito menos potencial para referências circulares, elas podem ajudar a simplificar o esforço exigido por uma estratégia de transformação.

A preocupação primária que surge, quando do uso de DTOs, é que é necessário escrever-se um bocado de código personalizado para traduzir de uma hierarquia de classes para outra (do modelo do domínio para os DTOs e de volta). Não só este esforço de tradução exige muito tempo de desenvolvimento direto, como também pode levar a erros, especialmente se as classes de domínio forem alteradas mas o código de tradução dos DTOs não for atualizado em conformidade.

Uma solução para este problema é o Dozer. O Dozer é um tipo diferente de mapeamento. Diferentemente do Hibernate, o Dozer não tenta mapear classes Java para uma base de dados relacionais. O Dozer mapeia classes Java para outras classes Java, e foi projetado especialmente para as exigências de tradução do modelo de domínio para o DTO.

A principal vantagem de uma estrutura como o Dozer é que ela alivia os complexos detalhes de implementação da conversão de uma classe para outra. O Dozer é capaz de fazer algumas determinações inteligentes com relação à maneira como duas classes se relacionam. Por exemplo, se duas classes que têm por objetivo ser mapeadas uma para a outra compartilham propriedades de mesmo nome, o Dozer tentará automaticamente mapear essas propriedades, a menos que se lhe diga o contrário. O Dozer também é capaz de tratar da conversão entre tipos, de forma que mesmo que propriedades mapeadas não sejam do mesmo tipo, ele tentará converter de um tipo para o outro usando um de seus conversores embutidos. Também é possível criar-se conversores próprios, se não se puder encontrar nenhum conveniente. Porém, o Dozer suporta comportamento de mapeamento aninhado, de forma que se se definir o comportamento de mapeamento entre duas classes, essas regras serão aplicadas em qualquer nível da conversão. Em outras palavras, mesmo que se esteja tentando mapear duas classes diferentes de alto nível, o Dozer aplicará as regras de mapeamento para quaisquer outras classes definidas conforme necessário. Isso também é válido até para propriedades e coleções aninhadas. Quando o Dozer é confrontado com um cenário mapeável, ele aplicará essas regras automaticamente. Esses detalhes são muito mais claros quando do exame de alguns exemplos. Então, vamos começar a integrar o Dozer em nossa aplicação de galeria de arte.

Inicializando o Dozer

Para começarmos a usar o Dozer, nós primeiro precisamos adicionar as necessárias dependências ao nosso arquivo `pom.xml` do Maven:

```xml
<!--Dozer -->
<dependency>
  <groupId>net.sf.dozer</groupId>
  <artifactId>dozer</artifactId>
  <version>5.2.2</version>
</dependency>
```

188 ■ Persistência no Spring com o Hibernate

Isto fornecerá todos os JARs necessários para a integração do Dozer. Depois que este fragmento for adicionado ao pom.xml, provavelmente se precisará rodar mvn install para baixar as dependências necessárias para o repositório local do Maven.

Construindo a camada DTO

Antes de passarmos adiante, precisamos definir nossas classes de DTO. Tipicamente, os DTOs são similares a suas classes de domínio correspondentes, mas são mais simples, em natureza. Pela remoção de associações bidirecionais, de referências circulares, e de propriedades desnecessárias, uma classe de DTO pode reduzir a complexidade numa estratégia de transformação (marshaling) ou numa implementação de uso remoto.

Vamos definir nossa classe ArtEntityDTO:

```
package com.prospringhibernate.gallery.dto;

import java.net.URL;
import java.util.Date;
import java.util.HashSet;
import java.util.Set;
import javax.xml.bind.annotation.XmlElement;
import javax.xml.bind.annotation.XmlRootElement;

@XmlRootElement(name = "artEntity")
public class ArtEntityDTO {

  private Long id;
  private String title;
  private String subTitle;
  private Date uploadedDate;
  private String displayDate;
  private Integer width;
  private Integer height;
  private String media;
  private String description;
  private String caption;
  private String galleryURL;
  private String storageURL;
  private String thumbnailURL;
  private Boolean isGeneralViewable;
  private Boolean isPrivilegeViewable;
  private Set<CommentDTO> comments = new HashSet<CommentDTO>();

  public Long getId() {
    return id;
  }
```

```java
public void setId(Long id) {
  this.id = id;
}

public String getTitle() {
  return title;
}

public void setTitle(String title) {
  this.title = title;
}

public String getSubTitle() {
  return subTitle;
}

public void setSubTitle(String subTitle) {
  this.subTitle = subTitle;
}

public Date getUploadedDate() {
  return uploadedDate;
}

public void setUploadedDate(Date uploadedDate) {
  this.uploadedDate = uploadedDate;
}

public String getDisplayDate() {
  return displayDate;
}

public void setDisplayDate(String displayDate) {
  this.displayDate = displayDate;
}

public Integer getWidth() {
  return width;
}

public void setWidth(Integer width) {
  this.width = width;
}

public Integer getHeight() {
```

```
    return height;
}

public void setHeight(Integer height) {
  this.height = height;
}

public String getMedia() {
  return media;
}

public void setMedia(String media) {
  this.media = media;
}

public String getDescription() {
  return description;
}

public void setDescription(String description) {
  this.description = description;
}

public String getCaption() {
  return caption;
}

public void setCaption(String caption) {
  this.caption = caption;
}

public String getGalleryURL() {
  return galleryURL;
}

public void setGalleryURL(String galleryURL) {
  this.galleryURL = galleryURL;
}

public String getStorageURL() {
  return storageURL;
}

public void setStorageURL(String storageURL) {
  this.storageURL = storageURL;
```

```java
    }

    public String getThumbnailURL() {
        return thumbnailURL;
    }

    public void setThumbnailURL(String thumbnailURL) {
        this.thumbnailURL = thumbnailURL;
    }

    public Boolean getGeneralViewable() {
        return isGeneralViewable;
    }

    public void setGeneralViewable(Boolean generalViewable) {
        isGeneralViewable = generalViewable;
    }

    public Boolean getPrivilegeViewable() {
        return isPrivilegeViewable;
    }

    public void setPrivilegeViewable(Boolean privilegeViewable) {
        isPrivilegeViewable = privilegeViewable;
    }

    public Set<CommentDTO> getComments() {
        return comments;
    }

    public void setComments(Set<CommentDTO> comments) {
        this.comments = comments;
    }
}
```

À primeira vista, a `ArtEntityDTO` parece muito similar à classe de domínio `ArtEntity`. Numa inspeção mais de perto, entretanto, nota-se que nós removemos algumas referências. Nós não mais temos dependência de quaisquer das classes na hierarquia de `ArtData`. Ao invés, nós substituímos referências a uma subclasse particular `ArtData` por uma `String` que conterá um URL para a imagem relevante (em vez de uma classe empacotadora que contenha metadados da imagem e os próprios dados binários da imagem).

A `ArtEntityDTO` também omite a associação de muitos-para-muitos pata a classe de domínio `Category`. Isto significa que nós não seremos capazes de acessar diretamente as categorias associadas de uma instância em particular de `ArtEntity`. Em nossa aplicação, esta não é uma exigência crítica. Nós seremos capazes de acessar as instâncias de `ArtEntity` associadas a uma determinada `Category` pelo acesso direto a uma instância de `Category` e navegando até suas instâncias filhas de `ArtEntity`.

Note-se que nossa `ArtEntityDTO` ainda inclui uma propriedade `comments`. Esta propriedade é representada por um `java.util.Set`, mas em vez de conter instâncias da classe de domínio `Comment`, ela guarda instâncias de `CommentDTO`. Nós ainda não definimos nossa classe `CommentDTO`, mas, tal como a `ArtEntityDTO`, esta classe servirá como representação simplificada de uma entidade `Comment`.

Um detalhe adicional que nós adicionamos à `ArtEntityDTO` é a anotação @`XmlRootElement(name = "artEntity")`. Um caso de uso para uma classe de DTO é a simplificação do processo de transformação para XML ou JSON. @`XMLRootElement` é uma anotação da Arquitetura Java para Ligação com XML (JAXB) – um padrão para transformação de objeto para XML. Posteriormente, neste capítulo, nós exploraremos a JAXB para execução de uma representação em XML de nossa classes de domínio, como parte de um serviço web REST.

Embora as diferenças entre a classe de domínio `ArtEntity` e a `ArtEntityDTO` não sejam significativas, as discrepâncias são suficientemente intricadas para exigirem uma estratégia de mapeamento bastante complexa. Por exemplo, considere-se o que seria necessário para se mapear uma coleção de instâncias de `Comment` para uma coleção de instâncias de `CommentDTO`. Por sorte, o Dozer é capaz de tratar da tarefa de mapeamento e conversão entre essas classes sem exigir muito trabalho.

Em seguida, vamos dar uma olhada na classe `CommentDTO`:

```java
@XmlRootElement(name = "comment")
public class CommentDTO {

    private Long id;
    private String comment;
    private Date commentDate;
    private String firstName;
    private String lastName;
    private String emailAddress;
    private String telephone;

    public Long getId() {
        return id;
    }

    public void setId(Long id) {
        this.id = id;
    }

    public String getComment() {
        return comment;
    }
```

```java
    public void setComment(String comment) {
      this.comment = comment;
    }

    public Date getCommentDate() {
      return commentDate;
    }

    public void setCommentDate(Date commentDate) {
      this.commentDate = commentDate;
    }

    public String getFirstName() {
      return firstName;
    }

    public void setFirstName(String firstName) {
      this.firstName = firstName;
    }

    public String getLastName() {
      return lastName;
    }

    public void setLastName(String lastName) {
      this.lastName = lastName;
    }

    public String getEmailAddress() {
      return emailAddress;
    }

    public void setEmailAddress(String emailAddress) {
      this.emailAddress = emailAddress;
    }

    public String getTelephone() {
      return telephone;
    }

    public void setTelephone(String telephone) {
      this.telephone = telephone;
    }

}
```

As diferenças entre a classe de domínio Comment e a classe CommentDTO são bastante triviais. Nós removemos a propriedade commentedArt, que criaria uma referência circular entre a ArtEntityDTO e a CommentDTO (desde que modifiquemos o tipo da propriedade de ArtEntity para ArtEntityDTO).

Configurando o Dozer com o Spring

Agora que definimos nossas classes de DTO, vamos criar a configuração de mapeamento que instrui o Dozer sobre como mapear uma classe na outra. O Dozer oferece uma abstração DozerBeanMapperFactoryBean para o Spring, que é um bean produtor que ajudará a criar o mapeador do Dozer. O mapeador do Dozer se baseia num arquivo de configuração em XML para saber das regras que definem como as propriedades de uma classe são mapeadas nas propriedades de outra.

Primeiro, vamos adicionar a configuração apropriada ao nosso arquivo spring-master.xml:

```
<bean class="org.dozer.spring.DozerBeanMapperFactoryBean">
    <property name="mappingFiles" value="classpath*:/dozer-mapping.xml"/>
</bean>
```

Este bean é realmente bastante flexível, e suporta propriedades adicionais para definição de conversores personalizados, escutadores de eventos, e outros pontos de extensão do Dozer. Pode-se aprender mais sobre as capacidades do DozerBeanMapperFactoryBean no website do Dozer.

Na configuração precedente, nós especificamos que os arquivos de mapeamento do Dozer devem ficar no classpath, sob o nome dozer-mapping.xml. Este arquivo XML define o comportamento omissivo do Dozer, bem como as regras para mapeamento entre uma classe e outra. Vamos dar uma olhada em nossa configuração de mapeamento do Dozer:

```
<?xml version="1.0" encoding="UTF-8"?>
<mappings xmlns="http://dozer.sourceforge.net"
    xmlns:xsi="http://www.w3.org/2001/XMLSchema-instance"
    xsi:schemaLocation="http://dozer.sourceforge.net
        http://dozer.sourceforge.net/schema/beanmapping.xsd">

    <configuration>
        <stop-on-errors>true</stop-on-errors>
        <date-format>MM/dd/yyyy HH:mm</date-format>
        <wildcard>true</wildcard>
    </configuration>

    <mapping>
        <class-a>com.prospringhibernate.gallery.domain.ArtEntity</class-a>
        <class-b>com.prospringhibernate.gallery.dto.ArtEntityDTO</class-b>
```

```
    <field>
      <a>galleryPicture.url</a>
      <b>galleryURL</b>
    </field>
    <field>
      <a>storagePicture.url</a>
      <b>storageURL</b>
    </field>
    <field>
      <a>thumbnailPicture.url</a>
      <b>thumbnailURL</b>
    </field>
  </mapping>

  <mapping>
    <class-a>com.prospringhibernate.gallery.domain.Category</class-a>
    <class-b>com.prospringhibernate.gallery.dto.CategoryDTO</class-b>
  </mapping>

  <mapping>
    <class-a>com.prospringhibernate.gallery.domain.Comment</class-a>
    <class-b>com.prospringhibernate.gallery.dto.CommentDTO</class-b>
  </mapping>

  <mapping>
    <class-a>com.prospringhibernate.gallery.domain.Exhibition</class-a>
    <class-b>com.prospringhibernate.gallery.dto.ExhibitionDTO</class-b>
  </mapping>

</mappings>
```

Vamos passar pelos componentes importantes desta configuração. Primeiro, há um bloco de configuração no topo do arquivo. Esta seção especifica o comportamento global omissivo de mapeamento para o Dozer.

Nós definimos um formato de data omissivo e também ajustamos o comportamento de `wildcard` para `true`. O comportamento de `wildcard` determina se o Dozer tentará automaticamente mapear todas as propriedades óbvias por omissão. Por exemplo, se `wildcard` estiver ajustada para `true` e ambas as classes mapeadas compartilharem propriedades de mesmo nome, o Dozer tentará mapear essas propriedades automaticamente. Esta funcionalidade pode ser sobreposta por regras de mapeamento específico. Se `wildcard` for deixada ativa, ainda se poderá evitar que certas propriedades sejam mapeadas, pelo uso do elemento `field-exclude`. Por exemplo, se quisermos evitar que nossa propriedade `subTitle` seja mapeada, poderemos adicionar o seguinte fragmento à configuração de mapeamento de `ArtEntity`:

```xml
<field-exclude>
  <a>subTitle</a>
  <b>subTitle</b>
</field-exclude>
```

A configuração de mapeamento para um par de classes é bem direto. Cada definição de mapeamento é encapsulada num bloco de mapeamento em XML. Em cada bloco, nós incluímos um elemento `class-a` e outro `class-b`, especificando as respectivas classes a serem mapeadas. Embora a configuração seja sequencial por natureza, tenha-se em mente que o Dozer é bidirecional por omissão. Isto significa que as regras que definem como nós mapeamos de uma classe `ArtEntity` para uma `ArtEntityDTO` também podem ser aplicadas ao contrário, para mapear de uma classe de DTO para uma classe de domínio. Pode-se exigir que as regras de mapeamento sejam aplicadas numa única direção, pela adição do atributo `type="one-way"` ao elemento do mapeamento.

No caso de nosso mapeamento de `ArtEntity` para `ArtEntityDTO`, a maioria dos detalhes será implícita, uma vez que os nomes de propriedades são bastante consistentes entre as duas classes. Embora a propriedade de coleção `comments` na `ArtEntityDTO` contenha elementos de um tipo diferente, o Dozer automaticamente converterá cada elemento `Comment` na coleção `ArtEntity.comments` para uma instância de `CommentDTO`, pela aplicação das regras de mapeamento especificadas.

A única exceção que precisamos definir explicitamente em nossas regras de mapeamento de `ArtEntity` é a conversão entre as três referências de `ArtData` em propriedades `String`. Neste exemplo, os nomes das propriedades não estão em sincronismo entre as duas classes, então precisamos definir um elemento field para cada referência `ArtData`. Note-se que não só estamos mapeando propriedades com nomes diferentes, mas também estamos extraindo o valor de uma subpropriedade e usando este valor para a propriedade DTO convertida. Por exemplo, na definição da regra de mapeamento para conversão da propriedade `ArtEntity.galleryPicture`, do tipo `ArtData_Gallery`, para a propriedade `ArtEntityDTO.galleryURL`, nós tentamos extrair a propriedade `url` da propriedade `galleryPicture` para usar como valor para a `galleryURL`. Isto é feito pela especificação de uma expressão aninhada na configuração do Dozer:

```xml
<field>
  <a>galleryPicture.url</a>
  <b>galleryURL</b>
</field>
```

O valor do elemento a especifica uma propriedade aninhada, e o valor do elemento b simplesmente define diretamente a propriedade. O Dozer é muito flexível com relação a isso, e suporta propriedades aninhadas, além de propriedades indexadas, quando do uso de coleções ou matrizes.

Fazendo o mapeamento acontecer

Com os detalhes de configuração de fora do caminho, vamos tentar fazer alguns mapeamentos! A maneira mais fácil de se verificarse tudo está funcionando convenientemente é começar com um teste. Como discutido no capítulo 8, vamos criar um teste de integração. Na realidade, seria bastante trivial definirmos um teste de unidade, já que nossas dependências são muito mínimas. Mas como nós especificamos algumas de nossas configurações do Dozer usando a configuração do Spring, é um pouco mais fácil deixar que o Spring cuide dos detalhes.

Eis um teste simples que ajudará a assertar se nosso processo de mapeamento pelo Dozer está funcionando como deveria:

```
@RunWith(SpringJUnit4ClassRunner.class)
@ContextConfiguration(locations = {"classpath:/META-INF/spring/spring-
-master.xml"})
public class DozerMappingTest {

  private Mapper dozerMapper;
  private ArtEntity artEntity;

  public Mapper getDozerMapper() {
    return dozerMapper;
  }

  @Autowired
  public void setDozerMapper(Mapper dozerMapper) {
    this.dozerMapper = dozerMapper;
  }

  @Before
  public void preMethodSetup() {

    Comment comment = new Comment();
    comment.setComment("This is a test comment. What a cool picture!");
    comment.setCommentDate(new Date());
    comment.setEmailAddress("test@prospringhibernate.com");
    comment.setFirstName("John");
    comment.setLastName("Doe");
    comment.setTelephone("212-555-1212");

    ArtData_Thumbnail thumbnail = new ArtData_Thumbnail();
    thumbnail.setId(1L);

    artEntity = new ArtEntity();
    artEntity.setCaption("caption test");
    artEntity.addCommentToArt(comment);
```

```
artEntity.setDescription("A very cool picture of trees.");
artEntity.setDisplayDate("October 10th");
artEntity.setHeight(500);
artEntity.setWidth(300);
artEntity.setSubTitle("This is a subtitle for a picture");
artEntity.setTitle("This is a title of a picture");
artEntity.setThumbnailPicture(thumbnail);
  }

@Test
public void testMappingArtEntity() {
   ArtEntityDTO artEntityDTO = this.getDozerMapper().map(artEntity,
          ArtEntityDTO.class);
   Assert.assertEquals(artEntity.getTitle(), artEntityDTO.getTitle());
   Assert.assertTrue(artEntityDTO.getComments().size() > 0);
   Assert.assertTrue("artData_thumbnail should be a string value",
       artEntityDTO.getThumbnailURL().length() > 0);
  }

}
```

Deve-se reconhecer muito dos detalhes repetitivos dos exemplos de teste anteriores. Note-se que nós especificamos nosso arquivo de configuração de alto nível do Spring usando a anotação @ContextConfiguration. A maior parte do código, nesta classe, está incluída no método preMethodSetup(), que é anotado com a anotação @Before para assegurar que ele será chamado antes de nosso método de teste (que está anotado com @Test). Em preMethodSetup(), nós instanciamos uma classe de domínio ArtEntity, ajustando propriedades básicas e associações. Depois que tivermos configurado nossas instâncias de ArtEntity, o método testMappingArtEntity() será chamado, o qual contém o código para nosso teste real. Neste método, nós chamamos o método map de nossa instância de Mapper, que foi injetada pelo Spring, através da autoconexão, na propriedade privada dozerMapper. O mapeador do Dozer faz todo o trabalho pesado para nós. Nós passamos a instância artEntity, que foi configurada no passo anterior, juntamente com o tipo da classe para o qual queremos mapear a instância, e o Dozer converte nossa classe ArtEntity numa ArtEntityDTO.

Para assegurar que tudo se deu conforme planejado, nós assertamos algumas propriedades na instância de ArtEntityDTO mapeada, verificando se os valores corretos estão presentes. Embora o processo de mapeamento seja extremamente simples, há um bocado de coisa acontecendo nos bastidores. Agora, temos uma abordagem eficiente e confiável para conversão de classes de domínio do Hibernate em classes de DTO mais simples.

Explorando o suporte a REST do Spring 3

O Spring 3 oferece numerosas melhorias ao desenvolvimento de MVC. Quando o Spring apareceu pela primeira vez em cena, foi elogiado por sua elegante abordagem do MVC dirigido por interface. As coisas melhoraram significativamente, desde então, ajudando a reduzir o esforço de configuração e simplificar o de desenvolvimento.

Ao tirar vantagem de anotações, o Spring agora oferece uma abordagem muito mais intuitiva para a implementação de controladores. Não mais é necessário extrair-se explicitamente os parâmetros e outros detalhes de requisições. Além disso, os controladores são muito menos restritos. Tem-se mais flexibilidade na definição de assinaturas de métodos, sem necessidade de se obedecer a um contrato para tipos de parâmetros. Ao invés, o Spring permite que se mapeiem parâmetros de métodos para vários aspectos da requisição que chega, tais como parâmetros de consultas, atributos de sessão, e até seções do URL. Esta nova flexibilidade é impulsionada por anotações – uma solução compreensivelmente mais limpa e intuitiva. Vamos dar uma olhada num exemplo:

```
@Controller
public class ArtEntityRestController {

  @Autowired
  private ArtworkFacade artworkFacade;

  @Autowired
  private Mapper dozerMapper;

  public static final String JAXB_VIEW = "jaxbView";

  @RequestMapping(method=RequestMethod.GET,    value="/api/artEntities/{id}")
  public ModelAndView getArtEntity(@PathVariable Long id) {
    ArtEntity artEntity = this.artworkFacade.getArtEntity(id);
    ArtEntityDTO artEntityDTO = null;
    if (artEntity != null) {
      artEntityDTO = this.getDozerMapper().map(artEntity, ArtEntityDTO.class);
    }
    ModelAndView modelAndView = new ModelAndView(JAXB_VIEW);
    modelAndView.addObject("artEntity", artEntityDTO);
    return modelAndView;
  }

  @RequestMapping(method=RequestMethod.GET, value="/api/category/{category}/artEntities")
  @ResponseBody()
  public List<ArtEntity> getArtEntities(@PathVariable Long categoryId) {
```

```
    List<ArtEntity> artEntities = this.artworkFacade.getArtworkInCategor
y(categoryId);
    return artEntities;
 }

 public ArtworkFacade getArtworkFacade() {
    return artworkFacade;
 }

 public void setArtworkFacade(ArtworkFacade artworkFacade) {
    this.artworkFacade = artworkFacade;
 }

 public Mapper getDozerMapper() {
    return dozerMapper;
 }

 public void setDozerMapper(Mapper dozerMapper) {
    this.dozerMapper = dozerMapper;
 }

}
```

Neste exemplo, nós anotamos nossa classe com a anotação @Controller. Como se deve lembrar, @Controller é uma anotação de estereótipo que se estende de @Component. Tal como com @Service e @Repository, @Controller ajuda a indicar o propósito desta classe e pode ser automaticamente controlada pelo Spring através de sua capacidade de escaneamento de componentes.

Note-se, ainda, que nós autoconectamos nossa implementação de ArtworkFacade com o mapeador do Dozer. A verdadeira mágica acontece em cada um dos dois métodos definidos. Ambos os métodos estão anotados com @RequestMapping, que diz ao Spring as regras de mapeamento de URL para este método controlador. Em ambos os métodos, nós definimos o URL a que o controlador estará associado. Mais importante, entretanto, é o uso dos caracteres {}. porções do URL envolvidos por chaves podem ser referenciados no método, usando-se a anotação @PathVariable. Desta forma, nós extraímos implicitamente porções do URL a ser injetadas nos parâmetros do método.

Além da anotação @PathVariable, o Spring também oferece várias outras opções para extração de aspectos da requisição que chega, e para mapeamento desses valores para parâmetros de métodos. Por exemplo, parâmetros de consulta e atributos de sessão também podem ser mapeados para parâmetros, através da anotação apropriada. Verifique-se a documentação do Spring para aprender mais a respeito da implementação de controladores de MVC.

Transformando dados com o OXM do Spring

Um detalhe importante que não podemos deixar de fora é como estamos executando nossos DTOs como XML. Para que isso aconteça, nós estamos explorando o suporte ao Mapeamento Objeto/XML do Spring 3 (OXM). A abstração de OXM do Spring ajuda a desacoplar os detalhes de implementação de transformação da aplicação. Isso torna o código mais portátil e também simplifica a integração de múltiplas estratégias de transformação.

Vamos dar uma olhada na configuração de MVC do Spring impulsionando nosso serviço REST. A seguir, uma versão resumida de nosso arquivo spring-web-gallery.xml.

```
<beans xmlns="http://www.springframework.org/schema/beans"
    xmlns:xsi="http://www.w3.org/2001/XMLSchema-instance"
    xmlns:context="http://www.springframework.org/schema/context"
    xmlns:util="http://www.springframework.org/schema/util"
    xsi:schemaLocation="http://www.springframework.org/schema/beans
      http://www.springframework.org/schema/beans/spring-beans-3.0.xsd
      http://www.springframework.org/schema/context
      http://www.springframework.org/schema/context/spring-context-3.0.xsd
      http://www.springframework.org/schema/util
      http://www.springframework.org/schema/util/spring-util-3.0.xsd">

  <bean    class="org.springframework.web.servlet.view.ContentNegotiatingViewResolver">
    <property name="mediaTypes">
      <map>
        <entry key="xml" value="application/xml"/>
        <entry key="html" value="text/html"/>
      </map>
    </property>
    <property name="viewResolvers">
      <list>
        <bean    class="org.springframework.web.servlet.view.BeanNameViewResolver"/>
        <bean
    class="org.springframework.web.servlet.view.InternalResourceViewResolver">
          <property name="viewClass"
          value="org.springframework.web.servlet.view.JstlView"/>
          <property name="prefix">
            <value>/WEB-INF/JSP/</value>
          </property>
          <property name="suffix">
            <value>.jsp</value>
          </property>
```

```xml
            </bean>
          </list>
        </property>
    </bean>

    ...

    <context:component-scan base-package="com.prospringhibernate.gallery.restapi"/>

    <bean class="org.springframework.web.servlet.mvc.annotation.DefaultAnnotationHandlerMapping"/>
    <bean class="org.springframework.web.servlet.mvc.annotation.AnnotationMethodHandlerAdapter"/>

    <bean id="jaxbView" class="org.springframework.web.servlet.view.xml.MarshallingView">
        <constructor-arg ref="jaxbMarshaller"/>
    </bean>

    <!-- Transformador da JAXB2. Automagicamente transforma beans em xml -->
    <bean id="jaxbMarshaller" class="org.springframework.oxm.jaxb.Jaxb2Marshaller">
        <property name="classesToBeBound">
          <list>
            <value>com.prospringhibernate.gallery.dto.ArtEntityDTO</value>
            <value>com.prospringhibernate.gallery.dto.CategoryDTO</value>
            <value>com.prospringhibernate.gallery.dto.CommentDTO</value>
            <value>com.prospringhibernate.gallery.dto.ExhibitionDTO</value>
          </list>
        </property>
    </bean>
    ...

</beans>
```

Vamos percorrer passo a passo alguns dos componentes integrais. Primeiro, nós incluímos um `ContentNegotiatingViewResolver`. Este bean nos permite conectar múltiplos `ViewResolvers` (que impulsionam uma determinada estratégia de execução), especificando o `ViewResolver` que será usado no content-type da requisição. Há duas propriedades importantes neste bean: `mediaTypes` e `viewResolvers`. A propriedade `mediaTypes` configura o `contentTypes`. A propriedade `viewResolvers` especifica o `ViewResolver`. A ordem dos itens dentro das respectivas propriedades é chave, já que é assim que uma é associada à outra.

Nós também integramos o `component-scanning`, especificando o pacote de nossos controladores REST. Além disso, nós incluímos os beans necessários para realização do mapeamento de requisições através de anotações.

Por fim, nós especificamos um bean para nossa vista da JAXB, usando a classe `org.springframework.web.servlet.view.xml.MarshallingView` do Spring. Este bean exige um `marshaller` como argumento para o construtor, que nós injetamos usando uma referência ao bean `jaxbMarshaller` definido em seguida. O bean `jaxbMarshaller` também exige uma lista de classes a serem ligadas, para a qual nós passamos todas as nossas classes de DTO (que foram apropriadamente anotadas com anotações JAXB).

E isso é tudo! Nós recomendamos que se dê uma olhada no código fonte para se ter uma ideia mais clara de como o serviço REST e o suporte de OXM do Spring operam.

Tratando da concorrência

Um dos problemas em que podemos tipicamente incorrer, quando desenvolvendo um serviço web REST é o tratamento confiável de tentativas concorrentes de modificação de uma determinada entidade de domínio. No nosso exemplo anterior de REST, nós examinamos um cenário de HTTP GET, em que nosso serviço web só retornava representações estáticas de uma entidade (ou entidades) em particular de nossa base de dados. Quando lidando com operações HTTP PUT (o que tipicamente implica que um recurso deve ser atualizado), as coisas não são tão simples.

O tratamento apropriado de tentativas simultâneas de atualização de uma determinada entidade de domínio nem sempre é direto. Dependendo da abordagem usada, podem haver consequências em termos de riscos de escalabilidade, potencial para travamento da base de dados, e perda ou conflito de dados.

Bloqueio otimista

Para aplicações em que seja bastante remota a probabilidade de duas transações simultâneas deverem conflitar, o Hibernate e a JPA oferecem suporte ao Bloqueio Otimista. O Bloqueio Otimista não impõe nenhuma restrição ao acesso ou à escrita de dados. Ao invés, o campo de versão da entidade de domínio relevante é verificado antes da transação atual ser confirmada. Se o valor do campo de versão não corresponder ao valor da linha (que representa esta entidade de domínio em particular) na base de dados, isto implica que uma transação concorrente modificou a entidade de domínio.

Quando um campo de versão é adicionado a uma classe de domínio (pela anotação de um campo com `@Version`), o Hibernate automaticamente incrementará o valor deste campo numa determinada entidade de domínio, sempre que ela for atualizada. Podemos, então, explorar esta funcionalidade para ajudar a evitar que entidades que foram modificadas numa transação concorrente tenham seus estados revertidos. Em outras palavras, uma típica operação de atualização é melhorada com uma condição SQL para verificar o campo de versão, de forma que a atualização da propriedade `name` de uma entidade de domínio `ArtEntity` se torne:

```
UPDATE artentity SET name = 'foo', version = 8 where id = 4 and version = 7;
```

O Bloqueio Otimista é benéfico, no sentido de não impor nenhuma restrição significativa que possa limitar a escalabilidade, tal como travas na base de dados. Contudo, esta estratégia emitirá uma exceção se um erro de versão for detectado, o que significa que os desenvolvedores de aplicações devem tentar novamente a transação, enquanto tentam reconciliar os dados conflitantes.

Bloqueio Pessimista

Quando o potencial para modificações simultâneas é mais provável, pode-se querer considerar a exploração do Bloqueio Pessimista. O Bloqueio Pessimista usa bloqueios da base de dados, e, portanto, impõe maior risco à escalabilidade e a travamentos da base de dados. A principal vantagem do Bloqueio Pessimista é que ele limita o acesso ou a modificação concorrente de entidades de domínio, o que pode ajudar a manter a consistência dos dados sem complicar o código da aplicação. Tenha-se em mente, porém, que por quanto mais tempo um bloqueio pessimista for mantido, maior será o impacto na escalabilidade.

Bloquear uma entidade é relativamente simples, na JPA 2.0. Pode-se adquirir um bloqueio pessimista quando se está carregando uma determinada entidade. Pode-se, também, bloquear explicitamente uma entidade depois de ela já ter sido carregada, chamando-se lock ou refresh na instância entityManager.

Por exemplo, para adquirirmos um bloqueio pessimista de escrita (que é um bloqueio exclusivo) enquanto estamos carregando uma determinada instância de ArtEntity, podemos fazer o seguinte:

```
ArtEntity artEntity = entityManager.find(ArtEntity.class, 7, LockModeType.PESSIMISTIC_WRITE)
```

Se já tivéssemos carregado uma instância de ArtEntity, e agora quiséssemos adquirir um bloqueio pessimista de leitura (que representa um bloqueio compartilhado), poderíamos usar a seguinte abordagem:

```
entityManager.lock(artEntity, LockModeType.PESSIMISTIC_READ)
```

Embora seja possível obter-se múltiplos bloqueios concorrentes de leitura, só pode haver um bloqueio pessimista de escrita.

Busca por texto livre

Por surpreendente que isso possa soar, há algumas soluções que não estão no repertório do Hibernate. É importante reconhecer aquelas situações em que uma necessidade possa ser melhor atendida pelo uso de uma estratégia completamente diferente. Esses cenários nem sempre são tão óbvios, então ter-se um sólido entendimento de que outras opções estão disponíveis pode ser útil.

Considere-se prover funcionalidade de busca numa aplicação. Uma base de dados relacionais é capaz de tratar esta funcionalidade, mas só até certo ponto. Se a aplicação precisar prover funcionalidade de busca que se estenda bem além do que uma simples "consulta à SQL" possa acomodar, é hora de se considerar uma solução alternativa.

Os usuários esperam que as funcionalidades de busca sejam inteligentes. Por exemplo, se se estiver tentando buscar por "Estrutura Spring" e inadvertidamente se digitar "Estrutura Sprong", provavelmente se esperará que a aplicação contorne o erro e retorne de qualquer forma os resultados pretendidos. Este tipo de funcionalidade é frequentemente chamada de busca indistinta, uma vez que ela reduz a exatidão da correspondência, permitindo que termos de pronúncia similar sejam incluídos. Este conceito também pode ser estendido para se permitir sinônimos. Por exemplo, uma busca por "carro" também pode corresponder entradas contendo "automóvel".

Bases de dados relacionais tipicamente não se esmeram em encontrar grupos de palavras em blocos de texto, uma funcionalidade frequentemente chamada de busca por texto livre. O oferecimento desse tipo de funcionalidade de busca numa base de dados relacionais provavelmente implicaria em significativa sobrecarga no desempenho, bem como em tempo adicional de desenvolvimento.

Encontrar conteúdo de texto que comece ou termine com uma determinada palavra pode-se implementar usando-se uma condição like, como a seguinte:

```
List<ArtEntity> blueEntities = entityManager.createQuery(
"select artEntities from ArtEntity artEntities where artEntities.description like 'azul%'"
).list();
```

Obviamente, esta consulta é um pouco elaborada, já que provavelmente não teríamos uma consulta fixada ao código, especificamente uma que filtrasse itens com um campo description que começasse com "azul", mas ela serve para fins de demonstração. Embora esta consulta possa ter um desempenho razoável (já que podemos nos basear no índice da base de dados para encontrar rapidamente uma descrição que comece com uma correspondência exata de uma determinada palavra), nós começaremos a incorrer em problemas mais significativos de desempenho se tentarmos encontrar aquelas ArtEntities com uma descrição contendo uma determinada palavra ou frase. Este tipo de operação de busca tipicamente exigirá uma varredura de índice ou de tabela, o que pode ser oneroso para a base de dados.

Além do mais, nós ainda não temos uma estratégia para determinação da relevância de uma determinada correspondência. Se cinco campos description contiverem a palavra *azul*, como é que nós determinamos qual correspondência é mais relevante? Poderíamos considerar que quanto mais vezes a palavra *azul* aparecer numa determinada descrição, mais relevante ela será. Porém, implementar-se esta solução somente com o Hibernate exigirá um monte de codificação extra, e nós só teremos chegado às expectativas básicas das exigências de busca de um usuário. E se quiséssemos oferecer suporte à busca indistinta ou tratar de sinônimos?

O problema fundamental com o uso do Hibernate isolado para solucionar exigências de busca é que uma base de dados relacionais não foi projetada para prover este tipo de funcionalidade. No entanto, é exatamente este tipo de coisa que o Apache Lucene uma poderosa estrutura de busca fundamental em Java – tem por objetivo.

Apresentando o Lucene

O Lucene é uma biblioteca de alto desempenho de recuperação de informações (IR) repleta de funcionalidades, oferecendo uma API abrangente para operações de indexação e busca. Indexação é uma estratégia usada tanto por mecanismos de busca quanto por bases de dados para permitir que conteúdo seja encontrado tão eficientemente quanto possível. Um índice do Lucene não é tão diferente do índice deste livro. Ele fornece uma maneira lógica e sistemática de se localizar e acessar um determinado pedaço de dado.

Indexando com o Lucene

No centro da API de indexação do Lucene está a classe `Document`. Similar ao conceito de uma tabela de base de dados, um `Document` é composto de `Fields` (campos), cada qual contendo dados em forma de texto extraídos do conteúdo original para fins de indexação. Diferentemente de uma base de dados, os documentos do Lucene são desnormalizados. Não existe o conceito de junção, já que relacionamentos de dados não são indicativos de IR. Ao invés, pode-se pensar nos documentos como contentores – um meio de se organizar o conteúdo de forma que ele possa ser eficientemente pesquisado, posteriormente.

Cada `Field` num `Document` do Lucene tipicamente representa um componente em particular do conteúdo que se deseja pesquisar. Por exemplo, se se quiser indexar a biblioteca de música pessoal, provavelmente se definirá um documento com campos para uma faixa de áudio, o álbum da faixa, o artista, o nome do arquivo para a faixa, as notas pessoais sobre a faixa, a data de publicação do álbum, e assim por diante. Para ajudar no processo de indexação, o Lucene oferece um conjunto de `Analyzers`. Um `Analyzer` ajuda a detalhar e filtrar o conteúdo para determinado campo, extraindo um fluxo de símbolos. Por exemplo, uma vez que é razoável que as notas pessoais sobre um determinado álbum possam conter vários parágrafos de texto, precisa-se amiudar este conteúdo em palavras. Pode-se, então, querer partir essas palavras em suas raízes, permitindo-se a capacidade de se encontrar notas usando-se a palavra *escut*, mesmo que uma dada nota contivesse, na verdade, a palavra *escutando* ou *escutei*. Este processo é chamado de *poda* (stemming, em inglês), e ajuda a esmiuçar as palavras em suas formas radicais. Um analisador pode, também, eliminar conteúdo supérfluo, tal como a remoção de palavras de interrupção (stop words, em inglês), tais como artigos (*a, o, as, os, um, uma, uns, umas*) e preposições (*de, com* etc.).

Os símbolos individuais que um analisador extrai são conhecidos como *termos*. Termos são os elementos fundamentais que compõem um `Index`, e, portanto, são também componentes primários de uma consulta de busca. O Lucene usa um índice invertido para otimizar a maneira pela qual o conteúdo é encontrado. Um índice invertido usa os símbolos extraídos no passo do analisador, no processo de indexação, como chaves de busca para uma determinada parte de conteúdo. Este tipo de abordagem é mais condutiva para buscas, já que a ênfase para a busca é colocada nos termos ou palavras individuais que um usuário pode querer procurar, em vez de no próprio conteúdo. Além disso, o Lucene é capaz de rastrear a frequência de um determinado símbolo, sua posição em relação a outros símbolos e seu deslocamento dentro do conteúdo original, do qual ele foi extraído. Estes metadados são extremamente valiosos para um hospedeiro de funcionalidades de busca.

O Lucene oferece uma série de opções para personalização de como um determinado campo será indexado. Por exemplo, pode ser mais ideal que alguns campos sejam transformados em símbolos, enquanto que outros devem ter seu conteúdo preservado em sua forma original. No exemplo da biblioteca de música, provavelmente se quereria transformar em símbolos o campo de notas, uma vez que se quereria poder pesquisar por uma determinada palavra ou frase contida nas notas. Entretanto, não se quereria transformar em símbolos o nome do arquivo da faixa, já que estes dados só fazem sentido por completo, numa unidade não modificada.

O Lucene também permite que se especifique se o conteúdo original de um campo em particular será armazenado. Por exemplo, embora se possa não querer transformar em símbolos o nome de arquivo de uma faixa, definitivamente se quererá armazenar este dado. Depois, quando um determinado documento for retornado como parte de uma lista de resultados de busca, pode-se acessar o nome do arquivo diretamente, de forma que a aplicação possa trabalhar com este dado (por exemplo, para reproduzir a faixa ou localizá-la no sistema de arquivos).

Consultando com o Lucene

O Lucene inclui uma poderosa API de consultas, oferecendo uma maneira flexível de se especificar os campos e os termos que se deseja pesquisar, juntamente com a habilidade de se definir expressões booleanas e de agrupamento.

A consulta mais simples do Lucene pode se parecer com a seguinte:

```
cupcake
```

Isto procuraria pelo termo *cupcake* no campo omissivo. O campo omissivo é tipicamente especificado no `QueryParser`, uma classe do Lucene usada para processamento de uma expressão de consulta definida pelo usuário, produzindo uma instância de `Query`.

Mais frequentemente, uma consulta do Lucene tem por objetivo um ou mais campos, tal como no seguinte exemplo:

```
notes:cupcake AND album:Pepper
```

Isto retornaria todos os documentos em que a palavra cupcake esteja contida no campo `notes` e a palavra Pepper esteja contida no campo `album`. Também é possível definir-se esta consulta assim:

```
+notes:cupcake +album:Pepper
```

Como se pode ver, pode-se definir expressões AND booleanas pelo uso do prefixo + ou pelo uso da palavra-chave AND. No Lucene, um OR booleano é o omissivo, então pode-se especificar múltiplas expressões juntas:

```
notes:cupcake album:Pepper
```

Ou pode-se explicitamente incluir a palavra-chave OR:

```
notes:cupcake OR album:Pepper
```

Se se quiser insistir em que uma busca não deva incluir um determinado termo, pode-se prefixá-lo com um caractere de menos (-). Por exemplo, se se quisesse assegurar que os resultados da busca não contivessem nenhuma faixa tocada pelos Beatles, poderia se usar a seguinte consulta:

```
notes:cupcake AND album:Pepper -artist:"The Beatles"
```

Esta consulta procuraria por uma nota contendo a palavra cupcake e um álbum contendo a palavra Pepper, mas o artista não poderia ser The Beatles. Note-se as aspas em torno de "The Beatles" para indicar que o campo `artist` deve corresponder a toda uma frase. Assim, se o nome do artista foi especificado apenas como Beatles, ainda se poderia terminar com uma faixa dos Beatles nos resultados da busca. Para se evitar este cenário, pode-se simplesmente usar Beatles, sem as aspas.

Mas, e se se quisesse assegurar que uma atribuição incorreta de artista a uma faixa da biblioteca não afetasse a intenção das buscas? Para se resolver este problema, pode-se usar um til (~), que permite ao Lucene saber que se quer permitir uma correspondência indistinta:

```
(track:"Fixing a Hole" OR track:"Hey Jude") AND artist:Beatles~
```

Esta consulta expressa a intenção de uma busca indistinta no campo `artist`. Agora, mesmo que a atribuição do artista na biblioteca esteja grafada incorretamente como "Beetles", ela provavelmente será incluída nos resultados da busca. Note-se, ainda, o uso de parênteses para agrupar a primeira parte da consulta. Este agrupamento especifica que a consulta deve retornar faixas que correspondam a qualquer dos títulos, desde que sejam do artista Beatles.

Se se quisesse assegurar que os resultados contivessem apenas faixas publicadas numa faixa de datas em particular, poderia se tirar vantagem da capacidade de consulta de faixa de datas do Lucene:

```
artist:Rol* AND releaseDate:[5/18/1975 TO 5/18/2010]
```

Esta consulta encontraria qualquer faixa com uma data de publicação entre 18 de maio de 1975 e 18 de maio de 2010, desde que o nome do artista começasse com Rol. O modificador de máscara (*) indica que se quer corresponder a um artista dado o prefixo especificado.

Os exemplos de consulta precedentes devem dar uma ideia de algumas das coisas possíveis com as expressões de consulta do Lucene. Em breve, se aprenderá a processar essas expressões produzindo-se uma `Query` do Lucene. É claro que também é possível definir-se consultas programaticamente, e fazê-lo pode frequentemente prover mais flexibilidade. No entanto, definir-se uma expressão usando algumas das convenções mostradas nestes exemplos pode dar ao projeto mais clareza.

Apresentando o Hibernate Search

O Hibernate Search é uma estrutura que estende o Hibernate para prover integração transparente com o Apache Lucene. É possível para os desenvolvedores integrar o Lucene diretamente em suas aplicações. Contudo, se o objetivo é indexar os dados nas classes de domínio, então não é uma questão trivial fazer esta integração funcionar confiavelmente, de forma que alterações feitas ao modelo de domínio sejam automaticamente refletidas nos índices. Além disso, é importante que as atualizações feitas nos índices do Lucene ocorram no contexto de uma operação do Hibernate.

Por exemplo, imagine-se se uma classe de domínio fosse atualizada como parte de um método de DAO e, neste método, fosse feita uma chamada ao Lucene para acionar uma atualização ao índice do Lucene. Embora esta configuração possa funcionar, o que aconteceria se a atualização à classe de domínio fosse feita no contexto de uma transação e, subitamente, a transação fosse desfeita? Muito provavelmente, a base de dados e o índice do Lucene ficariam fora de sincronismo.

O Hibernate Search tenta resolver este tipo de problema, oferecendo uma implementação que integra o Lucene no ciclo de vida do Hibernate, e que respeita os limites transacionais para assegurar que os respectivos recursos permaneçam em sincronismo.

Integrando o Hibernate Search

Vamos considerar as exigências de busca de nossa aplicação de galeria de imagens. Os usuários, provavelmente, quererão ser capazes de encontrar imagens por inscrição, autor, título ou descrição, e possivelmente filtrar os resultados por categoria ou marca. Podemos querer exibir os resultados em termos de relevância, e não só ordenados alfabeticamente ou por data. O que constitui a relevância é uma importante questão para as funcionalidades de busca, uma vez que, em última instância, o sucesso da busca é baseado em como usuários apressados são capazes de encontrar o que estão procurando.

Para começar a integrar o Hibernate Search em nossa aplicação da galeria de arte, nós devemos, primeiro, atualizar nosso pom.xml do Maven para incluir as dependências necessárias. Isto é facilmente conseguido pela adição do fragmento seguinte ao nosso pom.xml:

```xml
<!--Hibernate Search-->
<dependency>
  <groupId>org.hibernate</groupId>
  <artifactId>hibernate-search</artifactId>
  <version>3.2.1.Final</version>
</dependency>
```

O Hibernate Search espera algumas propriedade chaves de configuração para definir alguns omissivos básicos, tais como a localização do índice do Lucene. Essas propriedades podem ser especificadas no arquivo persistence.xml. O que segue representa as propriedades chaves a serem definidas para inicializarmos nossa integração com o Hibernate Search. Os novos atributos importantes estão em negrito.

```xml
<?xml version="1.0" encoding="UTF-8" standalone="no"?>
<persistence xmlns="http://java.sun.com/xml/ns/persistence"
   xmlns:xsi="http://www.w3.org/2001/XMLSchema-instance"
   xsi:schemaLocation="http://java.sun.com/xml/ns/persistence
   http://java.sun.com/xml/ns/persistence/persistence_2_0.xsd"
   version="2.0">

   <persistence-unit name="persistenceUnit" transaction-type="RESOURCE_LOCAL">
      <provider>org.hibernate.ejb.HibernatePersistence</provider>
      <properties>
         <property name="hibernate.dialect" value="org.hibernate.dialect.H2Dialect"/>
         <property name="hibernate.hbm2ddl.auto" value="create"/>
         <property name="hibernate.cache.use_second_level_cache" value="true"/>
         <property name="hibernate.cache.provider_class"
            value="net.sf.ehcache.hibernate.SingletonEhCacheProvider"/>
         <property name="hibernate.search.default.directory_provider"
            value="org.hibernate.search.store.FSDirectoryProvider"/>
         <property name="hibernate.search.default.indexBase" value="./lucene/indexes"/>
         <property name="hibernate.search.default.batch.merge_factor" value="10"/>
         <property name="hibernate.search.default.batch.max_buffered_docs" value="10"/>
      </properties>
   </persistence-unit>

</persistence>
```

Esta configuração fornece ao Hibernate Search alguns dos detalhes chaves necessários para se ter as coisas funcionando, tais como o provedor de diretórios a ser usado (uma configuração do Lucene que delineia a estratégia para gerenciamento e armazenamento do índice) e onde o índice está localizado.

Adicionando anotações do Hibernate Search

Com a configuração de fora, nós precisamos projetar nosso índice do Lucene, especificando os campos no documento do Lucene e definindo como esses campos serão mapeados para as propriedades em cada uma de nossas classes de domínio. O Hibernate Search é flexível com relação a isto, e permite que se faça a afinação das exigências para cada campo. Entretanto, seguindo a convenção sobre configuração, a estrutura inclui omissivos sensíveis, de forma que só é necessário lidar-se com requisitos especiais.

Por omissão, cada classe de domínio que estiver indexada será mapeada para seu próprio índice. Cada propriedade de classe de domínio será mapeada para um campo do Lucene de mesmo nome, a menos que se opte po sobrepor este omissivo. Também é possível definir-se mais de um campo para uma determinada propriedade de classe de domínio, o que é útil se se precisar usar múltiplas estratégias de indexação para a mesma propriedade de classe de domínio. Por exemplo, pode-se querer ter um campo que não é transformado em símbolo, mas sim, que armazena o conteúdo em sua forma original, enquanto que outro campo transforma o conteúdo em símbolos.

Para mapear as propriedades de classes de domínio para um índice do Lucene, o Hibernate Search oferece uma série de anotações especializadas que complementam as anotações da JPA que nós usamos para definir nossos mapeamentos do Hibernate. Vamos dar uma olhada na classe de domínio ArtEntity e adicionar anotações do Hibernate Search para estabelecer nossos mapeamentos do Lucene:

```
@Entity
@Indexed
@Cache(usage = CacheConcurrencyStrategy.NONSTRICT_READ_WRITE)
public class ArtEntity implements DomainObject {

    private Long id;
    private String title;
    private String subTitle;
    private String uploadedDate;
    private String displayDate;
    private Integer width;
    private Integer height;
    private String media;
    private String description;
    private String caption;
    private ArtData_Gallery galleryPicture;
    private ArtData_Storage storagePicture;
    private ArtData_Thumbnail thumbnailPicture;
    private Boolean isGeneralViewable;
    private Boolean isPrivilegeViewable; // can be seen by logged-in non-
-administrators
    private Set<Category> categories = new HashSet<Category>();
    private Set<Comment> comments = new HashSet<Comment>();

    private Integer version;

    public ArtEntity() {
    }

    @Id
    @GeneratedValue
```

```java
@DocumentId
public final Long getId() {
  return id;
}

public void setId(Long id) {
  this.id = id;
}

@OneToOne(cascade = CascadeType.ALL)
@JoinColumn()
public ArtData_Gallery getGalleryPicture() {
  return galleryPicture;
}

public void setGalleryPicture(ArtData_Gallery galleryPicture) {
  this.galleryPicture = galleryPicture;
}

@OneToOne(cascade = CascadeType.ALL)
@JoinColumn()
public ArtData_Storage getStoragePicture() {
  return storagePicture;
}

public void setStoragePicture(ArtData_Storage storagePicture) {
  this.storagePicture = storagePicture;
}

@OneToOne(cascade = CascadeType.ALL)
@JoinColumn()
public ArtData_Thumbnail getThumbnailPicture() {
  return thumbnailPicture;
}

public void setThumbnailPicture(ArtData_Thumbnail thumbnailPicture) {
  this.thumbnailPicture = thumbnailPicture;
}

@Field(index = Index.TOKENIZED, store=Store.YES)
@Boost(2.0f)
public String getTitle() {
  return title;
}
```

```java
public void setTitle(String title) {
  this.title = title;
}

@Field(index = Index.TOKENIZED, store=Store.YES)
public String getSubTitle() {
  return subTitle;
}

public void setSubTitle(String subTitle) {
  this.subTitle = subTitle;
}

@Field(index = Index.TOKENIZED, store=Store.NO)
public String getMedia() {
  return media;
}

public void setMedia(String media) {
  this.media = media;
}

@Field(index = Index.UN_TOKENIZED, store=Store.YES)
@DateBridge(resolution = Resolution.MINUTE)
public String getUploadedDate() {
  return uploadedDate;
}

public void setUploadedDate(String uploadedDate) {
  this.uploadedDate = uploadedDate;
}

public String getDisplayDate() {
  return displayDate;
}

public void setDisplayDate(String displayDate) {
  this.displayDate = displayDate;
}

@Field(index = Index.UN_TOKENIZED, store=Store.YES)
public Integer getWidth() {
  return width;
}
```

```
public void setWidth(Integer width) {
  this.width = width;
}

@Field(index = Index.UN_TOKENIZED, store=Store.YES)
public Integer getHeight() {
  return height;
}

public void setHeight(Integer height) {
  this.height = height;
}

@Field(index = Index.TOKENIZED, store=Store.NO)
public String getDescription() {
  return description;
}

public void setDescription(String description) {
  this.description = description;
}

@Field(index = Index.TOKENIZED, store=Store.NO)
public String getCaption() {
  return caption;
}

public void setCaption(String caption) {
  this.caption = caption;
}

public Boolean getGeneralViewable() {
  return isGeneralViewable;
}

public void setGeneralViewable(Boolean generalViewable) {
  isGeneralViewable = generalViewable;
}

public Boolean getPrivilegeViewable() {
  return isPrivilegeViewable;
}

public void setPrivilegeViewable(Boolean privilegeViewable) {
  isPrivilegeViewable = privilegeViewable;
```

```
}

@ContainedIn
@ManyToMany(mappedBy = "artEntities")
public Set<Category> getCategories() {
  return categories;
}

public void setCategories(Set<Category> categories) {
  this.categories = categories;
}

@ContainedIn
@OneToMany(orphanRemoval = true, cascade = { javax.persistence.CascadeType.ALL })
@Cache(usage = CacheConcurrencyStrategy.NONSTRICT_READ_WRITE)
public Set<Comment> getComments() {
  return comments;
}

public void setComments(Set<Comment> comments) {
  this.comments = comments;
}

}
```

As anotações do Hibernate Search são bastante intuitivas, dados os conceitos do Lucene apresentados anteriormente. Vamos examinar as adições a esta classe, uma a uma.

Primeiro, nós precisamos anotar uma classe com a anotação `@Indexed` para que ela seja considerada para indexação. Em seguida, o Hibernate Search requer que o identificador de uma classe de domínio seja anotado com `@DocumentId`. A ID do documento é usada pelo Hibernate Search para fazer a ponte entre o mundo do Lucene e o do Hibernate. Em cada índice, o Lucene armazena o nome completo de classe de uma entidade do Hibernate, bem como seu identificador. Juntos, eles formam a base para consultas no Hibernate Search, e permitem que uma lista de documentos retornados por uma consulta do Lucene seja permutada por uma lista de entidades ativas do Hibernate.

A menos que uma propriedade de classe de domínio seja anotada com a anotação `@Field`, ela não será indexado. A anotação `@Field` especifica que a propriedade de uma determinada classe de domínio seja incluída no índice do Lucene. A anotação usa alguns parâmetros, incluindo a habilidade de se sobrepor o nome do campo. De mais importância, porém, são os atributos `index` e `store`. Estes parâmetros informam ao Lucene como configurar o campo.

Como notado antes, um campo pode ser transformado em símbolo, o que extrairá o conteúdo de uma determinada propriedade num fluxo de símbolos, explorando um determinado analisador para eliminar palavras supérfluas, realizar podas, inserir sinônimos, e possivelmente realizar uma série de outras opções, dependendo do analisador usado. Um campo pode também ser armazenado, o que significa que o conteúdo original será inserido no índice do Lucene. Armazenar um campo pode aumentar o tamanho do índice, então isso raramente é uma boa ideia para grandes blocos de texto. Porém, campos contendo dados que possam precisar ser exibidos pela aplicação – tais como um título, um nome de arquivo ou um identificador funcional – devem ser marcados como armazenado. Vamos ver alguns exemplos:

- Em nossa classe de domínio ArtEntity, nós especificamos que a propriedade title será armazenada e transformada em símbolos:

```
@Field(index = Index.TOKENIZED, store=Store.YES)
@Boost(2.0f)
public String getTitle() {
  return title;
}
```

- Nós especificamos que a propriedade width deve ser deixada sem transformação em símbolos, mas ainda armazenada:

```
@Field(index = Index.UN_TOKENIZED, store=Store.YES)
public Integer getWidth() {
  return width;
}
```

- Nós definimos que a propriedade description deve ser transformada em símbolos, mas não armazenada:

```
@Field(index = Index.TOKENIZED, store=Store.NO)
public String getDescription() {
  return description;
}
```

Provavelmente se percebeu o uso da anotação @DateBridge. Como o Lucene tipicamente só controla texto em seu índice, o Hibernate Search inclui uma estratégia de ponte como forma de conversão de dados não textuais numa String (e possivelmente volta, novamente). O Hibernate Search usará as pontes embutidas apropriadas para mapeamento de campos tais como integers e longs, mas para tipos de dados mais complexos, pode-se explorar uma ponte personalizada ou usar uma das pontes providas pela estrutura. Por exemplo, podemos mapear nossa propriedade uploadedDate da seguinte forma:

```
@Field(index = Index.UN_TOKENIZED, store=Store.YES)
@DateBridge(resolution = Resolution.MINUTE)
public Date getUploadedDate() {
  return uploadedDate;
}
```

Este mapeamento parametriza a @DateBridge de forma que o valor de data seja convertido em texto que possa ser lexicograficamente ordenado. A data armazenada no índice do Lucene tem uma resolução de um minuto. Por razões de desempenho, geralmente se quer usar o maior ajuste de resolução que a aplicação pode suportar (por exemplo, prefere-se uma resolução de Minute à de Second, ou, melhor ainda, Day em vez de Minute ou de Hour).

A anotação @Boost pode ser usada para reforçar o peso de um determinado campo no índice do Lucene. Por exemplo, para termos o campo title com duas vezes mais relevância que o campo description, nós podemos especificar um fator de reforço de 2.0:

```
@Field(index = Index.TOKENIZED, store=Store.YES)
@Boost(2.0f)
public String getTitle() {
  return title;
}
```

Também é possível especificar-se fatores de reforço numa consulta, mas nos casos em que se quer um peso de reforço consistente, a anotação @Boost pode se tornar útil.

Como mencionado antes, um índice do Lucene é desnormalizado, não oferecendo qualquer conceito de relacionamentos implícitos, como encontrados em típicas bases de dados relacionais. Para se traduzir alguns dos mapeamentos de associações do Hibernate para o mundo do Lucene, o Hibernate Search oferece a anotação @IndexEmbedded. @IndexEmbedded diz ao Hibernate Search para embutir uma determinada associação na classe que a possui. No entanto, como o Lucene é inerentemente desnormalizado, o Hibernate Search deve ser avisado sempre que a entidade embutida mudar. Para ajudar no acompanhamento dessas mudanças, o Hibernate Search provê a anotação @ContainedIn, para marcar o outro lado de uma associação embutida.

Agora que se tem um entendimento mais claro de como anotar uma classe de domínio para indexação, vamos examinar os processos de indexação e de busca.

Pondo o Lucene e o Hibernate em sincronismo

Uma das vantagens primárias do Hibernate Search é a transparência da integração entre o Hibernate e o Lucene. O Hibernate Search se baseia nos eventos do Hibernate para disparar as mudanças apropriadas no índice do Lucene, à medida que mudanças são feitas no estado persistente do modelo de domínio.

No capítulo 4, nós cobrimos o ciclo de vida da JPA. Ao aderir ao ciclo de vida da JPA, o Hibernate oferece um modelo de evento refinado, difundindo eventos específicos com base em mudanças no estado persistente de um objeto de domínio. Por exemplo, quando uma instância de classe de domínio é persistida, o Hibernate propagará o evento apropriado. Da mesma forma, o Hibernate difundirá numerosos outros eventos, tais como notificações de exclusão e atualização, fornecendo um meio de se escutar e responder a mudanças no modelo de domínio. Escutadores de eventos são um eficiente padrão de projeto para definição de comportamento de aplicações de uma maneira desacoplada, e o Hibernate Search é capaz de se conectar a eventos do ciclo de vida do domínio através deste poderoso mecanismo.

Se se estiver construindo uma aplicação a partir do zero, e se estiver começando com uma base de dados vazia, então o processo de preenchimento do índice do Lucene é direto. Quando o objeto de domínio é inicialmente persistido na base de dados, tal como através de um `entityManager.save(artEntity)`, o Hibernate Search capturará o evento de ciclo de vida e adicionará a `artEntity` especificada ao índice do Lucene. Por omissão, cada classe de domínio terá seu próprio índice, e todas as propriedades apropriadas serão adicionadas ao índice de acordo com as regras especificadas pelas anotações do Hibernate Search. Como o Hibernate Search cuida de manter a base de dados e o índice do Lucene em sincronismo, a integração entre as duas estruturas é intuitiva e simples.

Contudo, há circunstâncias em que se pode precisar indexar objetos de domínio mais explicitamente. Por exemplo, se se estiver integrando o Hibernate Search numa aplicação existente, ou trabalhando com uma base de dados legada, será preciso encontrar-se uma maneira de se reencaixar os dados existentes no índice do Lucene. O Hibernate Search também oferece um meio mais direto de se indexar o modelo de domínio.

O Hibernate Search oferece uma versão estendida do `EntityManager` do Hibernate, melhorando as classes centrais dessa estrutura com funcionalidades específicas de busca. A versão melhorada do `EntityManager` da JPA é a `FullTextEntityManager`. O acesso a este `EntityManager` com capacidade de busca é bastante transparente:

```
import org.hibernate.search.jpa.Search;

FullTextEntityManager fullTextEntityManager =
    Search.getFullTextEntityManager(entityManager);
```

O próximo passo é realizar a indexação. Aqui está como se indexar explicitamente uma única entidade:

```
public void indexEntity(T object) {
  FullTextEntityManager fullTextEntityManager =
      Search.getFullTextEntityManager(entityManager);
  fullTextEntityManager.index(object);
}
```

Este método tem por objetivo ser adicionado à classe `GenericDaoJpa`, para prover um meio genérico de se indexar uma classe de domínio. Se se quiser implementar uma maneira de se indexar todas as entidades de um determinado tipo atualmente armazenadas na base de dados, pode-se definir o método seguinte, na implementação de `GenericDaoJpa`:

```
public void indexAllItems() {
  FullTextEntityManager fullTextEntityManager =
      Search.getFullTextEntityManager(entityManager);
  List results = fullTextEntityManager.createQuery(
      "from " + type.getCanonicalName()
  ).getResultList();
  int counter = 0, numItemsInGroup = 10;
  Iterator resultsIt = results.iterator();
  while (resultsIt.hasNext()) {
    fullTextEntityManager.index(resultsIt.next());
    if (counter++ % numItemsInGroup == 0) {
      fullTextEntityManager.flushToIndexes();
      fullTextEntityManager.clear();
    }
  }
}
```

Neste método, nós usamos o `FullTextEntityManager` para realizar uma consulta padrão da JPA, que simplesmente lista todas as entidades do tipo parametrizado. Depois, nós iteramos pelos resultados, indexando cada entidade. Contudo, a cada dez invocações de `index`, nós chamamos `fullTextEntityManager.flushToIndexes()`. Isto descarrega as alterações enfileiradas para o índice do Lucene, sem esperar que o limite de lote do Hibernate Search seja atingido. Em seguida, nós chamamos `fullTextEntityManager.clear()`, que limpa o persistenceContext da JPA. Isso nem sempre pode ser necessário, mas se se estiver interando por um grande conjunto de dados, se quererá reduzir o consumo de memória o mais possível.

Construindo uma busca específica do domínio

Agora, vamos reunir todos os conceitos que cobrimos neste capítulo para oferecer uma funcionalidade básico de busca que permita aos usuários finais pesquisarem através de vários campos de ArtEntity usando os termos de busca especificados. Aqui está um exemplo de como isto pode ser implementado:

```
public List<ArtEntity> searchForArtEntitiesByTerms(String searchTerms,
          Integer startIndex,
          Integer maxResults) {

  FullTextEntityManager fullTextEntityManager =
      Search.getFullTextEntityManager(entityManager);

  String[] fieldsToMatch =
      new String[] {"title", "subTitle", "media", "description", "caption"};

  QueryParser parser =
```

```
    new MultiFieldQueryParser(Version.LUCENE_29,
        fieldsToMatch,
        new StandardAnalyzer(Version.LUCENE_29));

  org.apache.lucene.search.Query luceneQuery = null;
  try {
    luceneQuery = parser.parse(searchTerms);
  } catch (ParseException e) {
    log.error("Erro processando consulta do lucene: " + searchTerms);
  }

  Query jpaQuery =
      fullTextEntityManager.createFullTextQuery(luceneQuery,    ArtEntity.
  class);

  if (startIndex != null && maxResults != null) {
    jpaQuery.setFirstResult(startIndex);
    jpaQuery.setMaxResults(maxResults);
  }
  List<ArtEntity> artEntities = jpaQuery.getResultList();

  return artEntities;

}
```

Para pesquisar pelos campos title, subtitle, media, description e caption de ArtEntity, nós usamos um processador especial de consultas do Lucene, chamado MultiFieldQueryParser. Este processador de consultas recebe uma matriz de nomes de campos, de forma a que todos os termos de busca especificados pelo usuário possam ser igualmente aplicados a cada um dos campos. Em outras palavras, usar-se o MultiFieldQueryParser desta forma equivale à seguinte consulta do Lucene, supondo-se que o usuário buscou por "test":

title: test OR subtitle: test OR media: test OR description:test OR caption:test

Depois do processamento da consulta do Lucene usando nosso MultiFieldQueryParser e os searchTerms especificados, nós invocamos o método createFullTextQuery em nossa referência fullTextEntityManager. Este método retorna uma instância padrão de javax.persistence.Query, que nós podemos usar da mesma maneira que qualquer consulta JPA. Nós limitamos nosso conjunto de resultados usando setFirstResult e setMaxResults (se esses parâmetros foram especificados), e depois chamamos getResultList() para retornar uma List de instâncias de ArtEntity.

Um dos detalhes realmente interessantes, aqui, é que, muito embora nós estejamos invocando uma consulta do Lucene, nós estamos trabalhando com entidades no nível da JPA. Isto significa que não precisamos nos preocupar com correlacionar os resultados de uma consulta do Lucene para carregar uma série de entidades da JPA. O Hibernate Search cuida desses detalhes por nós, provendo uma abstração muito poderosa sobre o Lucene para simular um mundo completamente centrado no Hibernate ou na JPA.

Resumo

Neste capítulo, nós demonstramos como integrar e estender o Hibernate para implementar funcionalidades mais avançadas para a aplicação. Discutimos alguns dos desafios com a exposição de serviços web RESTful em aplicações impulsionadas pelo Hibernate, e como simplificar uma estratégia de serialização ou de transformação. Examinamos as novas capacidades de MVC do Spring 3, bem como sua abstração de OXM para provimento de transformações de objeto para XML.

Também discutimos o padrão DTO, e como esta estratégia pode reduzir as complexidades de serialização do modelo de domínio. Entretanto, a tradução de uma classe de domínio numa classe de DTO (e de volta) pode ser uma fonte de defeitos e problemas de manutenção. Uma solução é usar-se uma estrutura como o Dozer. O Dozer trata do mapeamento entre duas classes diferentes, usando-se a convenção sobre configuração e arquivos de configuração de mapeamento. Pela abstração desses detalhes de tradução para uma estrutura especializada, as complexidades inerentes a uma camada de mapeamento DTO são significativamente reduzidas.

Prover-se capacidade de busca de texto completo é uma exigência comum e muito importante para muitas aplicações. O Lucene é uma estrutura Java de código aberto que oferece uma poderosa capacidade de indexação e de busca, mas pode ser difícil integrá-lo numa aplicação sem se precisar de significativo código de aderência para sincronização de alterações feitas ao modelo de domínio com o índice do Lucene. O Hibernate Search é uma estrutura que faz a ponte sobre o espaço entre essas duas excelentes estruturas, melhorando classes chaves da estrutura Hibernate para oferecer ao Lucene capacidades de consulta e indexação. O Hibernate Search permite que os desenvolvedores executem consultas do Lucene dentro do âmbito do Hibernate, de forma que os resultados de busca retornem entidades padrões do Hibernate.

O Spring e o Hibernate são impressionantes estruturas de código aberto. No entanto, construir-se sobre as bases dessas ferramentas é a chave para o desenvolvimento de aplicações de sucesso. Aprender-se as melhores práticas para integração da camada de persistência com outras estruturas é tão importante quanto aprender-se a própria estrutura de persistência.

CAPÍTULO 11
■ ■ ■
GORM e Grails

O GORM é o resultado final da combinação sinergética do Spring, o Hibernate, e o Groovy. Construído como um dos componentes centrais do Grails – uma estrutura web de desenvolvimento rápido influenciada pelo Ruby on Rails – o GORM é um tipo diferente de camada de ORM que explora as capacidades dinâmicas da linguagem Groovy para simplificar a consulta e a persistência no modelo de domínio de uma aplicação.

Na base do GORM fica a mesma estratégia responsável pelo sucesso do Ruby on Rails: a *convenção sobre configuração*. O GORM simplifica drasticamente a quantidade de códificação e do esforço necessário para se definir a lógica de persistência da aplicação. Com o GORM e o Grails, não há necessidade de se definir uma camada de DAO. Ao invés, o padrão de projeto Registro Ativo é empregado, consolidando a funcionalidade de persistência na própria classe de domínio, sem necessidade de desenvolvimento extra para adição dessas funcionalidades. Isso pode parecer um tanto mágico, mas este capítulo ajudará no entendimento de como o GORM funciona nos bastidores, tocando nas funcionalidades dinâmicas do Groovy.

Embora o GORM seja o componente central da persistência na estrutura web Grails, ele também pode ser usado fora do Grails. Pela incorporação do GORM numa aplicação Spring, pode-se beneficiar da eficiência e da concisão do Grails numa arquitetura mais padrão.

■ **Nota** Alguém pode questionar que o Grails não se encaixa bem num livro sobre o Spring e o Hibernate. Entretanto, a estrutura Grails e o GORM se baseiam fortemente em ambos, o Spring e o Hibernate, para muito da flexibilidade e da persistência que eles suportam. Os benefícios desta parceria são a longevidade, a força empresarial, a eficiência e a flexibilidade oferecida pelo Spring e pelo Hibernate. Além do mais, a SpringSource, a companhia por trás da Estrutura Spring, recentemente adquiriu o G2One, a companhia por trás de boa parte do desenvolvimento do Grails e do Groovy, demonstrando um claro alinhamento e dedicação ao Spring e ao Grails.

Breve curso de Groovy

O Grails e o GORM entraram em cena como resultado da atenção chamada pelo sucesso da estrutura Ruby on Rails. O Ruby on Rails levou os mantras de "convenção sobre configuração" e "não se repita (DRY)" a um novo nível, simplificando significativamente o esforço exigido para se criar uma nova aplicação web. Algo do sucesso do Ruby on Rails brota do fato de o Ruby ser uma linguagem dinâmica, o que traz um nível de flexibilidade que não é facilmente conseguido no mundo do Java. Por exemplo, a capacidade de se gerar dinamicamente um novo comportamento em tempo de execução, para se fornecer funcionalidades de persistência e consulta personalizadas talhadas para as propriedades específicas do modelo de domínio, não pode ser facilmente replicada em Java, porque a linguagem não suporta nativamente a criação dinâmica de novos métodos. Por sorte, o Groovy entrou em cena para trazer esta flexibilidade para o mundo do Java.

A diferença mais fundamental entre a persistência do Grails e a das demais abordagens que discutimos neste livro é que o Grails é a única estratégia que não usa Java. No entanto, o código Groovy roda na JVM e, portanto, é compatível em bytecode com o código Java. Isto também significa que o Groovy pode utilizar bibliotecas Java, tornando a miríade de bibliotecas Java de código aberto acessível para esta nova linguagem.

O Groovy é uma linguagem dinâmica, o que implica em algumas diferenças significativas do Java, tanto sintaticamente quanto na maneira como o Groovy pode ser usado. Aqui, nós ofereceremos uma breve introdução ao Groovy, para ajudar aos desenvolvedores Java a se orientarem em algumas das diferenças centrais entre as duas linguagens.

Uma das características básicas do Groovy é sua habilidade de adicionar ou modificar comportamentos dinamicamente, em tempo de execução. Como breve e superficial exemplo, vamos dizer que queiramos adicionar um novo método, chamado sayHello() à nossa instância de Person, durante a execução. Isto poderia ser realizado assim:

```
Person.metaClass.sayHello = {
  println("Hello")
}
```

Ou podemos tornar este método estático que recebe um único parâmetro:

```
Person.metaClass.static.sayHello = {def name ->
  println("hello ${name}")
}
```

No Groovy, cada classe guarda uma referência a uma instância correspondente de metaClass. Chamadas a métodos de uma determinada classe ou instância são delegados à metaClass daquela classe, que, então, chama um método chamado invokeMethod, passando o nome do método a ser invocado e quaisquer parâmetros correspondentes. Assim, você pode pensar numa metaClass como um intermediário, ou espécie de representante, permitindo que mais de um comportamento da classe seja determinado durante a execução.

Pela definição de uma nova propriedade na metaClass de uma determinada classe, nós estamos efetivamente implementando um novo comportamento em tempo de execução. Depois que tenhamos definido nossa propriedade sayHello para referenciar um bloco de clausura, futuras chamadas a Person.sayHello() terminarão sendo delegadas à funcionalidade especificada em nosso bloco de clausura.

■ **Nota** Para um dado método, construtor ou propriedade, o compilador Groovy gera, na verdade, uma chamada a MetaClass.invokeMethod(), passando o objeto, o nome do método e os parâmetros correspondentes. A metaClass de um objeto Groovy pode, então, decidir qual código invocar em tempo de execução.

Mas o que é uma clausura? Uma clausura é um bloco de código atribuível, similar em função a uma classe interna anônima do Java. Embora as clausuras sejam frequentemente usadas num contexto similar aos métodos, uma diferença principal é que as clausuras podem ser atribuídas a variáveis e até passadas em redor. Discutiremos as clausuras com um pouco mais de detalhes em breve.

Tornando lassos os tipos

Variáveis e referências do Groovy não precisam ser estaticamente tipificadas. Por exemplo, pode-se definir uma variável da seguinte maneira:

```
def myName = "Sam"
```

A variável myName pode conter uma String ou pode, posteriormente, mudar para um int. def define uma variável ou propriedade sem delinear um tipo específico. Isto é similar ao uso de um tipo Object no Java, mas a ênfase, quando do uso de def, é que o tipo não é importante e pode mudar de um contexto para o outro.

Gstrings – Strings com esteróides

O Groovy suporta um conceito chamado de GString, que é basicamente uma String Java com esteróides. No exemplo anterior, note-se que nós pudemos criar uma String dinâmica escrevendo "hello ${name}". Esta estratégia integra uma variável diretamente numa String, sem exigir concatenação. Pode-se até invocar métodos diretamente num bloco ${}.

Construtores omissivos no Groovy

Outro conceito chave é que as classes do Groovy podem receber parâmetros nomeados, com apenas um construtor omissivo. Por exemplo, pode-se instanciar uma classe Groovy usando-se a seguinte abordagem:

```
Class GroovyBean {
  String name
  String favoriteColor
}
def myBean = new GroovyBean([name: 'Joe', color: 'blue']);
```

Há alguns detalhes importantes, no exemplo precedente. Primeiro, note-se que nós definimos um bean do Groovy sem realmente definirmos os obtentores e definidores correspondentes (e sem usar ponto-e-vírgula!). O Groovy os define por nós, nos bastidores, em tempo de execução. Poderíamos referenciar a propriedade name da instância myBean com myBean.getName(), mas myBean.name é mais conciso.

Note-se, ainda, o atalho que usamos para passar um java.util.Map de propriedades de bean. Mapas podem ser definidos usando-se a seguinte sintaxe: [chave: valor]. Um costume comum é definir-se um mapa vazio como [:]. Similarmente, uma java.util.List pode ser definida usando-se a notação [].

Clausuras no Groovy

Uma das características mais significativas do Groovy é seu excelente suporte a clausuras. Clausuras são como métodos, mas também podem ser referenciadas por variáveis ou passadas como parâmetros para métodos. Por exemplo, pode-se criar uma clausura e armazená-la numa variável chamada minhaClausura usando-se o código seguinte:

```
def minhaClausura = {def param ->
  println("O parâmetro é ${param}")
}
```

Note-se que os parâmetros da clausura aparecem após a abertura de chaves, e são seguidos por ->. Clausuras podem ser usadas para simplificar dramaticamente o código. Por exemplo, pode-se iterar por uma lista, no Groovy, assim:

```
List myList = ["a","b","c"]
myList.each {curItem ->
  println(curItem);
}
```

Esta clausura será passada ao método each para cada elemento da lista. Compare-se esta abordagem com o uso de um Iterator do Java:

```
List myList<String> = new java.util.ArrayList();
myList.add("a"); myList.add("b"); myList.add("c");
Iterator<String> myIterator = myList.iterator();
while (myIterator.hasNext()) {
  String curItem = myIterator.next();
  System.out.print(curItem);
}
```

Isto é impressionante, mas fica ainda melhor. Imagine-se querermos iterar por uma lista de Strings, retornando apenas os itens que contivessem a sequência caix. No Groovy, isso pode ser feito muito simplesmente:

```
def stringList = ["Eu faço pacotes de papel",
    "Eu faço caixas de papelão", "Ele encaixou a bagagem na mala",
    "Ponha o brinco na caixinha", "Eu abro o pacote"]
def matchingStrings = stringList.findAll {curString ->
  curString.contains("caix")
}
```

A invocação de uma clausura funciona de maneira similar à de um método. Simplesmente referencia-se a propriedade clausura, seguida por (). Pode-se também chamar uma clausura explicitamente, referenciando-a e invocando-se `call()`.

Agora que cobrimos alguns conceitos básicos do Groovy, vamos passar à construção de nossa camada de persistência em Grails.

> ■ **Nota** Há muito mais a se aprender sobre o Groovy. Nós recomendamos a leitura de Beginning Groovy and Grails, de Christopher M. Judd, Joseph Faisal Nusairat e Jim Shingler (Apress, 2008).

Pondo o Grails pra rodar

A solução de persistência do Grails é tão dramaticamente diferente das demais soluções de persistência baseadas em DAO que nós exploramos até aqui, neste livro, que não podemos construí-la eficientemente sobre a base de código existente de nossa aplicação, o que temos podido fazer até agora. Ao invés, nós precisamos recomeçar e arquitetar nossa aplicação da galeria usando a abordagem do Grails. Esta pode parecer uma tarefa assustadora, em princípio, mas o Grails vem com muitos scripts e gabaritos de atalho projetados para se começar a criar esqueletos de código. Este código esqueleto é conhecido como andaime, no jargão do Grails.

Instalando o Grails

O primeiro passo é instalar o Grails. Aponta-se o navegador para `http://www.grails.org`, e baixa-se a última liberação. Desempacota-se o arquivo baixado e copia-se tudo para uma localização lógica no disco rígido. Em seguida, deve-se assegurar que tudo o que se encontra no diretório `bin` é executável. Se se estiver usando um sistema operacional baseado no Unix, pode-se rodar `chmod ug+x ./*` dentro do diretório `bin`.

Por fim, deve-se assegurar que a variável ambiental GRAILS_HOME esteja configurada. GRAILS_HOME deve apontar para a localização em que se instalou o Grails. Além disso, deve-se assegurar que se adicionou o diretório GRAILS_HOME/bin ao PATH, de forma que não seja necessário especificar-se o caminho completo até os executáveis do Grails, toda vez que se quiser invocar um script Grails.

Se se estiver usando um sistema operacional baseado no Unix, nós recomendamos a atualização do script `~/.bashrc` no diretório pessoal, de forma que não se precise fazer esta configuração mais de uma vez. Num Mac, pode-se apensar as linhas seguintes só `~/.bashrc`:

```
export GRAILS_HOME=/opt/local/share/java/grails/
export PATH=$PATH:$GRAILS_HOME/bin
```

Depois que se tiver instalado o Grails, o próximo passo é a criação de nossa aplicação de galeria.

Criando uma aplicação Grails

O Grails é acompanhado de scripts que cuidam da geração do código comum para se iniciar uma aplicação. O primeiro desses scripts que nós apresentaremos é o `create-app`:

```
grails create-app grailsGallery
```

Aqui, nós passamos `grailsGallery` como único argumento. O Grails agitará um pouco e... voilà! Agora tem-se uma nova aplicação Grails configurada e pronta para ser trabalhada.

Parte do conceito de convenção sobre configuração é a organização e denominação de partes chaves da aplicação de uma maneira padronizada. O script `create-app` facilita isso pela configuração da estrutura de diretórios do Grails. Depois que este script termina, tem-se a seguinte estrutura de diretórios:

```
gallery ->
  grails-app
    conf
      spring
        resources.groovy
      Bootstrap.groovy
      Datasource.groovy
      Urlmappings.groovy
    controllers
    domain
    i18n
    services
    taglib
    utils
    views

  scripts
  src
    java
    groovy
  test
    integration
    unit
  web-app
    css
    js
    images
    WEB-INF
    index.gsp
```

A maior parte de nosso esforço de codificação estará focado no diretório `grails-app`, que é onde fica a maior parte de nosso código Groovy. Antes de arregaçarmos as mangas, vamos fazer um breve passeio pelo arranjo de uma aplicação Grails.

Não surpreende o fato de o diretório `grails-app/conf` conter a configuração da aplicação. O Grails foi projetado para ser muito modular por natureza, então nem sempre é necessário configurar-se explicitamente cada uma das dependências. No entanto, como o Grails é, na verdade, uma aplicação do Spring, em seu núcleo, o arquivo `grails-app/conf/spring/resources.groovy` pode ser usado para se configurar as dependências. Embora este seja um arquivo de configuração do Spring, percebe-se que ele não está no formato XML. O Grails oferece uma linguagem personalizada específica do domínio (DSL) para se configurar beans do Spring, e como este arquivo é essencialmente código Groovy executável, ele pode ser bem mais flexível que uma configuração padrão baseada em XML.

■ **Nota** A abordagem de configuração omissiva de aplicação Groovy usa um arquivo `resources.groovy`. Pode-se, ao invés, criar um arquivo `resources.xml`, que permita o uso da configuração mais padrão do Spring baseada em XML.

O uso da DSL do Spring é bem direto. Como exemplo, suponha-se que queiramos criar um serviço de e-mail, de forma que possamos notificar os usuários finais através de e-mail quando novas imagens forem adicionadas à galeria. Nós queremos configurar o componente de e-mail do Spring em nosso arquivo `resources.groovy`, para que o usuário possa enviar e-mails a partir de nossa aplicação. Aqui está como esta configuração pode parecer:

```
beans = {
  javaMailSender(org.springframework.mail.javamail.JavaMailSenderImpl)
  {
     host = 'smtp.prospringhibernate.com'
  }
}
```

O padrão é bem intuitivo. O nome do bean é primeiramente definido, seguido pelo nome da classe entre parênteses. Propriedades do bean são, então, configuradas dentro de um bloco de clausura, que é a parte do código entre chaves ({}).

Se quisermos injetar nosso bean `javaMailSender` num controlador ou serviço Grails, poderemos simplesmente nos basear na autoconexão omissiva por nome, declarando uma propriedade chamada `javaMailSender` na classe do controlador ou serviço Grails apropriada:

```
class EmailService {
  def javaMailSender
}
```

Similarmente, se quisermos referenciar nosso `EmailService` do Grails num outro bean configurado em nosso arquivo `resources.groovy`, nós usaremos seu nome de bean implícito – neste caso, `emailService`. Por exemplo, podemos definir um bean `NotificationComponent` no nosso arquivo `resources.groovy` assim:

```
beans = {
  notificationComponent(com.prospringhibernate.NotificationComponent)
{bean ->
    emailService = ref("emailService")
    bean.factoryMethod = "getInstance"
    bean.singleton = "false"
    defaultNotificationMethods = ["email", "sms"]
  }
}
```

Note-se que nós declaramos um parâmetro de bean no topo do bloco, usando bean ->. Pela declaração de um parâmetro de bean, nós somos capazes de especificar detalhes mais explícitos relacionados com o tipo de bean que estamos configurando. Neste caso, nós especificamos um `factoryMethod` de `getInstance`, que assegura que novas instâncias deste bean serão instanciadas pela chamada a `getInstance()`. Nós também especificamos que este não é um bean singular.

Note-se, ainda, que nós injetamos uma referência ao nosso `EmailService` usando a convenção `ref("NOMEDOBEAN")`, onde NOMEDOBEAN é o nome de nosso bean `EmailService`. Nós podemos aplicar a maior parte de nosso conhecimento de configuração do Spring neste tipo de DSL baseada no Groovy. Contudo, note-se a vantagem da flexibilidade sobre o XML no exemplo seguinte:

```
beans = {
  javaMailSender(org.springframework.mail.javamail.JavaMailSenderImpl)
{
    if (Environment.getCurrent() == "production") {
      host = "smtp.prospringhibernate.com"
    } else {
      host = "smtp.dev.prospringhibernate.com"
    }
  }
}
```

Claramente, o código interoperável tem seus benefícios, em comparação com o XML estático.

Esta visão geral apenas toca em algumas das opções de configuração do Grails. Também é possível configurar-se nomes de beans dinâmicos, bem como especificar-se vagas para propriedades e sobrepor-se configurações.

■ **Nota** O arquivo `grails-app/conf/Bootstrap.groovy` oferece ganchos simples (`init()` e `destroy()`) para tratamento de eventos de inicialização e terminação de aplicações. Durante o desenvolvimento, `Bootstrap.groovy` é um meio eficaz de se alimentar a base de dados de uma aplicação com dados omissivos.

Configurando a aplicação

O arquivo `grails-app/conf/Config.groovy` é uma localização centralizada para especificação de detalhes chaves de configuração sobre a aplicação Grails. Este arquivo contém informações sobre a codificação de caracteres que a aplicação deve usar, bem como detalhes de registro (usando log4j).

O Grails explora o conceito próprio de ambientes para facilitar a criação e separação de diferentes cenários de desenvolvimento e distribuição. Por exemplo, provavelmente existe a necessidade de se usar uma base de dados (exigindo detalhes de configuração variáveis) para desenvolvimento e teste diferente da que se usa para distribuição de produção. Esses conceitos estão no centro do Grails, facilitando o teste com uma base de dados de desenvolvimento e, depois, a distribuição da aplicação para produção usando uma base de dados viva, sem necessidade de ter-se de lembrar de alternar a configuração. Detalhes específicos de ambiente estão presentes em vários arquivos chaves de configuração.

O arquivo `Config.groovy` contém um bloco inicial de código para especificação do URL do servidor omissivo para produção:

```
environments {
  production {
    grails.serverURL = "http://www.changeme.com"
  }
}
```

Se se quiser especificar um URL diferente para desenvolvimento, pode-se modificar convenientemente o fragmento de configuração:

```
environments {
  production {
    grails.serverURL = "http://www.prospringhibernate.com""
  }
  development {
    grails.serverURL = "http://www.prospringhibernate.com"
  }
}
```

Não existem restrições com relação aos tipos de ambientes que a aplicação define ou usa. Pode-se adicionar tantos ambientes quantos se achar necessários. Isto pode ser útil para o processo de desenvolvimento, ciclo de construção ou estratégia de testes da organização.

Configurando a fonte de dados

Como a maioria das aplicações web exige uma base de dados, o Grails define um arquivo especificamente para configuração de detalhes relacionados a fontes de dados: `grails-app/conf/DataSource.groovy`. Este arquivo também usa uma DSL personalizada baseada no Groovy, tornando esta configuração clara e concisa. O conceito de ambiente também está presente neste arquivo. Propriedades podem ser configuradas num nível global, se se aplicarem a todos os ambientes. Configurações específicas de ambiente, porém, devem ser aninhadas no bloco de ambiente apropriado.

No caso de nossa aplicação da galeria, aqui está como deve parecer nosso arquivo DataSource.groovy (tenha-se em mente que a maior parte deste arquivo já está criada, então só se precisa configurar os detalhes que sejam específicos da aplicação):

```
dataSource {
  pooled = true
  driverClassName = "org.hsqldb.jdbcDriver"
  username = "sa"
  password = ""
}
hibernate {
  cache.use_second_level_cache = true
  cache.use_query_cache = true
  cache.provider_class = 'net.sf.ehcache.hibernate.EhCacheProvider'
}
// ajustes específicos do ambiente
environments {
  development {
    dataSource {
      dbCreate = "create-drop"
      // 'create', 'create-drop', ou 'update'
      url = "jdbc:hsqldb:mem:devDB"
    }
  }
  test {
    dataSource {
      dbCreate = "update"
      url = "jdbc:hsqldb:mem:testDb"
    }
  }
  production {
    dataSource {
```

```
        dbCreate = "update"
        url = "jdbc:hsqldb:file:prodDb;shutdown=true"
      }
    }
}
```

Note-se que a propriedade dataSource é especificada no topo do arquivo, bem como no bloco environments. Detalhes globais, como ajustes de agrupamento de conexões de bases de dados e o driver de JDBC, são configurados globalmente, pela colocação desses detalhes num bloco dataSource de alto nível. Detalhes específicos de ambiente, como o URL da base de dados para os ambientes de desenvolvimento, teste e produção, são configurados nos blocos dataSource de seus respectivos ambientes. Se se precisar usar um driver JDBC diferente para produção, pode-se mover esses detalhes para os blocos de ambiente apropriados ou simplesmente sobrepor os detalhes configurados globalmente no ambiente apropriado. Mais uma vez, os tipos de ambientes que se pode configurar não estão restritos: development, test, e production são apenas ambientes omissivos criados pelos gabaritos do Grails.

Mapeando URLs

O último arquivo que cobriremos no diretório grails-app/conf é o UrlMappings.groovy. Este arquivo fornece uma construção incrivelmente flexível para associação de padrões de URL a um determinado controlador ou ação. Por exemplo, aqui está como podemos relacionar o URL /category/panoramas com o CategoryController, especificando que a categoria panaromas seja exibida:

```
class UrlMappings {
  static mappings = {
    "/$controller/$action?/$id?"{
      constraints {
      }
    }

    "/category/$categoryName"(controller: CategoryController, action: "displayCategory")

    "/"(view:"/index")

    "500"(view:'/error')
  }
}
```

O mapeamento que descrevemos é, na verdade, o segundo bloco, neste exemplo. O primeiro componente do mapeamento é a parte entre aspas. Nós estamos essencialmente definindo uma expressão regular que começa com /category/. O $categoryName define um nome de parâmetro que será passado automaticamente ao controlador, usando-se a parte especificada do URL onde fica o nome do parâmetro. No nosso exemplo, a parte do URL depois de /category/ será extraída e, depois, armazenada no parâmetro denominado categoryName.

Se se observar o primeiro bloco do exemplo, se verá o URLMapping omissivo. Neste cenário, nós estamos definindo parâmetros $controller e $action. estas são palavras-chaves especiais; em vez de denotar um parâmetro em particular, elas definem o controlador a que a requisição correspondente deve ser direcionada, bem como a ação correspondente. No nosso exemplo de página de listagem de categorias, nós não definimos um $controller em nossa expressão de mapeamento, então, ao invés, nós especificamos este explicitamente, assim:

```
(controller: CategoryController,action: " displayCategory")
```

Agora que examinamos a estrutura de diretórios de uma aplicação Grails, vamos passar à definição de nosso modelo de domínio do Grails.

Definindo o modelo de domínio do Grails

Por omissão, o Grails gera três camadas centrais, que lembram as camadas que discutimos antes, neste livro: domain (domínio), controller (controlado), e service (serviço). Para oferecer consistência e melhor reforçar a convenção, o Grails reforça a estrutura de diretórios para ajudar a organizar e isolar classes de cada camada respectiva. O modelo de domínio tipicamente serve como base para uma aplicação Grails, de forma que ele é normalmente a primeira camada a ser definida.

Como provavelmente já se adivinhou, as classes do modelo de domínio ficam todas no diretório grails-app/domain. Por omissão, todas as classes de domínio ficarão no pacote Grails. Entretanto, fique-se à vontade para definir a própria estrutura de pacote, e, para aplicações maiores, isto é recomendado. Além disso, se for preciso acessar qualquer codigo Grails a partir do Java, deve-se manter as classes Grails num pacote, ou será difícil acessá-las de fora do mundo Grails/Groovy. Pode-se, também, fazer com que as classes Groovy implementem uma interface que seja acessível ao Java, como meio de melhor integrar o código Grails com o Java.

Vamos começar nossa aplicação de galeria baseada no Grails pela definição de nossa entidade de domíno Person. O Grails oferece scripts para ajudar na criação da maior parte dos arquétipos centrais doGrails, cada qual correspondendo a um gabarito em particular. Pode-se editar esses gabaritos, se se quiser mudar a maneira como as vistas omissivas ou as classes de domínio e de serviço serão criadas. Para fazê-lo, precisa-se rodar grails install-templates. Depois, pode-se acessar (e modificar) os gabaritos a partir do diretório src/templates. Para a maior parte do desenvolvimento em Grails, os gabaritos omissivos bastam.

Para criarmos nossa classe de domínio Person, rode o seguinte:

```
grails create-domain-class Person
```

Depois que este script tiver completado, se encontrará uma classe Person.groovy no diretório grails-app/domain. O Grails usa o Hibernate, nos bastidores, para persistir instâncias de Person na base de dados, e de lá recuperá-las. Diferentemente do Hibernate, o Grails não exige nenhum arquivo de mapeamento ou anotação, uma vez que a convenção ajuda o Grails a inferir a maior parte do que ele precisa para tratar da persistência para o modelo de domínio.

Agora que criamos nosso esqueleto para nossa entidade de domínio Person, vamos definir o resto das propriedades:

```
class Person {

  String firstName;
  String lastName;
  String username;
  String password;
  String email;

  Integer roleLevel;

  public static final USER_ROLE = 1;
  public static final ADMIN_ROLE = 2;
  public static final SUPERUSER_ROLE = 4;
  public static final CONTACT_USER = 16;
  public static final COMMENT_USER = 64;

  static constrants = {
    firstName(maxSize:255, unique: false, blank: false)
    lastName(maxSize:255, unique: false, blank: false)
    username(maxSize:255, unique: true, blank: false)
    password(maxSize:25, unique: false, blank: false)
    email(email:true, blank: false, unique: false)
    roleLevel()
  }

  static mapping = {
    cache true
  }

}
```

A primeira coisa que provavelmente se terá notado, nesta classe, é o quanto o código é conciso. A maioria das propriedades deve ser autoexplicativa. Como estamos usando o Groovy, não há necessidade de definirmos obtentores ou definidores (estes são implícitos, no Groovy). Note-se, ainda, que não há propriedades especificadas para id ou version; estes campos são criados automaticamente pelo Grails.

Adicionando restrições e validação

Agora, vamos examinar o bloco constraints. Restrições permitem que se defina melhor cada campo no modelo de domínio, fornecendo pistas e exigências ao Grails a respeito de como o esquema da base de dados deve ser modelado. Uma série de opções de restrição estão disponíveis, mas aqui estão algumas das mais úteis:

- blank
- minSize
- maxSize
- range
- unique
- size
- range
- inList
- email
- creditCard
- matches
- nullable

Algumas dessas restrições podem ser extremamente poderosas. Por exemplo, a restrição `matches` permite que se especifique uma expressão regular que será usada para validação do valor no campo especificado, assegurando-se que ele corresponda à expressão regular especificada.

As restrições específicas de domínio, tais como `email` e `creditCard`, ajudarão a assegurar que um campo se conforma a um endereço de e-mail ou número de cartão de crédito válidos, respectivamente.

Se se precisar de uma restrição personalizada, o Groovy inclui uma construção que permite que se defina a própria. Especifica-se a propriedade, seguida por um mapeamento de tipos de restrição e seus valores correspondentes.

Eis um exemplo:

`username(blank: false, maxSize: 255, unique: true)`

Isto assegurará que o valor de `username` não poderá ser deixado em branco, e que o campo da base de dados tem um tamanho máximo de 255 caracteres. Além disso, uma restrição unique será adicionada também ao campo `username` da base de dados.

As restrições entram em cena quando se tenta salvar uma entidade de domínio na base de dados. Se um determinado campo não for validado, um erro será anexado a uma propriedade dinâmica `errors` na instância do domínio.

Adicionalmente, as restrições definidas para cada propriedade, casadas com uma convenção de nomeação consistente, são montadas em códigos de mensagens de erro que são automaticamente usadas nos gabaritos omissivos das Groovy Server Pages (GSP) do Grails. Por exemplo, se se tentar salvar uma entidade `Person` sem se especificar um `username`, um erro de validação será emitido e associado à propriedade `errors` da instância. Posteriormente, este erro será convenientemente expresso no gabarito GSP omissivo, usando-se um código de erro que está definido não pacote de recursos `messages.properties` da aplicação.

Quando um código de erro de validação é encontrado, o Grails tenta procurar pelo código apropriado no arquivo `messages.properties`, começando com a convenção de nomeação mais específica e seguindo para as convenções mais genéricas, até que uma correspondência seja encontrada. Isto assegura que se não houver preocupação em se adicionar um código de erro específico ao arquivo messages.properties, os usuários ainda verão um erro sensível (algo relacionado com o fato de a restrição blank para o username ter sido violada). Porém, pode-se facilmente sobrepor esta mensagem omissiva, pela especificação de um código de erro para a restrição blank que seja específico para a classe Person.

Definindo associações e propriedades

A entidade de domínio Person é um exemplo bastante simplista, já que não contém, realmente, nenhuma associação ou mapeamento personalizado. Vamos dar uma olhada numa entidade mais complexa para ver como o Grails atende a um cenário típico. Atualize-se o modelo de domínio e, depois, nós mergulharemos mais fundo. Use-se o script grails create-domain--class para criar o esqueleto das classes ArtEntity, Category e Comment, respectivamente. A classe Comment deve, então, ser modificada da seguinte forma:

```
class Comment {

  String comment;
  Date commentDate;
  Person person;

  static belongsTo = [commentedArt: ArtEntity]

  static constraints = {
    comment(maxSize: 2000, blank: false)
    commentDate(nullable: false)
  }

  static mapping = {
    cache true
  }

}
```

Esta classe é similar à entidade Person que nós definimos antes. Nós definimos algumas propriedades, bem como um bloco constraints. Um acréscimo é o campo belongsTo, que fornece pistas ao Grails sobre o relacionamento entre duas entidades. Neste exemplo, nós estamos definindo um relacionamento pai-filho entre um Comment e uma ArtEntity. Também estamos definindo uma propriedade chamada commentedArt e declarando que esta propriedade é do tipo ArtEntity. Poderíamos especificar relacionamentos belongsTo adicionais, apensando-os a este mapa. Em cada caso, a chave (key) representa o nome da propriedade, e o valor (value) representa o tipo.

■ **Nota** A propriedade belongsTo define o lado proprietário de uma associação. Quando uma classe de domínio especifica uma propriedade belongsTo, ela não é a proprietária da associação. O proprietário da associação é a classe referenciada pela propriedade belongsTo.

O uso de belongsTo também estabelece regras de cascateamento. No exemplo anterior, nós estamos declarando que ArtEntity é o pai, neste relacionamento, significando que operações de salvamento e exclusão (em ArtEntity) serão convenientemente cascateadas para as instâncias relacionadas de Comment. Este relacionamento se tornará mais claro depois que examinarmos o lado oposto, que é a classe de domínio ArtEntity.

```
class ArtEntity {

  String title;
  String subTitle;
  Date uploadedDate;
  Date displayDate;
  int width;
  int height;
  String media;
  String description;
  String caption;
  ArtData_Gallery galleryPicture;
  ArtData_Storage storagePicture;
  ArtData_Thumbnail thumbnailPicture;
  boolean isGeneralViewable;
  boolean isPrivilegeViewable;

  static hasMany = [categories: Categories, comments: Comment]
  static belongsTo = Category

  static constraints = {
    title(blank:false, maxSize: 255)
    subTitle(blank:true, maxSize: 255)
    uploadedDate(nullable: true)
    displayDate(nullable: false)
    width(nullable: true)
    height(nullable: true)
    media(nullable: true, maxSize: 255)
    description(nullable: false, blank: false, maxSize: 2000)
    caption(nullable: true, maxSize: 2000)

  }
```

```
    static mappings = {
      cache true
    }
}
```

Esta classe segue um padrão similar, mas usa a propriedade hasMany, que define uma associação de um-para-muitos para outra classe. Ela também pode ser usada para se declarar uma associação de muitos-para-muitos, desde que um lado do relacionamento seja visto como proprietário da associação (pelo uso de belongsTo).

O relacionamento hasMany funciona de forma similar à convenção de belongsTo. Está-se definindo um mapa em que as keys correspondem aos nomes de propriedades (isto é, coleções) e os values correspondem à classe de domínio. No nosso exemplo, nós estamos definindo duas associações: comments e categories. Quando o Grails decifrar esta propriedade, ele criará coleções correspondentes para serem usadas para guardar essas associações. Podemos definir o tipo de coleção que queremos usar, pela declaração explícita da coleção como uma propriedade. Por exemplo, nós definimos nossa associação categories (em nossa classe de domínio ArtEntity) como um java.util.Set, definindo explicitamente esta propriedade:

```
Set categories = new HashSet();
```

> ■ **Dica** Se for preciso assegurar-se que uma coleção seja logicamente ordenada, pode-se definir uma propriedade do tipo SortedSet, e depois fazer-se com que a classe da coleção implemente a interface Comparable, em que a lógica de ordenação seja especificada. Por exemplo, se quiséssemos que nossas categorias fossem ordenadas alfabeticamente, faríamos com que nossa classe Category implementasse Comparable e definiríamos um método compareTo(def obj1, def obj2) em que a ordenação seria baseada no nome da categoria.

Personalizando mapeamentos do Hibernate para classes de domínio

Provavelmente já se percebeu a propriedade estática mappings definida em cada uma de nossas classes de domínio de exemplo. Este campo pode ser usado para se melhorar o mapeamento do Hibernate que o Grails cria e gerencia nos bastidores. Em nosso exemplo, nós simplesmente afirmamos que a entidade de domínio deve ser reservada em cache, usando o CacheManager especificado no arquivo Config.groovy. Entretanto, a construção do mapeamento é extremamente flexível e pode ser usada para se modificar muitas áreas do mapeamento omissivo do Hibernate para uma classe de domínio em particular. Por exemplo, se for preciso sobrepor-se o nome da tabela ou o nome ou tipo omissivo da coluna, a DSL de mapeamento fornece um meio para que isso seja feito. Também é possível adicionar-se regras de uso de cache para coleções ou sobrepor-se a política omissiva de busca para uma coleção, especificando-se se uma determinada coleção será buscada lassa ou avidamente. Pode-se até especificar que uma ou mais colunas sejam mapeadas para um determinado UserType do Hibernate.

Em nosso exemplo anterior do Hibernate, nós definimos uma hierarquia de classes ArtData (cada uma estendendo a classe base ArtData). No Grails, a implementação de classes de domínio polimórficas é ainda mais simples. Aqui está nossa classe ArtData:

```
class ArtData {

  byte[] picture;

  static mapping = {
    cache true
  }

}
```

E aqui está a classe ArtData_Storage (que estende ArtData):

```
class ArtData_Storage extends ArtData {

}
```

Isto é realmente tudo. Por omissão, o Grails usa a estratégia de tabela-por-hierarquia, significando que ele persiste a soma de todas as propriedades de toda a hierarquia numa única tabela.

Diferentemente do Hibernate, não há necessidade de se definir explicitamente um discriminador (para ajudar a diferenciar entre tipos), já que o Grails cuidará disso. No entanto, o Grails é flexível o suficiente para permitir que se use uma estratégia polimórfica diferente. Por exemplo, pode-se usar a DSL de mapeamento personalizado, descrito antes, assim:

```
static mapping = {
  tablePerHierarchy false
}
```

Agora que definimos nosso modelo de domínio Grails, vamos passar para a persistência e recuperação desses dados.

Usando o Registro Ativo como alternativa aos DAOs

Ao longo deste livro, aprendeu-se como o Spring simplifica o desenvolvimento de uma camada de persistência, ao reforçar vários padrões chaves de projeto, principalmente os padrões DAO, de Gabarito e de Fachada. Embora o Grails seja construído sobre as fundações do Spring e do Hibernate, ele oferece uma alternativa ao padrão DAO típico da maioria das aplicações do Spring. Seguindo a linha de outras estruturas de desenvolvimento rápido, como o Ruby on Rails, o Grails utiliza o padrão de projeto Registro Ativo como abordagem para o tratamento de operações de persistência em bases de dados.

Ao manter-se com o padrão Registro Ativo, uma tabela na base de dados é representada diretamente por uma classe de domínio. Por exemplo, em nosso exemplo da galeria, nós já definimos uma classe `Person` que descreve uma tabela `Person` correspondente em nossa base de dados, significando que os campos e associações da tabela são representados por propriedades em nossa classe `Person`.

Esta abordagem não parece muito diferente dos modelos de domínio que usamos ao longo deste livro. Contudo, a principal distinção é que a classe de domínio também serve como envelope em torno de operações da base de dados. Métodos estáticos dinâmicos são injetados em cada classe de domínio, fornecendo um meio para consulta a instâncias desse tipo de classe. Como no Hibernate, cada linha de nossa base de dados é representada por uma instância correspondente da classe de domínio apropriada. Porém, métodos `save()` e `update()` são injetados em cada instância da classe de domínio, permitindo que instâncias recém-criadas ou recuperadas sejam persistidas pela invocação de `save()` ou `update()` diretamente naquela instância.

Por exemplo, se quisermos criar ou atualizar uma dada linha na tabela `Person`, nós simplesmente chamamos `person.save()` diretamente na instância `person` que desejamos salvar. Se quisermos carregar um determinado registro de `Person` da base de dados, nós simplesmente chamamos o método estático `Person.get(id)`, passando a chave primária para o registro que desejamos recuperar.

Compare-se esta abordagem com a do padrão DAO, em que nós precisamos criar uma camada de abstração em separado para todas as operações de base de dados relacionadas com uma entidade de domínio em particular. O padrão Registro Ativo simplifica dramaticamente nosso esforço para recuperação e persistência de dados, uma vez que não há necessidade de se definir nenhuma classe ou método de DAO. Ao invés, esta funcionalidade está implícita no nosso modelo de domínio, através de comportamento dinâmico que é injetado em cada classe de domínio.

Se não precisamos definir uma implementação de DAO, então de onde vêm as implementações para métodos como `Person.get(id)` e `Person.save()`? O padrão Registro Ativo diz que nós devemos simplesmente ser capazes de definir um modelo de domínio e começar a chamar métodos nessas classes para alcançar a lógica de persistência que estamos tentando construir. A questão permanece, porém: se podemos simplesmente chamar `save()` em nossa instância de `Person`, onde é que definimos o comportamento para este método? Vamos dar uma olhada nos bastidores do GORM para ter uma ideia melhor de como isto funciona.

Nos bastidores do GORM

Uma das principais vantagens de linguagens como o Groovy é que elas são dinâmicas, o que significa que, dentre outras coisas, pode-se definir novo comportamento para as classes a qualquer momento. No caso do Grails e do padrão Registro Ativo, a estrutura é capaz de melhorar o modelo de domínio com nova funcionalidade relacionada a persistência. Esta estratégia é um conceito chave do Groovy e é habilitada pelo uso da construção `metaClass` do Groovy, como discutido antes, neste capítulo.

Trabalhando com métodos localizadores dinâmicos

O Grails injeta nova funcionalidade em cada classe de modelo de domínio para facilitar o padrão Registro Ativo. Diferentemente da abordagem DAO, nenhum método precisa ser definido no código. Ao invés, o Grails usa convenções de nomeação para interpretar como interagir com a base de dados. Usando o nome do método invocado, o Grails intui o tipo de operação a ser realizada. Isto é melhor explicado através de alguns exemplos.

Voltando à nossa aplicação da galeria, vamos definir um teste de unidade simples que ilustra o salvamento e o carregamento de nossa classe de domínio `Person`. Como queremos demonstrar como o Grails se comporta numa aplicação em execução, nós precisamos criar um teste de integração, que realmente inicializa um `ApplicationContext` do Spring, de forma que possamos testar a funcionalidade que se baseia nas funcionalidades centrais do Grails, tais como a persistência. O Grails é acompanhado de um script que cria o esqueleto do teste de integração para nós:

```
grails create-integration-test Person
```

Depois de rodar este comando, encontra-se um esqueleto de teste de integração em `test/integration/grailsGallery/PersonTests.groovy`. No nosso teste, nós vamos verificar se podemos instanciar, salvar e carregar uma entidade de domínio `Person`:

```
class PersonTests extends GroovyTestCase {
  ...
  void testSavePerson() {
    Person person = new Person(
      [firstName: "Sam", lastName: "Smith",
      username: "ssmith", password: "1234",
      email: "sam@notarealaddress.com",
      roleLevel: Person.ADMIN_ROLE])
    assertTrue("Entidade Person é válida e pode ser salva",
       (person.validate() && person.save()))
    assertNotNull("id de person é null", person.id)
    def loadedPerson = Person.get(person.id)
    assertTrue(
       "Person foi carregada com sucesso",
       loadedPerson != null &&
       loadedPerson.username != null)
  }
}
```

Este teste é bem direto. Note-se que nós instanciamos nossa entidade `Person` usando um `java.util.Map` contendo propriedades omissivas para nossa classe Groovy. Depois que a instância de `Person` é instanciada, nós verificamos se ela é validada e salva com sucesso. `validate()` verifica todas as exigências especificadas no bloco de restrições de nosso modelo de domínio. Se nosso modelo de domínio não for validado com sucesso, o Grails ajustará a propriedade `errors` em nossa instância de `Person`. A propriedade `errors` contém detalhes sobre cada falha de validação e é uma implementação da interface `org.springframework.validation.Errors`. Esta interface é bem útil para acompanhamento e gerenciamento de submissões de formulários, e deve ser familiar para usuários do MVC do Spring.

No caso de um erro de validação, nós podemos iterar por cada erro para descobrir exatamente o que deu errado:

```
person.errors.allErrors.each {curError ->
  log.error("Erro salvando instância de Person: ${curError}");
}
```

Podemos também obter uma contagem de erros, assim:

```
person.errors.errorCount()
```

■ **Nota** Uma variável de instância `log` é automaticamente injetada em todas as classes controladoras e de serviço, permitindo que se emita facilmente mensagens de registro. Esta é uma instância da classe `Logger` do log4j, e é configurada no arquivo `Config.groovy` descrito anteriormente, neste capítulo.

O Grails segue com uma biblioteca de marcas que ajuda a se expressar erros numa típica submissão de formulário. Além disso, os gabaritos omissivos do Grails criarão vistas GSP que automaticamente expressarão mensagens de erro claras, no caso de qualquer falha de validação ou de salvamento. É claro que mensagens de erro omissivas pode ser facilmente sobrepostas, pela atualização do arquivo `messages.properties`.

Neste ponto, deve-se ter um sólido entendimento de como se salvar e carregar uma entidade de domínio. Infelizmente, isso não nos leva muito longe. Queremos poder consultar a base de dados. Para demonstrar como isso funciona, primeiro nós adicionamos alguns dados a nossa base de dados.

Vamos voltar ao arquivo `PersonTests.groovy` e definir um método `setup()` que será executado antes de cada um de nossos testes, e que nos permitirá preencher a base de dados com alguns dados de amostra:

```
void setUp() {
  def baseNames = [
    "Sam", "Bob", "Heather",
    "Steve", "Sofia"]
  baseNames.each {curName ->
    def person = new Person(
      [firstName: curName,
       lastName: curName,
```

```
      username: curName,
      password: "1234",
      email: "${curName}@apress.com",
      roleLevel: Person.USER_ROLE])
    assertTrue (
      "Entidade Person é válida e pode ser salva",
      (person.validate() && person.save()))
    assertFalse(
      "Não deve haver erros na entidade salva",
      person.hasErrors())
  }
}
```

Este método é um pouco arcaico, já que nós simplesmente iteramos por uma java.util. List de nomes e criamos novas entidades Person usando esses nomes como dados seminais para cada campo. Note-se, também, que nós adicionamos uma nova asserção para verificar se person.hasErrors() é false. Depois de uma operação save, chamar hasErrors() é um costume útil para garantir que não houve erros que impedissem a entidade de ser persistida na base de dados. Esta abordagem será vista frequentemente em uso nos controladores omissivos do Grails.

Agora que temos uma maneira de semear nossa base de dados com alguns dados de amostra, vamos ver como o Grails torna as consultas à base de dados muito intuitiva.

```
void testFinders() {

  def foundPeople = Person.findAllByUsername("Sam");

  /* foundPeople deve referenciar uma List
     contendo uma entidade Person */
  assertEquals("Uma pessoa encontrada", 1, foundPeople.size())

  /* singlePerson deve se referir a uma única entidade Person,
     e a propriedade lastName deve ser igual a Sam */
  def singlePerson = Person.findByUsername("Sam")

  assertEquals("Último nome é Sam", "Sam", singlePerson.lastName)

  def allPeopleSorted =
    Person.list(max: 3, order: "asc",
        sort: "username", offset: 0);

  assertTrue(
    "Três pessoas retornadas", allPeopleSorted.size())
```

```
assertEquals(
"Primeira pessoa na lista é Sam", "Sam",
allPeopleSorted[0].username)
}
```

Este novo método ajuda a ilustrar muito da flexibilidade para consulta de dados usando-se o conceito de localizador dinâmico do Grails. Note-se que a maneira como cada nome de método é formatado determina a consulta que eventualmente é gerada na base de dados.

Em nosso primeiro exemplo, nós rodamos `Person.findAllByUsername("Sam")`. Este tipo de estrutura retorna todos os dados que correspondem ao campo `username`. Note-se que nós usamos camel casing. O formato pode ser melhor expresso usando-se a seguinte estrutura:

`DOMÍNIO.findAllBy<NOMEDAPROPRIEDADE>`

Observando-se as asserções, percebe-se que este tipo de método sempre retornará uma coleção de objetos. Assim, nossa próxima asserção usa o formato:

`DOMÍNIO.findBy<NOMEDAPROPRIEDADE>`

Este método funciona de forma similar, mas retornará apenas um único objeto. Esta afirmação é validada em nossa asserção, já que demonstramos que o valor retornado é uma única instância de `Person`, em vez de uma coleção.

Ambos os métodos dinâmicos, findAllBy e findBy, podem também ser expandidos, para se especificar modificadores no nome da propriedade ou para se prover mais restrições. Por exemplo, se quiséssemos encontrar todos os usuários cujos primeiro e último nomes começassem com a letra p, isto poderia ser expresso no seguinte método:

`Person.findAllByFirstNameIlikeAndLastNameIlike("P%", "P%");`

Neste exemplo, nós primeiro especificamos uma propriedade condicional de firstName e, depois, modificamos a condição usando Ilike. O modificador Ilike é similar ao modificador like, mas é insensível ao caso. Em seguida, nós apensamos And ao nome do método para restringir ainda mais a consulta com uma condição de propriedade adicional.

Uma abordagem similar pode ser usada para se encontrar o número de linhas na base de dados que correspondem a uma série de condições especificadas, usando-se o método localizador dinâmico countBy*. Baseados nesse exemplo, nós podemos definir uma estrutura de nomeação de métodos que delineie a maneira pela qual um método localizador dinâmico é formatado:

countBy/findBy/findAllBy<NOMEDAPROPRIEDADE><MODIFICADOR>AND/OR<NOMEDAPROPRIEDADE><MODIFICADOR>

Seguem alguns dos modificadores que podem ser usados:
- Between
- GreaterThan
- GreaterThanEquals
- LessThan
- LessThanEquals
- Like
- Ilike
- Not
- Equal

Nosso próximo exemplo simplesmente chama Person.list(), que retorna todas as instâncias da classe de domínio Person. No entanto, nós também passamos um Map de opções que ajudam a definir opções de restrição e de ordenação em nossos dados retornados. Essas opções também podem ser usadas para paginação, uma vez que se pode definir o número máximo de itens a serem retornados (max), bem como um deslocamento (offset). A tabela 6-1 resume as opções que podem ser passadas ao método list().

Tabela 6-1. Opções para ordenação e paginação de um conjunto de resultados

Opção	Finalidade
sort	Campo pelo qual proceder a ordenação
order	Direção da ordenação (ascendente ou descendente)
max	Número máximo de itens a retornar
offset	Deslocamento dentro do conjunto resultante total para o primeiro item retornado

Um Map contendo as opções listadas na tabela 6-1 também funcionará com os métodos findAllBy*. Por exemplo, poderíamos requisitar a segunda página (supondo-se que cada página contivesse dez objetos) de instâncias de Person, ordenadas por nome em ordem descendente:

def people = Person.list(sort: "name", order: "desc", max: 10, offset: 10);

Criando métodos avançados de consulta

A abordagem do localizador dinâmico descrita na seção anterior funciona bem para a maioria dos tipos de consulta. Contudo, às vezes é importante ter-se um pouco mais de flexibilidade. O Grails também oferece os métodos find() e findAll(), que permitem que se utilize consultas HQL arbitrárias. find() retorna uma única entidade, e findAll() retornará múltiplas entidades. Alternativamente, um método ainda mais flexível, executeQuery(), permite que se definam consultas que não retornem uma entidade específica de domínio.

Vamos examinar um exemplo usando HQL. Suponha-se que queiramos consultar todos os objetos ArtEntity que se encaixem numa categoria em particular. Isto poderia ser representado usando-se a seguinte consulta:

```
List artEntities = ArtEntity.findAll(
  "from ArtEntity artEntity left join
    artEntity.categories as category with
      category.id = :categoryId",
      ["categoryId": category.id])
```

Note-se que nós usamos uma junção à esquerda no objeto de domínio Category, especificando uma restrição with para aquelas categorias que correspondam à ID da categoria especificada.

Nós usamos parâmetros nomeados, nesta consulta. Tal como numa típica consulta HQL, os nomes de parâmetros são representados, na consulta, pela prefixação do nome com dois-pontos (:). os mapeamentos de nome-valor de parâmetros são, então, passados como um Map (como segundo parâmetro para a consulta findAll).

Usando a API Criteria

Tal como o Hibernate padrão, o Grails oferece um meio de se expressar consultas usando-se a API Criteria. Entretanto, como estamos usando o Groovy, em vez do Java, nós podemos tirar vantagem de uma DSL Criteria, permitindo-nos definir os critérios de nossa consulta de uma forma mais concisa e legível. Por exemplo, nós poderíamos consultar todas as instâncias de ArtEntity em uma de duas categorias especificadas que também caíssem numa dada faixa de datas, usando a seguinte consulta:

```
def criteria = ArtEntity.createCriteria()
def currentDate = new Date()
def earlierDate = currentDate - 3
def catName1 = "autumnPicts"
def catName2 = "summerPicts"
def results = criteria.list {
  between('displayDate', earlierDate, currentDate)
  categories {
    or {
      equals("name", catName1)
      equals("name", catName2)
    }
  }
}
```

Este exemplo usa o Criteria Builder do Grails, permitindo-nos expressar um conjunto bastante complexo de restrições de uma forma muito intuitiva. Relembrando-se a API Criteria padrão do Hibernate, deve-se ser capaz de inferir a maior parte do que está acontecendo em nosso exemplo. Disjunções e conjunções de critérios podem ser especificadas usando-se blocos or e and, respectivamente. Similarmente, critérios de associação podem ser expressos pela definição de um bloco com o nome da associação, que é o que nosso bloco categories faz, no exemplo precedente. Em nosso bloco categories há uma disjunção or aninhada, e nesse bloco se encontram nossas restrições equals, permitindo-nos filtrar as categorias que correspondem a qualquer dos nomes de categoria que especificamos.

Tratando associações em Grails

Nós descrevemos como as associações pode ser definidas usando-se as convenções hasMany e belongsTo. Estas construções são eficientes para a indicação de como nossas entidades de domínio se relacionam umas com as outras. Uma vez definido nosso modelo de domínio, nós precisamos manipulá-lo.

Deve-se lembrar que, no mundo do Hibernate, é importante escrever-se código que assegure que as associações bidirecionais sejam apropriadamente gerenciadas. Por exemplo, é prática comum definir-se métodos add* e remove* numa classe de domínio do Hibernate que assegure que ambas as pontas de uma associação estejam apropriadamente definidas ou removidas. O Grails ajuda a assegurar que ambos os lados de uma associação estejam apropriadamente referenciados (ou desreferenciados) pelo fornecimento de métodos dinâmicos addTo* e removeFrom*. Por exemplo, se quisermos adicionar novas instâncias de Comment a uma ArtEntity, poderemos fazê-lo usando o seguinte código:

```
def loadedArtEntity = ArtEntity.findByName("Awesome Panorama");
def loggedInUser = Person.findByUsername("Sam");
Comment newComment = new Comment(
          comment: "Cool pict!",
          commentDate: new Date(),
          person: loggedInUser);
loadedArtEntity.addToComments(newComment);
if (!loadedArtEntity.hasErrors() && loadedArtEntity.save()) {
  println("new comment saved");
} else {
  println("Error saving new comment");
}
```

No nosso exemplo, nós definimos um novo Comment e, depois, o adicionamos à associação comments de ArtEntity usando o método addToComments. Poderíamos também optar por remover uma determinada referência a comentário usando o método removeFromComments. Note-se que não invocamos save() diretamente em nossa nova instância de Comment. Ao invés, nós salvamos nossa instância de ArtEntity, permitindo que a operação de salvamento cascateie a associação comments, uma vez que nós especificamos que ArtEntity é o proprietário da associação. Esta propriedade de associação é expressa nesta linha, na classe de domínio Comment:

```
static belongsTo = [commentedArt: ArtEntity]
```

Armando e construindo a aplicação Grails

Com nosso modelo de domínio definido, nos podemos nos basear nos scripts de geração do Grails para criar esqueletos de funcionalidade para nossa aplicação da galeria. Pode-se baixar a aplicação completa de galeria baseada em Grails do website deste livro.

Para gerar-se controladores e vistas para uma classe de domínio em particular, deve-se certificar que se está na raiz de nossa aplicação Grails de galeria e, depois, rodar o seguinte:

```
grails generate-all <<classe-de-domínio>>
```

Deve-se certificar de substituir classe-de-domínio pelo nome da entidade de domínio para a qual se queira gerar controladores e GSPs. Pode-se, também, gerar apenas os controladores ou apenas as GSPs, chamando-se os seguintes scripts, respectivamente:

```
grails generate-controller <<classe-de-domínio>
grails generate-views <<classe-de-domínio>>
```

Recomendamos enfaticamente que se examinem os controladores e as vistas, para se ter uma melhor ideia de como uma típica aplicação Grails funciona. Tenha-se em mente que o código gerado é baseado em esqueleto projetado para funcionar de uma maneira muito genérica (de forma que funcione em todos os tipos de modelos de domínio). Portanto, também é útil examinar-se a aplicação Grails da galeria de amostra, para se ter uma perspectiva ligeiramente diferente.

■ **Nota** Para detalhes sobre o desenvolvimento em Grails, incluindo a construção de controladores e GSPs, veja-se *The Definitive Guide to Grails, Second Edition*, de Graeme Rocher (Apress, 2009).

Pode-se facilmente iniciar a aplicação Grails usando-se um determinado ambiente, pela passagem da variável ambiental `grails.env` para o script `grails run-app`:

```
grails -Dgrails.env=development run-app
```

Este comando iniciará automaticamente nossa aplicação, usando a configuração ambiental development. Normalmente não se quer rodar uma aplicação de produção ou estagiária desta forma, mas ela é conveniente para fins de teste. Internamente, o Grails usa um servidor Jetty embutido para rodar a aplicação, quando se usa o comando `run-app`.

Pode-se distribuir o Grails em qualquer servidor de aplicações, se se criar um arquivo WAR usando-se o comando war Grails. Se quiser criar suma aplicação para distribuição num servidor de aplicações próprio, deve-se rodar, ao invés, este comando:

```
grails -Dgrails.env=production war
```

Recomendamos explicitamente que se use -Dgrails.env para se especificar um ambiente, já que ele suporta tanto ambientes personalizados quanto omissivos. No entanto, se se estiver usando os ambientes omissivos do Grails, pode-se usar este atalho:

```
grails prod war
```

Definindo uma camada de serviços transacionais no Grails

Ao longo deste livro, já se aprendeu sobre o suporte transacional. Sabe-se o quanto é importante assegurar-se que as operações num determinado método sejam todas completadas (ou desfeitas) como uma unidade atômica e única de trabalho. O Grails também encoraja o uso do padrão de fachada de serviço, e facilita muitíssimo a definição de exigências transacionais. Porém, em nome da flexibilidade, o Grails fornece duas opções para se assegurar que operações de persistência ocorram num contexto transacional.

Se não se quiser criar uma classe de serviço, uma abordagem alternativa para se assegurar que operações de persistência ocorram num contexto transacional é envolver o bloco de código numa clausura e passar esta ao método dinâmico withTransaction, injetado em cada classe de domínio. Por exemplo, poderíamos assegurar que uma atualização numa categoria e numa ArtEntity ocorresse numa transação fazendo o seguinte:

```
Comment.withTransaction {txStatus ->
  def comments = Comment.findAllByCommentDateGreaterThan(lastWeek);
  comments.each {Comment curComment ->
    if (Comment.hasSpam(curComment)) {
      curComment.delete()
    }
  }
}
```

Aqui, nós estamos, na verdade, definindo um bloco de clausura anônimo e passando esta clausura ao método dinâmico withTransaction do objeto de domínio Comment. Este é um exemplo trivial, mas ele ilustra o quanto pode ser simples a definição de uma transação usando-se o Grails.

■ **Nota** O parâmetro txStatus da clausura é um objeto org.springframework.transaction.TransactionStatus, que permite que se obtenha informações sobre a transação atualmente em execução e que se acione um desfazimento programaticamente, pela chamada a txStatus.setRollbackOnly().

Uma abordagem mais limpa é implementar-se uma camada de serviço e organizar-se as operações transacionais num método de serviço. No Grails, pode-se criar um novo método de serviço pela execução do seguinte comando:

```
grails create-service servicename
```

Isto criará um novo serviço no diretório `grails-app/services`. O Grails tem uma maneira bem simplista de se declarar se uma determinada classe de serviço deve ser ou não transacional. Simplesmente adiciona-se o seguinte ao topo da classe de serviço:

```
static transactional = true;
```

Se `transactional` for ajustada para `true`, todos os métodos rodarão num contexto transacional. Se esta propriedade estática for `false`, nenhuma transação será usada.

Resumo

Neste capítulo, nós cobrimos alguns dos fundamentos para o desenvolvimento de uma aplicação web usando-se o Groovy e o Grails. O Grails oferece um contraste interessante para os tópicos cobertos nos capítulos anteriores. Embora baseado firmemente no Spring e no Hibernate, o Grails utiliza o Registro Ativo como alternativa ao padrão de projeto DAO. Esta abordagem é mais prática no Grails, devido a seu uso da linguagem dinâmica Groovy, permitindo que novos comportamentos e métodos sejam dinamicamente definidos. Pelo uso da convenção sobre configuração, o Grails pode reduzir significativamente a quantidade de esforço necessário para se pôr de pronto uma aplicação funcional.

A despeito de algumas dessas diferenças, a profunda influência do Spring é claramente presente, e a maioria das lições e padrões utilizados com outras estruturas de persistência ainda podem ser aplicados ao Grails. Viu-se como alguns dos conceitos fundamentais do Spring, tais como a injeção de dependências, pode ser ainda mais melhorada ppela configuração baseada no Groovy, e pela conexão implícita baseada em convenção.

O Spring Roo

O SpringSource tem um crescente registro de desempenho de fornecimento de software que remove impedimentos que aflige os engenheiros de software de empresas. O Spring Roo é sua última tentativa ambiciosa de levar o desenvolvimento rápido de aplicações (RAD) aos desenvolvedores Java.

Neste capítulo, nós vamos reconstruir nossa aplicação da galeria de arte a partir do zero, de forma que se possa ver o quão rapidamente o Roo pode dar partida a um projeto. Isso também oferecerá uma excelente oportunidade de se comparar e contrastar o que fizemos manualmente, até aqui, com tudo o que o Roo gera automaticamente. Os ganhos em produtividade ficarão imediatamente óbvios.

O que o Roo é (e o que ele não é)

A arquitetura do Roo gira primariamente em torno do Spring e do AspectJ, a estrutura de AOP que o Spring usa para expressar pointcuts através dos vários módulos do Spring. O AspectJ oferece uma funcionalidade chamada de *declaração inter-tipos* (ITD), que o Spring Roo usa como parte de seu processo de geração de código. A ITD permite uma separação limpa entre o código fonte pessoal (os arquivos .java) e o código fonte gerado pelo Roo (arquivos ITD do Aspect .aj). Esses dois arquivos-fontes são, então, combinados durante um passo de compilação para produzir o bytecode que representa toda a funcionalidade pretendida.

Esta separação limpa oferece exatamente o que se esperaria de uma estrutura RAD: a convenção sobre configuração é realizada através dos arquivos-fontes .aj gerados, e pode-se fazer o código normal próprio, sobrepondo-se as convenções como se ache apropriado, sem estender ou implementar quaisquer classes ou APIs específicas do Roo. Como resultado desta esperta abordagem, todo o código Roo se parecerá completamente natural para os desenvolvedores Java.

Embora um IDE não tenha que usar o Roo, IDEs como o Eclipse e o SpringSource Tool Suite (STS) podem tirar vantagem da tipificação estática do Java para oferecer completa integração para conveniências como completamento de código.

Em virtude da abordagem de compilação que o Roo usa, a estrutura não impõe absolutamente nenhuma exigência ao ambiente de execução! Ele é um veículo simples e eficaz para acelerar o desenvolvimento, e potencializar os desenvolvedores para serem produtivos com o Java, sem a curva de aprendizado associada à seleção de novas linguagens e estruturas de tempo de execução.

A infraestrutura central do Roo fornece capacidades como monitoramento de arquivos, gerenciamento de metadados, e introspecção de tipos. Uma das maiores proezas do Roo é sua infraestrutura de complementos. O Roo é um projeto muito jovem, mas sua biblioteca de complementos já é impressionante. O Roo 1.0.x foi implementado como um único carregador de classes. A partir do 1.1.0, porém, o Roo é inteiramente baseado no OSGi.

O OSGi (inicialmente conhecido como iniciativa do Portal de Serviços Abertos, nome agora obsoleto) é um sistema modular e plataforma de serviços para a linguagem de programação Java que implementa um modelo de componentes completo e dinâmico. Esses módulos, conhecidos como *pacotes*, no jargão do OSGi, podem ser instalados, iniciados, atualizados e desinstalados sem se reinicializar a aplicação. Cada pacote tem seu próprio carregador de classes, e os pacotes podem interagir uns com os outros através de um registro de serviços. A modularidade provida pelo OSGi oferece uma plataforma extensível para o Roo. Todos os componentes chaves com que se interage, tais como o Hibernate e os testes automatizados de integração, são realmente construídos como pacotes do OSGi. Esta arquitetura habilita a comunidade a continuar a estender o Roo.

À primeira vista, pode parecer um pouco estranho que o SpringSource tenha duas estruturas distintas de RAD em seu repertório: o Grails (coberto no capítulo anterior) e o Roo. Mas nós acreditamos que as duas são suficientemente diferentes para coexistirem. Em projetos verdes, em que uma equipe tem o luxo do tempo para aprender algo novo e aberto para o uso de linguagens dinamicamente tipificadas, nós seríamos pressionados a não recomendar o uso do Groovy e do Grails. Mas se se estiver trabalhando no contexto de uma aplicação legada, ou simplesmente se queira continuar com as ferramentas e linguagens que se conhece melhor, o Roo é uma fantástica alternativa. Neste capítulo, nós esperamos demonstrar por que.

JAVA, GRAILS E ROO

O Java desfruta de uma forte base nas empresas, e por boas razões. O Java foi criado por James Gosling e inicialmente liberado pela Sun Microsystems em 1995. Quinze anos mais tarde, seu ecossistema é enorme! O Java tem sido usado para se programar tudo, de celulares a eletrodomésticos, até incrivelmente complexos sistemas comerciais globais que exigem tempos de resposta menores que um milissegundo. Ele é frequentemente ensinado como parte dos currículos de ciência da computação, e há legiões de engenheiros com extensa experiência no uso do Java na empresa. Isto assegura fácil acesso a engenheiros talentosos em todos os níveis de experiência. Além disso, há muitas estruturas e bibliotecas para se escolher, tanto de código aberto quanto comerciais, de forma que não há necessidade de se reinventar a roda toda a vez que se encontram problemas comumente enfrentados, para os quais padrões de projeto e melhores práticas são bem estudados e entendidos. Equipes de desenvolvimento podem ganhar um tempo precioso e poupar custos pela reutilização ou extensão de software existente. Tal uso de esqueletos de sistemas permite que se foque na escrita de código que realmente diferencie a organização. Todas essas razões tornam a escolha do Java como plataforma que impulsiona um negócio muito atraente.

A despeito da promessa do Java na empresa, nem tudo são rosas para o programador Java individual. À medida que o desenvolvimento web em geral, e o do software de código aberto em particular, floria ao longo da última década, nós assistimos a um tremendo influxo de novas linguagens de programação e estruturas web (e, muito interessantemente, vimos também velhas linguagens encontrando novos nichos). Se se dedicou algum tempo na exploração de algumas dessas tecnologias alternativas, as deficiências de produtividade do Java se tornaram prontamente óbvias. Há muitos obstáculos técnicos, quando se está programando num ambiente Java, que podem retardar um desenvolvedor. Dentre eles estão os passos de compilação, a necessidade de se reiniciar o servidor de aplicações para ver o efeito de alterações, e o que muitos citam como o aspecto de "alta classe" do Java, em que os engenheiros perdem tempo precioso escrevendo e mantendo uma quantidade incomum de código padrão.

Na comunidade Java, vimos surgirem estruturas que empregam linguagens de script mais novas, objetivando fornecer modelos de desenvolvimento mais rápidos em cima da bem testada JVM. O Grails é uma dessas estruturas, escrita na linguagem Groovy, que alcançou projeção sob o comando de Graeme Rocher e foi, mais tarde, adquirido pelo SpringSource.

Como se aprendeu no capítulo 11, o Grails oferece produtividade aumentada através do paradigma de design de software conhecido como convenção sobre configuração (às vezes chamado de codificação por convenção). Estruturas que aplicam este paradigma são frequentemente chamadas de "muito opinadas". Elas se empenham em reduzir o número de decisões que um desenvolvedor deve tomar na construção de uma aplicação, ao mesmo tempo que oferecem amplos ganchos para que se especifique ou se sobreponha comportamentos em que a aplicação se desvie da convenção. Por exemplo, em nossa aplicação da galeria de arte, uma estrutura usanso a convenção sobre configuração asseguraria que a classe de domínio Person seria mapeada numa tabela de base de dados de nome correspondente, person, por omissão. A estrutura também forneceria um meio de se sobrepor tal comportamento, se soubéssemos que nossa tabela na base de dados fosse, na verdade, chamada user, em vez de person.

A própria natureza do Groovy como linguagem de script dinamicamente tipificada evita a necessidade de passos de compilação e, em muitos casos, até de reinicialização do servidor de aplicações. O Grails reduz ainda mais o peso sobre os desenvolvedores e atende aos obstáculos mencionados anteriormente através do uso pesado da reflexão e do modelo de metaprogramação do Groovy para gerar código dinamicamente, em tempo de execução, aliviando, assim, muito do código padrão exigido para típicas aplicações web.

Assim, sob a direção de Ben Alex, o Spring Roo permite que engenheiros explorem o puro Java, completo com todas as ferramentas que eles conhecem e gostam, ao mesmo tempo que acelera o ciclo de vida do desenvolvimento através da extensiva geração de código.

Criando um modelo de domínio com o Roo

O projeto dirigido por domínio (DDD, na sigla em inglês) é uma metodologia para desenvolvimento de software popularizada por Eric Evans em seu excepcional livro Domain-Driven Design: Tackling Complexity in the Heart of Software (Addison-Wesley Professional, 2003). O DDD tenta modelar sistemas ou processos reais em software, pelo foco na camada de domínio da aplicação e em sua refinação, ao longo de todo o processo de desenvolvimento. Para chegar a isso, Evans defende que se inicie o trabalho de uma maneira altamente iterativa e interativa com um perito no domínio, para se definir uma linguagem onipresente. Esta linguagem onipresente oferece terminologia e definições consistentes, de forma que os engenheiros e os peritos do domínio possam eficientemente se comunicar sobre as entidades do sistema.

O Spring Roo não defende explicitamente o DDD, mas como o Roo põe tanta ênfase na camada de entidades, os princípios de DDD são um caimento natural. Como introdução ao Roo, nós percorreremos seu uso para criar nosso domínio da aplicação de galeria de arte, mostrado na figura 12-1.

256 ■ Persistência no Spring com o Hibernate

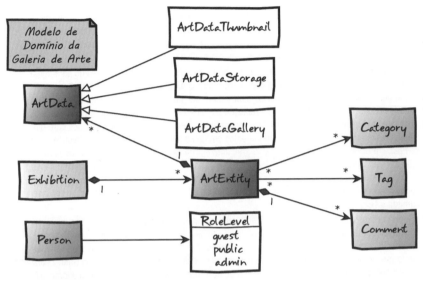

Figura 12-1. O modelo de domínio da galeria de arte

Conhecendo o Roo

Certifique-se de ter os prerrequisitos, o Java 5 ou posterior e o Maven 2.0.9 ou posterior, configurados no sistema. Depois, baixe-se e siga-se as instruções de instalação para a versão isolada do Roo, disponível em www.springsource.org/roo para assegurar que o roo esteja disponível no caminho de execução.

Em seguida, crie-se um diretório para o novo projeto, chamado rooGallery. Mude-se para este novo diretório e execute-se roo. Assim, entra-se no ambiente shell do Roo e se é apresentado a uma tela de boas vindas do Roo, como visto na figura 12-2.

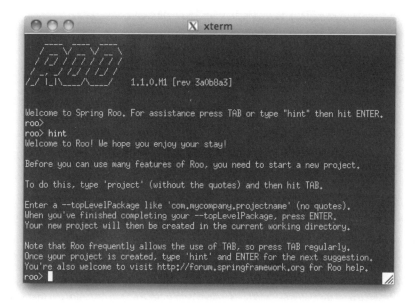

Figura 12-2. O shell do Roo

■ **Dica** À medida que se explorar o Roo, pode-se usar livremente hint e completamento por tab para se obter ajuda contextual do Roo. Cada comando do Roo tem uma extensiva lista de opções que se pode especificar. Certifique-se de usar o inteligente completamento por tab, no shell do Roo, à medida que se experimenta os comandos para ver como o Roo leva para o caminho correto, eliminando-se qualquer necessidade de se memorizar seus comandos.

Antes de se criar um novo projeto, no shell do Roo, digite-se o comando osgi e utilize-se o completamento por tab para ver todas as opções que o Roo oferece. Um dos comandos OSGi mais básicos, suportados pelo ambiente de execução Apache Felix, no qual o Roo é baseado é o ps. Executando-se osgi ps lista-se todos os pacotes do OSGi no ambiente de execução do Roo, juntamente com informações de versão e o status do pacote, tal como ACTIVE, STARTING, e assim por diante.

Criando um novo projeto

Vamos arregaçar as mangas. Primeiro, crie-se o projeto usando o comando project no shell do Roo, assim:

258 ■ Persistência no Spring com o Hibernate

```
roo> project --topLevelPackage com.prospringhibernate.gallery

Created ~/rooGallery/pom.xml
Created SRC_MAIN_JAVA
Created SRC_MAIN_RESOURCES
Created SRC_TEST_JAVA
Created SRC_TEST_RESOURCES
Created SRC_MAIN_WEBAPP
Created SRC_MAIN_RESOURCES/META-INF/spring
Created SRC_MAIN_RESOURCES/META-INF/spring/applicationContext.xml
Created SRC_MAIN_RESOURCES/log4j.properties
```

Este comando cria todos os diretórios necessários para um projeto Maven. Além disso, ele configura o arquivo pom.xml do Maven e cria um arquivo applicationContext.xml do Spring.

No shell do Roo, execute-se hint para ver como a exibição de mensagens foi atualizada para refletir o contexto atual da aplicação. Vê-se que se tem a estrutura básica, mas nenhum mecanismo para persistência. Então, nós seguiremos a sugestão do Roo e configuraremos nosso provedor de JPA e base de dados associada usando o Hibernate e a base de dados em memória H2, como segue:

```
roo> persistence setup --provider HIBERNATE --database H2_IN_MEMORY
```

Percebe-se, na saída resultante, que o Roo cria uma configuração persistence.xml da JPA, bem como um arquivo database.properties. Ele também modifica o arquivo applicationContext.xml e insere um punhado de dependências no arquivo pom.xml.

Depois de apenas dois comandos no Roo, tem-se, agora, uma aplicação Spring 3 e Hibernate 3.5 completamente configurada. O Roo criou automaticamente muitas das construções que vimos antes, neste livro, com omissivos sensíveis, incluindo todos os beans do Spring necessários para o gerenciamento declarativo de transações e a JPA.

■ **Dica** Como alguém que tem usado variações do Unix por quase duas décadas, não é difícil se apaixonar pelo shell interativo do Roo. Este shell é muito mais que uma simples interface para execução de comandos. Sempre que se inicia um shell do Roo, seja a partir de um prompt do Unix, seja de dentro de um IDE, o Roo se mantém de olho nos arquivos do projeto, e transparentemente faz alterações ao projeto, dinamicamente, em segundo plano, à medida que se faz alterações no código. Isso pode soar um tanto perturbador, inicialmente, mas os arquivos ITD que mencionamos antes, localizam as alterações do Roo. O Roo não mexerá nos arquivos Java, a menos que se emita comandos explicitamente para fazê-lo. E o desenvolvedor só precisa respeitar o território do Roo e evitar editar os arquivos ITD por si mesmo.

Como demonstraremos posteriormente, neste capítulo, é incrivelmente fácil sobrepor-se o comportamento automaticamente gerado do Roo. Todas essas considerações fornecem muitas opções quando do desenvolvimento de uma aplicação. Pode-se modificar o código dentro do IDE, como normalmente se faria (por exemplo, para se adicionar campos a entidades), ou pode-se entrar no shell do Roo e criar-se o código de uma maneira que poupa linhas de comando. Esta automação e flexibilidade de opções libera precioso tempo de desenvolvimento para se focar no que interessa: o problema funcional à mão.

Adicionando entidades

Agora, nós criamos um projeto e configuramos nossa camada de persistência. Novamente, execute-se o comando hint no shell, e vê-se que o Roo está sugerindo que comecemos a dar forma ao nosso domínio com o comando entity. O comando entity gera um JavaBean simples com anotações da JPA. Começaremos pela criação de nosso tipo ArtEntity, usando o comando entity, como segue:

```
roo>  entity  --class  com.prospringhibernate.gallery.domain.ArtEntity
--testAutomatically

Created SRC_MAIN_JAVA/com/prospringhibernate/gallery/domain
Created  SRC_MAIN_JAVA/com/prospringhibernate/gallery/domain/ArtEntity.java
Created  SRC_MAIN_JAVA/com/prospringhibernate/gallery/domain/ArtEntity_Roo_Entity.aj
Created  SRC_MAIN_JAVA/com/prospringhibernate/gallery/domain/ArtEntity_Roo_ToString.aj
Created  SRC_MAIN_JAVA/com/prospringhibernate/gallery/domain/ArtEntity_Roo_Configurable.aj
Created SRC_TEST_JAVA/com/prospringhibernate/gallery/domain
Created    SRC_TEST_JAVA/com/prospringhibernate/gallery/domain/ArtEntityDataOnDemand.java
Created    SRC_TEST_JAVA/com/prospringhibernate/gallery/domain/ArtEntityIntegrationTest.java
Created    SRC_TEST_JAVA/com/prospringhibernate/gallery/domain/ArtEntityDataOnDemand_Roo_Configurable.aj
Created    SRC_TEST_JAVA/com/prospringhibernate/gallery/domain/ArtEntityDataOnDemand_Roo_DataOnDemand.aj
Created    SRC_TEST_JAVA/com/prospringhibernate/gallery/domain/ArtEntityIntegrationTest_Roo_Configurable.aj
Created    SRC_TEST_JAVA/com/prospringhibernate/gallery/domain/ArtEntityIntegrationTest_Roo_IntegrationTest.aj
```

O comando entity oferece a primeira impressão real da impressionante geração de código do Roo. Ele criou automaticamente um bean de entidade ArtEntity.java com anotações da JPA e do Roo. Ele também criou a estrutura de pastas que corresponde ao nosso esquema de empacotamento do Java.

Neste ponto, pode-se ter uma primeira ideia dos arquivos ITD do AspectJ que mencionamos anteriormente. A própria classe ArtEntity gerada é bem enxuta, já que o Roo removeu para uma série de arquivos ITD boa parte do clássico código padrão necessário. Deve-se lembrar que tudo o que se encontra nos arquivos .aj será combinado com o código que se colocar nos arquivos-fontes .java, durante a compilação.

Vamos dar uma olhada em alguma coisa do que foi criado. Nossa classe ArtEntity.java segue.

```
package com.prospringhibernate.gallery.domain;

import javax.persistence.Entity;
import org.springframework.roo.addon.entity.RooEntity;
import org.springframework.roo.addon.javabean.RooJavaBean;
import org.springframework.roo.addon.tostring.RooToString;

@Entity
@RooJavaBean
@RooToString
@RooEntity
public class ArtEntity {

}
```

Por ora, a anotação @Entity e seus comportamentos devem ser bastante familiares. As anotações @Roo exigem alguma explanação:

- @RooJavaBean diz ao Roo para gerar acessadores e mutadores para cada campo presente na ArtEntity. Esses obtentores e definidores aparecerão num arquivo chamado ArtEntity_Roo_JavaBean.aj depois que adicionarmos alguns campos;
- O arquivo-fonte ArtEntity_Roo_ToString.aj corresponde à anotação @RooToString. Este arquivo-fonte construirá uma representação do método toString() para a entidade, pela concatenação de todos os nomes de campo e seus valores;
- @RooEntity é responsável pela maior parte do código gerado relacionado com persistência;
- O arquivo-fonte ArtEntity_Roo_Configurable.aj criado adiciona a anotação @Configurable do Spring ao nosso tipo ArtEntity. Esta anotação permite que se injete quaisquer tipos do produtor de beans do Spring, tal como um EntityManager da JPA, no tipo ArtEntity.

A esta altura, o arquivo ITD mais interessante é, provavelmente, o ArtEntity_Roo_Entity.aj. Ele contém todo o código padrão que se espera encontrar em entidades da JPA. Na listagem seguinte, note-se que o código que foi automaticamente criado contém uma id autogerada, um campo version apropriado, e uma referência a EntityManager, bem como métodos para operações (como persist, remove, merge e flush) e vários localizadores de conveniência.

```
package com.prospringhibernate.gallery.domain;

import com.prospringhibernate.gallery.domain.ArtEntity;

import java.util.List;
import java.lang.Integer;
import java.lang.Long;
import java.lang.SuppressWarnings;

import javax.persistence.Id;
import javax.persistence.Column;
import javax.persistence.Version;
import javax.persistence.EntityManager;
import javax.persistence.GeneratedValue;
import javax.persistence.GenerationType;
import javax.persistence.PersistenceContext;

import org.springframework.transaction.annotation.Transactional;

privileged aspect ArtEntity_Roo_Entity {
  @PersistenceContext
  transient EntityManager ArtEntity.entityManager;

  @Id
  @GeneratedValue(strategy = GenerationType.AUTO)
  @Column(name = "id")
  private Long ArtEntity.id;

  @Version
  @Column(name = "version")
  private Integer ArtEntity.version;

  public Long ArtEntity.getId() {
    return this.id;
  }

  public void ArtEntity.setId(Long id) {
    this.id = id;
  }

  public Integer ArtEntity.getVersion() {
    return this.version;
  }

  public void ArtEntity.setVersion(Integer version) {
```

```
    this.version = version;
  }

  @Transactional
  public void ArtEntity.persist() {
    if (this.entityManager == null)
      this.entityManager = entityManager();
    this.entityManager.persist(this);
  }

  @Transactional
  public void ArtEntity.remove() {
    if (this.entityManager == null)
      this.entityManager = entityManager();
    if (this.entityManager.contains(this)) {
      this.entityManager.remove(this);
    } else {
      ArtEntity attached = this.entityManager.find(this.getClass(), this.id);
      this.entityManager.remove(attached);
    }
  }

  @Transactional
  public void ArtEntity.flush() {
    if (this.entityManager == null)
      this.entityManager = entityManager();
    this.entityManager.flush();
  }

  @Transactional
  public ArtEntity ArtEntity.merge() {
    if (this.entityManager == null) this.entityManager = entityManager();
    ArtEntity merged = this.entityManager.merge(this);
    this.entityManager.flush();
    return merged;
  }

  public static final EntityManager ArtEntity.entityManager() {
    EntityManager em = new ArtEntity().entityManager;
    if (em == null) throw new
      IllegalStateException(
        "O JAR de Aspectos do Spring está configurado como uma biblioteca de aspectos AJC/AJDT?)
```

```
    ");
    return em;
}

public static long ArtEntity.countArtEntitys() {
  return ((Number) entityManager().createQuery(
    "select count(o) from ArtEntity o"
  ).getSingleResult()).longValue();
}

@SuppressWarnings("unchecked")
public static List<ArtEntity> ArtEntity.findAllArtEntitys() {
  return entityManager().createQuery("select o from ArtEntity o").getResultList();
}

public static ArtEntity ArtEntity.findArtEntity(Long id) {
  if (id == null) return null;
  return entityManager().find(ArtEntity.class, id);
}

@SuppressWarnings("unchecked")
public static List<ArtEntity> ArtEntity.findArtEntityEntries(int firstResult,
                  int maxResults) {
  return entityManager().createQuery(
    "select o from ArtEntity o"
  ).setFirstResult(firstResult).setMaxResults(maxResults).getResultList();
  }

}
```

Tal como com a anotação @Entity, este código deve parecer bastante familiar e natural. Aí reside a beleza do Roo. Ele é simplesmente código Java normal. Ele não difere do código que se tem precisado escrever manualmente. Ele já está aderindo às melhores práticas, e será atualizado para aplicar convenções mais novas do Spring e do Hibernate, à medida que se atualizar para versões mais novas do Roo. Isto, por si só, provavelmente pouparia aos desenvolvedores incontáveis horas. Mas também poupará à empresa uma grande quantidade de dinheiro nos custos reduzidos de atualização e em menos defeitos inseridos por enganos e olhares displicentes.

Adicionando campos

A utilidade do comando field é bastante evidente por si. Com ele, pode-se adicionar membros a uma dada entidade. O comando field permite que se especifique atributos que são traduzidos em anotações da JPA e da JSR-303.

Na série de comandos que segue, nós adicionaremos alguns campos dos tipos string e date, com algumas verificações de validação para tamanhos de campo e se uma dada coluna na base de dados deve permitir valores nulos.

```
~.domain.ArtEntity roo> field string --fieldName name --sizeMax 50 --notNull
~.domain.ArtEntity roo> field string --fieldName title --sizeMax 255 --notNull
~.domain.ArtEntity roo> field string --fieldName subtitle --sizeMax 255 --notNull
~.domain.ArtEntity roo> field string --fieldName description --sizeMax 255 --notNull
~.domain.ArtEntity roo> field string --fieldName caption --sizeMax 255 --notNull
~.domain.ArtEntity roo> field date --fieldName createDate --type java.util.Date --notNull
~.domain.ArtEntity roo> field date --fieldName displayDate --type java.util.Date
```

Depois da execução de cada um desses comandos, deve-se ver uma saída como a seguinte, no shell do Roo. Cada campo é adicionado a nossa classe Java, e os arquivos ITD são atualizados convenientemente.

```
Managed  SRC_MAIN_JAVA/com/prospringhibernate/gallery/domain/ArtEntity.java
Managed  SRC_MAIN_JAVA/com/prospringhibernate/gallery/domain/ArtEntity_Roo_JavaBean.aj
Managed  SRC_MAIN_JAVA/com/prospringhibernate/gallery/domain/ArtEntity_Roo_ToString.aj
Managed     SRC_TEST_JAVA/com/prospringhibernate/gallery/domain/ArtEntityDataOnDemand_Roo_DataOnDemand.aj
```

Agora, nossa entidade se parece com isto, completo com anotações para validação de beans JSR-303:

```
package com.prospringhibernate.artgallery.domain;
```

```java
import java.util.Date;
import javax.persistence.Entity;
import javax.persistence.Temporal;
import javax.persistence.TemporalType;

import javax.validation.constraints.NotNull;
import javax.validation.constraints.Size;

import org.springframework.roo.addon.entity.RooEntity;
import org.springframework.roo.addon.javabean.RooJavaBean;
import org.springframework.roo.addon.tostring.RooToString;
import org.springframework.format.annotation.DateTimeFormat;

@Entity
@RooJavaBean
@RooToString
@RooEntity
public class ArtEntity {
  @NotNull
  @Size(max = 50)
  private String name;

  @NotNull
  @Size(max = 255)
  private String title;

  @NotNull
  @Size(max = 255)
  private String subtitle;

  @NotNull
  @Size(max = 255)
  private String description;

  @NotNull
  @Size(max = 255)
  private String caption;

  @NotNull
  @Temporal(TemporalType.TIMESTAMP)
  @DateTimeFormat(style = "S-")
  private Date createDate;

  @Temporal(TemporalType.TIMESTAMP)
  @DateTimeFormat(style = "S-")
  private Date displayDate;

}
```

266 ■ Persistência no Spring com o Hibernate

É claro que o Roo não pode fazer tudo por nós. Pelo bem da simplicidade, os projetistas da estrutura precisaram optar por convenções que eles podiam suportar mesmo. Como exemplo, na nossa aplicação da galeria, nós queremos que o campo name seja único. Embora este seja um passo manual, ele pode ser realizado com muita simplicidade. Como se faria em qualquer projeto usando uma implementação de validação de beans, simplesmente aplique-se a anotação da JSR-303 para se declarar o valor da coluna como único, assim:

```
@NotNull
@Size(max = 50)
@Column(unique=true)
private String name;
```

Explorando a infraestrutura de testes gerada automaticamente

Agora é hora de darmos uma olhada no parâmetro --testAutomatically usado quando criamos nossa classe ArtEntity, antes.

Como destacamos no capítulo 8, testes de unidade e de integração são essenciais para projetos de desenvolvimento empresariais. A abordagem do Roo para configuração de tudo de que se precisa no controle dos testes é um outro benefício para a produtividade. O Roo criou dados corretivos no arquivo-fonte ArtEntityDataOnDemand_Roo_DataOnDemand.aj e um teste de integração em ArtEntityIntegrationTest_Roo_IntegrationTest.aj. Além disso, dois esqueletos de arquivos-fontes Java foram gerados para nós, para melhorar ainda mais as correções de dados e para escrevermos nossos próprios testes de integração que exercitem a lógica funcional que o Roo não tem como inferir. Isto nos dá alguma cobertura básica de testes com esforço zero, bem como as conexões necessárias para preencher os testes por nós mesmos. Note-se esta excepcional atenção a detalhes ao longo da experiência com o Roo.

Aqui está um fragmento do ITD Data On Demand (dados sob demanda):

```
package com.prospringhibernate.gallery.domain;
...

privileged aspect ArtEntityDataOnDemand_Roo_DataOnDemand {

  public ArtEntity ArtEntityDataOnDemand.getNewTransientArtEntity(int index) {
    ArtEntity obj = new ArtEntity();
    obj.setCaption("caption_" + index);
    obj.setCreateDate(new java.util.Date());
    obj.setDescription("description_" + index);
    obj.setDisplayDate(new java.util.Date());
    obj.setName("name_" + index);
    obj.setSubtitle("subtitle_" + index);
    obj.setTitle("title_" + index);
    return obj;
```

```
    }
    ...

    @Transactional(propagation = Propagation.REQUIRES_NEW)
    public void ArtEntityDataOnDemand.init() {
      if (data != null) {
        return;
      }

      data = com.prospringhibernate.gallery.domain.ArtEntity.findArtEntityEntries(0, 10);
      if (data == null)
        throw new IllegalStateException(
          "A busca por implementação de entradas para 'ArtEntity' ilegalmente retornou nulo"
        );
      if (data.size() > 0) {
        return;
      }

      data = new java.util.ArrayList<com.prospringhibernate.gallery.domain.ArtEntity>();
      for (int i = 0; i < 10; i++) {
        com.prospringhibernate.gallery.domain.ArtEntity obj =
          getNewTransientArtEntity(i);
        obj.persist();
        data.add(obj);
      }
    }
}
```

Esta é uma boa e simples abordagem para geração de uma pequena quantidade de dados para cada entidade numa dada aplicação, e oferece o trampolim perfeito para se lançar em completa cobertura de testes. Pode-se verificar se todos os testes gerados estão funcionando, pela execução do comando `perform tests` no shell do Roo, ou pela execução de `mvn test` a partir do prompt de comandos.

Mapeando associações

O comando `field` tem algumas propriedades especiais que oferecem suporte a associações entre entidades, também. A partir do shell, pode-se especificar relacionamentos de um-para-muitos ou de um-para-um com o atributo `reference`, ou pode-se construir mapeamentos de muitos-para-muitos através da propriedade `set`.

No exemplo seguinte, nós recriamos nossa entidade `Category`, e depois estabelecemos um relacionamento de muitos-para-muitos entre nossos tipos `ArtEntity` e `Category`.

~.domain.ArtEntity roo> entity --class com.prospringhibernate.gallery.
domain.Category --testAutomatically

~.domain.Category roo> field string --fieldName name --notNull --sizeMax
50

~.domain.Category roo> field string --fieldName description --notNull
--sizeMax 2000

~.domain.Category roo> field set --fieldName artEntities --element com.
prospringhibernate.gallery.domain.ArtEntity

~.domain.Category roo> focus --class ~.domain.ArtEntity

~.domain.ArtGallery roo> field set --fieldName categories --element com.
prospringhibernate.gallery.domain.Category

A criação do tipo Category é quase idêntica ao que fizemos anteriormente para criar ArtEntity, até a última propriedade, artEntities, que estabelece uma coleção de objetos ArtEntity. Depois, nós usamos o comando focus par mudar o contexto de nosso shell para o tipo ArtGallery, e adicionamos uma coleção de objetos Category, novamente usando o comando set. O caractere til (~) oferece uma referência de atalho para o topLevelPackage que nós definimos quando iniciamos o projeto.

Aqui está como a associação de muitos-para-muitos aparece na classe ArtEntity:

```
@ManyToMany(cascade = CascadeType.ALL)
private Set<com.prospringhibernate.gallery.domain.Category> categories =
    new java.util.HashSet<com.prospringhibernate.gallery.domain.Category>();
```

Isto, também, deve ser bastante familiar, agora, e o Roo torna a configuração trivial.

Modelando herança

Agora, nós vamos passar pela configuração de um aspecto de nosso domínio que exige herança. Aqui, também, os projetistas da estrutura decidiram manter o Roo simples, em vez de permitir que enorme complexidade se infiltrasse na sintaxe, no shell do Roo. Ter-se um forte entendimento do funcionamento interno do Spring e do Hibernate se torna vital em qualquer projeto real, esteja-se usando ou não uma estrutura de RAD. Como se verá, o Roo ajudará na criação de esqueletos para essas classes, mas ainda se precisa fazer um pouco de trabalho por si mesmo, para que realmente se tenha as associações em funcionamento.

Primeiro, os comandos seguintes criam nossa entidade e estabelecem um relacionamento de um-para-muitos entre ArtData e ArtEntity.

~.domain.ArtGallery roo> entity --class com.prospringhibernate.gallery.
domain.ArtData --testAutomatically

~.domain.ArtData roo> field set --fieldName artEntities --element com.
prospringhibernate.gallery.domain.ArtEntity

Para introduzir a herança de tabela única entre ArtData e suas três subclasses – ArtData-Thumbnail, ArtDataStorage e ArtDataGallery – nós precisamos adicionar manualmente várias anotações, seja por meio de um IDE, seja por um editor de textos. O código em negrito deve ser adicionado manualmente.

```
package com.prospringhibernate.gallery.domain;

import java.util.Set;

import javax.persistence.Lob;
import javax.persistence.Basic;
import javax.persistence.Entity;
import javax.persistence.ManyToMany;
import javax.persistence.CascadeType;
import javax.persistence.Inheritance;
import javax.persistence.InheritanceType;
import javax.persistence.DiscriminatorType;
import javax.persistence.DiscriminatorValue;
import javax.persistence.DiscriminatorColumn;

import org.springframework.roo.addon.javabean.RooJavaBean;
import org.springframework.roo.addon.tostring.RooToString;
import org.springframework.roo.addon.entity.RooEntity;

@Entity
@RooJavaBean
@RooToString
@RooEntity
@Inheritance(strategy=InheritanceType.SINGLE_TABLE)
@DiscriminatorColumn(discriminatorType = DiscriminatorType.STRING)
@DiscriminatorValue("GENERIC")
public class ArtData {

  @Lob
  @Basic(fetch=javax.persistence.FetchType.LAZY)
  private byte[] file;

  @ManyToMany(cascade = CascadeType.ALL)
  private Set<com.prospringhibernate.gallery.domain.ArtEntity> artEntities =
     new java.util.HashSet<com.prospringhibernate.gallery.domain.ArtEntity>();

}
```

Deve-se lembrar, também, que nossa classe ArtData e suas subclasses têm um campo BLOB para armazenamento da representação binária das imagens. O Roo ainda não suporta campos byte[], mas eles são simples o bastante para nós adicionarmos e anotarmos por nós mesmos, através dos ajustes mostrados na listagem precedente. Também precisamos adicionar um bean do Spring ao contexto de nossa aplicação, para tratamento do LOB.

Agora, vamos criar o tipo ArtDataThumbnail, que estende ArtData.

```
~.domain.ArtData roo> entity --class com.prospringhibernate.gallery.do-
main.ArtDataThumbnail   --extends ~.domain.ArtData --testAutomatically
```

O parâmetro --extends configura nossa hierarquia de classes. Mas, novamente, como o Roo não tem suporte embutido para herança de entidades da JPA, nós precisamos adicionar uma anotação @DiscriminatorValue por nós mesmos.

```
package com.prospringhibernate.gallery.domain;

import javax.persistence.Entity;
import javax.persistence.DiscriminatorValue;

import org.springframework.roo.addon.entity.RooEntity;
import org.springframework.roo.addon.javabean.RooJavaBean;
import org.springframework.roo.addon.tostring.RooToString;

@Entity
@RooEntity
@RooJavaBean
@RooToString
@DiscriminatorValue("THUMBNAIL")
public class ArtDataThumbnail extends ArtData {

}
```

A criação dos tipos ArtDataGallery e ArtDataStorage envolve os mesmos passos. As outras entidades de nosso modelo têm algumas nuances, também. Verifique-se o código de rooGallery que acompanha o livro para ver os detalhes.

Adicionando o MVC do Spring

Depois que nosso modelo estiver posto, o próximo passo lógico é adicionarmos o MVC do Spring à mistura, para provermos uma fachada HTML ou RESTful à aplicação. O Roo torna isso ridiculamente fácil. Se não se precisar de controle fino sobre cada uma das classes geradas, pode-se gerar o esqueleto de toda a fachada web com um único comando.

```
controller all --package ~.web
```

E é só! Num outro shell ou no IDE, execute-se mvn tomcat:run ou mvn jetty:run e aponte-se o navegador para http://localhost:8080. Deve-se ver algo como a página mostrada na figura 12-3.

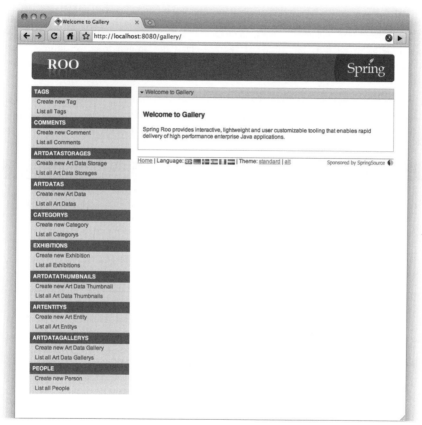

Figura 12-3. Rodando nossa aplicação Roo

É claro que isto é só um esqueleto muito básico para uma aplicação web, mas prova que tudo de que se precisa para uma aplicação web com MVC do Spring está em posição. A partir daqui, pode-se criar mais controladores ou editar-se os gerados para talhar a aplicação para as necessidades do próprio negócio.

Adicionando camadas de serviço e DAOs

A bem da simplicidade, o Roo gerará apenas as classes que são estritamente necessárias. Quando da construção de uma aplicação realmente simples, pode-se colocar a lógica funcional no controlador ou na classe de domínio.

Para aplicações não triviais, nós guardamos forte preferência pela criação de uma camada de serviço. Desta forma, os controladores podem girar estritamente em torno do gerenciamento da semântica do HTTP e da resolução da vista. A lógica funcional é mantida no modelo de domínio e envolvida numa boa fachada de camada de serviço, conforme apropriado. Isto é especialmente importante quando da modelagem de código que manipule múltiplas entradas na mesma transação.

Não se pode razoavelmente esperar que o Roo prediga a intenção da aplicação suficientemente bem para gerar as classes da camada de serviço. Felizmente, como as aplicações Roo são apenas projetos Spring normais, pode-se criar uma classe de camada de serviço, anotá-la com a anotação estereotípica @Service, e a aplicação Roo automaticamente a detectará e incorporará no contexto da aplicação.

Como com a camada de serviço, não há nada no Roo que impeça a conexão de DAOs na aplicação. A maior deficiência é que a infraestrutura de complementos do Roo não os suporta, de forma que não se desfruta de alguns dos benefícios que mostramos aqui, como os testes automáticos de integração.

POR QUE NÃO DAOS?

A equipe do Roo está perfeitamente justificada em sua postura contra a geração omissiva de DAOs. Os membros da equipe do Roo mudaram o rumo para explicar sua decisão em sua excepcional documentação. Segue uma citação de The Spring Roo - Reference Documentation, Chapter 3. Application Architecture, Section 3.6. Goodbye DAOs (http://static.springsource.org/spring-roo/reference/html/architecture.html).

Se refletirmos por um momento nas principais motivações para os DAOs, será fácil ver por que estas não são aplicáveis às aplicações Roo:

- Testes: numa aplicação normal, um DAO provê uma interface que pode ser facilmente transformada em esqueleto como parte dos testes de unidade. O ponto de interesse, a respeito de testes, é que a maioria das pessoas usa imitações em vez de esqueletos, em aplicações modernas, tornando atraente a simples imitação de um ou dois métodos de persistência que realmente se precise para um teste (em vez da cruza da transformação de toda uma interface DAO em esqueleto). Em aplicações baseadas no Roo, simplesmente se imita os métodos relacionados com persistência que foram introduzidos na entidade. Pode-se usar as abordagens normais de imitação para os métodos de instância na entidade Roo, e usar o suporte a @MockStaticEntityMethods do Aspect do Spring para os métodos estáticos localizadores;
- Separação de concernências: uma razão para se ter uma camada de DAO é que ela permite que se busque um design de mais alta coesão, orientado por objetos. A alta coesão se iguala a uma separação de concernências que reduz o peso conceitual da implementação do sistema. Numa aplicação baseada no Roo, a separação de concernências é alcançada pelas ITDs separadas. O peso conceitual também é reduzido, porque o Roo trata dos métodos de persistência, em vez de forçar o programador a lidar com eles. Assim, a separação de concernências ainda existe numa aplicação Roo sem a necessidade de uma camada de DAO;
- Implementações plugáveis: um outro benefício dos DAOs é que eles simplificam a alternância de uma biblioteca de persistência para outra. Em aplicações modernas, este nível de abstração de API é fornecido por meio da JPA. Como o Roo usa a JPA em seus métodos gerados, a habilidade de plugar uma implementação alternativa já é completamente suportada, a despeito de não haver nenhuma camada formal de DAO. Pode-se ver isto pela emissão do comando de configuração de persistência e especificação de implementações alternativas;

- Persistência não JPA: é possível que certas entidades sejam armazenadas usando-se uma tecnologia que não tenha um provedor JPA. Neste caso, o Roo 1.0.0 não suporta essas entidades de pronto. Contudo, se apenas um pequeno número de entidades for afetado por esta consideração, não há razão para que um ou mais ITDs escritos à mão não possam ser fornecidos pelo usuário, para manter a paridade conceitual com o restante da aplicação Roo (que provavelmente tem alguma JPA). Se um grande número de entidades for afetado, o projeto provavelmente se beneficiará do usuário escrever um complemento Roo que automaticamente gerencie os ITDs tal como ele faz para a JPA;
- Razões arquiteturais: as pessoas frequentemente expressam preferência por um DAO porque sempre fizeram isso assim. Embora a manutenção de uma abordagem existente provada seja geralmente desejável, a adoção do Roo para uma aplicação diminui o valor de uma camada de DAO a tal ponto que restam poucas (se restarem) razões relacionadas com a engenharia para preservá-la.

Vale a pena observar-se, também, que a maioria das estruturas modernas de RAD evita camadas de DAO e adicionam métodos de persistência diretamente às entidades. Se se revisar tecnologias similares ao Roo, se verá que esta evitação de uma camada de DAO é lugar comum, central, e não causa problemas.

Agora você me vê, agora não mais – removendo o Roo

Um dos nossos aspectos favoritos do Roo é que ele é fácil de se remover de um projeto. Como se pode usar o Roo em projetos legados existentes, e como é fácil remover-se qualquer traço do Roo do código fonte, há muito pouca razão para não se experimentá-lo. Se se obtiver uma ordem de retirada da equipe ou da organização, pode-se removê-lo em poucos instantes, de forma que há muito pouco risco envolvido.

A remoção do Roo é uma tarefa melhor realizada a partir de um IDE que entenda o AspectJ, tais como o Eclipse ou o STS. Aqui estão os passos para o Eclipse com as AspectJ Development Tools (AJDT) instaladas:

1. Interrompe-se quaisquer shells do Roo que possam estar rodando;
2. No Eclipse, dentro da perspectiva Java Browsing, clica-se com o botão direito no projeto e escolhe-se Refactor -> Push In;
3. Vê-se um diálogo listando todos os ITDs. Seleciona-se OK para se transferir todo esse código dos arquivos-fontes .aj para os arquivos-fontes .java apropriados;
4. Realiza-se uma busca e substituição recursiva nos arquivos do projeto em que se substitui a expressão regular \n.*Roo.*\n por \n. Isto remove todas as anotações do Roo e suas declarações de importação;
5. Remove-se quaisquer dependências do Roo do arquivo pom.xml do maven.

E pronto. Como não há dependências de tempo de execução, e como o Roo é construído em cima de tecnologias Java padrões, é fácil sair-se da estrutura e não perder nada do trabalho que foi feito.

Resumo

Como se viu neste capítulo, embora o Roo ainda não seja mágico o suficiente para tirar o trabalho dos programadores, ele realmente oferece uma enorme partida em termos de velocidade crua de desenvolvimento. Ele ajuda a eliminar muito do tédio associado ao desenvolvimento de aplicações empresariais Java, pela geração automática de código padrão em ITDs do AspectJ e pela modificação da configuração do contexto da aplicação Spring, à medida que o projeto cresce.

O Roo possui uma forte arquitetura baseada no OSGi e em complementos. Com o suporte do SpringSource, ele provavelmente evoluirá a uma taxa frenética, já que a equipe do Roo se empenha em fornecer mais soluções excepcionais que simplificam a vida dos desenvolvedores mundo a fora.

Um dos maiores obstáculos para a adoção da maioria das estruturas de RAD na JVM é que seu uso só é uma opção viável quando da escrita de uma nova aplicação, ou nos raros casos em que toda uma aplicação deve ser reescrita. Mas o Roo pode ser introduzido numa aplicação existente sem forçar nenhuma mudança na forma como outros membros da equipe escrevem seu código. À medida que a estrutura for provada no ambiente de trabalho, os ganhos de produtividade devem ser irrefutáveis, e a equipe de desenvolvimento provavelmente abraçará a mudança positiva. Nós recomendamos enfaticamente que se experimente usá-lo para implementar uma nova funcionalidade em aplicações existentes impulsionadas pelo Spring e o Hibernate.

Índice

-> 226
{} 200
$action 234
$controller 234
@After 147, 158
@AfterClass 147
@Autowired 33, 43
@Basic 62, 83
@BatchSize 166
@Before 147, 158
@BeforeClass 147
@Component 43, 101
@ContextConfiguration 156
@Controller 52, 101, 168
@DateBridge 217
@DocumentId 215
@Entity 61, 83
@Enumerated 62
@Id 61
@IndexEmbedded 217
@Inject 43
@Lob 62, 113
@MockStaticEntityMethods 272
@Named 43
@PersistenceContext 65, 66, 105
@PostConstruct 43
@Qualifier , 43
@Repository 43, 101
@RequestMapping 52, 200
@Resource 154
@RooEntity 260
@RooJavaBean 260
@RunWith 154, 156
@Service 43, 101, 272
@Temporal 62, 83
@Test 198
@Transactional 65, 156
@TransactionConfiguration 156
@Transient 62
<tx:jta-transaction-manager/> 133
@XMLRootElement 192

■ A

abstração de OXM 201
abstração HibernateTemplate 15
AbstractJUnit4SpringContextTests 154
ACID 128
addTo* 248
afterCompletion 167
Ajax 183
AJDT 273
ajuste nonstrict-read-write 173
ajuste read-only 173
ajuste read-write 173
alta coesão 272
ambientes omissivos 233
andaime 227
annotation-driven 168
AnnotationSessionFactoryBean 103
aNonNull 152
anotação @Autowired 33, 100, 155
anotação @Basic 83
anotação @BatchSize 165, 166
anotação @Before 198
anotação @Boost 217
anotação @Cache 87, 172, 173
anotação @Column 84
anotação @Component 101
anotação @ContainedIn 217
anotação @ContextConfiguration 155, 198
anotação @Controller 200
anotação @DateBridge 216
anotação de estereótipo @Controller 52
anotação @DiscriminatorColumn 91
anotação @DiscriminatorValue 91, 270
anotação @Entity 7, 61, 260, 263
anotação @Fetch 164
anotação @Field 215
anotação @GeneratedValue 62, 85
anotação @Id 84
anotação @Ignore 147
anotação @Indexed 215

anotação @IndexEmbedded 217
anotação @Inheritance 90
anotação mais importante 61
anotação @ManyToOne 83
anotação @NamedQuery 111
anotação @PathVariable 52, 200
anotação @postConstruct 24
anotação @Qualifier 34
anotação @Repository 68, 100, 103
anotação @RequestMapping 52
anotação @RooToString 260
anotação @RunWith 151, 154
anotação @Table 84
anotação @Test 147, 154
anotação @Transactional 12, 65, 134, 138
anotação @Transient 83
anotação tx:annotation-driven 137
anotação @XmlRootElement 192
anotações de rechamada 69
anotações especializadas 211
anotações @Roo 260
Anotações transacionais 134
anotações @Transactional 137
Ant 146
aNull 152
AOP 134
Apache Lucene 205
API Criteria 106, 114, 247
API de indexação do Lucene 206
APIs de RESTful 183, 184
aplicar comportamento transacional 12
ApplicationContext 13, 21, 25, 42, 50, 72, 146, 154, 242
ApplicationContextAware 154
Armazenar um campo 216
Arquitetura Java para Ligação com XML 192
arquivo applicationContext.xml 258
arquivo Config.groovy 231, 239
arquivo database.properties 258
arquivo de mapeamento hbm.xml 83
arquivo ehcache.xml 87, 178
arquivo grails-app/conf/Bootstrap.groovy 231
arquivo jdbc.properties 46
arquivo messages.properties 236
arquivo META-INF/persistence.xml 71
arquivo persistence.xml 105, 209
arquivo pom.xml 187, 258, 273
arquivo resources.groovy 229
arquivo resources.xml 229
arquivos de mapeamento 72

arquivos .hbm.xml 77
arquivos ITD 259
arquivo spring-master.xml 194
arquivo web.xml 48, 49, 168
artifactId 41
asc 124
aspectj 137
AspectJ 44, 253, 259
associação de muitos-para-muitos 78, 93
associação de-muitos-para-um 77
associação de um-para-muitos 161, 239
Associações 85
atomicidade 12
Atomicidade 128
atributo build 41
atributo classname 47
atributo init-method 23
atributo name 174
atributo readOnly 135
atributo reference 267
atributo region 173
atributo timeout 135
atributo timeToLiveSeconds 175
atributo type= 196
atualização do script ~/.bashrc 227
AUTO 85
autoconexão 32
autoconexão por tipo 154

■ B

baseado no OSGi 254
base de dados H2 158
BDD 145
bean do Groovy 225
BeanFactory 20, 42
bean jaxbMarshaller 203
BeanPostProcessor 50, 105
belongsTo 248
Ben Alex 255
Between 246
biblioteca commons-dbcp 45
BigTable 58
blank 236
BLOBs 112
bloco constraints 235
bloco dataSource 233
bloco environments 233
Bloqueio otimista 203
Bloqueio Pessimista 204
Bootstrap.groovy 231

busca de seleção 164
busca indistinta 205, 208
busca por texto livre 205
bytecode 11

■ C

cabeçalho Accept 185
cabeçalho content-type 185
cache compartilhado 175
cache de primeiro nível 170
cache de segundo nível 170
CacheManager 239
cacheManagerPeerProviderFactory 179
Cache Server 180
camada controladora 6
camada de abstração genérica 170
camada de persistência 6
camada de serviço 9
campo belongsTo 237
campo @Version 61
Carga na Base de Dados 177
carregamento folgado 161, 186
CascadeType 86
CGLIB 11, 137
chave primária 84
ciclo de vida 23, 34
classe AbstractPlatformTransactionManager 132
classe base GenericDao 99
classe CriteriaBuilder 115
classe DispatcherServlet 50
classe Document 206
classe escutadora 69
classe Expectations 151
classe HibernateDaoSupport 99, 102
classe Logger 243
classe MaxMin 120
classe OpenEntityManagerInViewInterceptor 167
classe PropertyPlaceholderConfigurer 51
classe QueryOpts 122
classes @Controller 44
classes LocalSessionFactoryBean 103
classe TransactionTemplate 132
ClassPathXmlApplicationContext 21
cláusula SELECT 65
cláusulas Predicate 121
cláusula with 152
clausura 225
Clausuras 226

clear 219
CLOBs 112
codificação para interfaces 30
codificação por convenção 255
comando entity 259
comando field 264
comando focus 268
comando run-app 249
comandos OSGi 257
complemento Tomcat Maven 41
completamento de código 253
completamento por tab 257
component-scan 168
component-scanning 203
comportamento de wildcard 195
conceito de ambiente 232
conceito de FactoryBean 47
conceito de JavaBeans 22
condição equal 115
condição where 108, 121
condições between 121
conectada 26
Config.groovy 231
configuração do Ehcache 178
configuração do MVC 167
configurar beans do Spring 229
configurar um EntityManagerFactory 74
conglomerado de conexões 45
Conglomerados de conexões 45
Consistência 128
construção metaClass 241
construir classes DAO 99
consulta JPQL 165
Consultando com o Lucene 207
consulta nomeada 111
consultar objetos Entity 65
consultas HQL 246
contagem de invocações 152
ContentNegotiatingViewResolver 202
contentor leve IoC 2
contentTypes 202
context.checking 151
contextConfigLocation 49
ContextLoaderListener 49
contexto filho de aplicação 50
contexto raiz de aplicação 49
Contextual Sessions 16
convenção sobre configuração 62, 84, 228, 253, 255
coordenadas do projeto 41
correspondência any 152

correspondência indistinta 208
costura em tempo de carregamento 60
count 121
countBy* 245
createFullTextQuery 220
createQuery 115
creditCard 236
Criando uma aplicação em lote 141
criar o mapeador 194
criar um EntityManager 72
criar um teste de integração 197, 242
criteriaBuilder 115
Criteria Builder 247
CriteriaBuilder 115, 121
CriteriaQuery 115

D

dados caducos 175
dados provisórios 131
databasePlatform 74
DataNucleus 56, 58
DataSource 44
DataSource.groovy 232
DataSourceTransactionManager 133
Day 217
dbcp 45
DDD 255
declaração inter-tipos 253
declaração mvc-namespace 52
def 225
DEFAULT 134
DefaultLobHandler 113
defaultRollback 158
definição de assinaturas 199
definição de um DAO 8
definidores 26
definindo um relacionamento 237
DELETE 184
demarcação transacional 10
dependências de interfaces 31
desanexado 166
Desanexado 70
desc 124
desenvolvimento dirigido por testes 145
destroy 231
destroy-method 24
DI 26
diretório grails-app 229
diretório grails-app/conf 229
diretório grails-app/domain 234

diretório grails-app/services 251
diretório WEB-INF 48
disjunção or 248
DispatcherServlet 50
doAll 153
Document 206
doInTransaction 141
DomainObject 63
Dozer 187
DozerBeanMapperFactoryBean 194
dozer-mapping.xml 194
driverClassName 46
DRY 223
DSL 229
DSL Criteria 247
DTO 186
DTOs 55
Durabilidade 128

E

EasyMock 145, 149
Eclipse 146, 253, 273
EclipseLink 56, 58
ehcache 172
Ehcache 86, 170, 171, 173
ehcache.xml 173
EJB 4
elemento aop:config 143
elemento class- 196
elemento field-exclude 195
elemento <mapping-file> 72
elemento <properties><property> 72
elemento qualifier 33
elementos <class> 71
elemento tx:advice 143
elemento tx:method 138
email 236
entity 259
EntityManager 59, 64, 167, 186
EntityManagerFactory 59, 60, 170
EntityTransaction 60
Equal 246
equals() 70, 94
Eric Evans 255
Errors 243
escaneamento de componentes 100, 155
escâner de componentes 44
Escutadores de eventos 217
espaço de nomes aop 138
espaço de nomes beans 43

espaço de nomes context 43
espaço de nomes jee 48
espaços de nomes 42
especificar correspondências 152
especificar relacionamentos 267
esquema omissivo 73
estado Detached 166
estado Managed 166
estados chaves 69
Estender a classe HibernateDaoSupport 100
estratégia 154
estratégia de cache 173
estrutura RAD 253
estrutura TestContext 13
eternal 174, 176
exactly(5).of() 152
exclude-filter 44
Expectations 151
expressão and 121
expressão de condições flexíveis 152
expressão regular 233
extração de aspectos 200

■ F

fachada 101
FactoryBean 47
FactoryBean do Spring 47
fechamento do EntityManager 167
FetchMode 164
field 264
Field 206
Fields 206
filtro de EntityManager aberto 168
findAllBy 245
findBy 245
firstResult 125
Flash 183
flushToIndexes 219
FullTextEntityManager 218, 219

■ G

G2One 223
GAE 58
Gavin King 57
generateDdl 74
GENERIC 91
gerenciado 166
Gerenciado 70
gerenciador de transações 127

Gerenciamento declarativo de transações 132
Gerenciamento de transações por plataforma 132
Gerenciamento programático de transações 132
GET 184
getBean() 21
getResultList 115, 220
Gilead 186
GlassFish 48
Google App Engine 58
Google Guice 43
GORM 223
Graeme Rocher 255
Grails 223
grails.env 249, 250
GRAILS_HOME 227
grails install-templates 234
GreaterThan 246
GreaterThanEquals 246
groupId 41
grupo de peritos 56
GString 225

■ H

H2 46
hasErrors 244
hashCode() 70, 94
hasMany 248
Hibernate 2
HibernateDaoSupport 99
hibernate-jpamodelgen 116
Hibernate Search 209
HibernateTemplate 5, 15, 97
HibernateTransactionManager 133
hierarquia DataAccessException 107
hierarquia DataException 103
hierarquia genérica DataAccessException 103
hint 257, 258
HQL 8, 97
HttpSession 186

■ I

iBatis 132
identificador de entidade 94
Ilike 245, 246
Implementações plugáveis 272
implements Serializable 62

index 215, 219
Index 206
Indexando com o Lucene 206
índice invertido 206
infraestrutura de complementos 253
init 231
init-method 23
injeção de definidores 28
injeção de dependências 2, 100
Injeção de dependências 26
injeção por construtor 28
injetada 26
inList 236
instâncias colaborativas 29
Integrando o Hibernate Search 209
integrar o Hibernate Search 209
IntelliJ IDEA 146
interceptors 168
interface ApplicationContextAware 22
interface BeanFactory 20
interface BeanFactoryPostProcessor 50
interface CacheManager 86
interface Comparable 239
interface DisposableBean 24
interface DomainObject 63
interface EntityManager 60, 166
interface FactoryBean 47
interface HibernateCallback 16
interface InitializingBean 24
interface javax.servlet.ServletContextListener 49
interface PlatformTransactionManager 132, 136
interface Runner 156
interface Servlet 49
interface ServletContextListener 49
Inversão de controle 26
invokeMethod 224
IoC 26, 32
Isolamento 128
isolation 138
Isolation 134
ITD 253

■ J

James Gosling 254
Jason van Zyl 37
JavaBean 82
JavaBeans 22, 77
java.util.Set , 120, 94

javax.persistence.EntityManager 59
javax.sql.Datasource 47
JAXB 192
JBoss Infinispan 170
JCP 56
JDBCTemplate 103
JDO 56
Jetty 48
JGroups 177, 178
jMock 145, 149
JMS 133, 177
JOIN 164
Josh MacKenzie 22
JPA 57
JpaTemplate 15
JpaTransactionManager 133
JPQL 8, 58, 59, 97
JSRs 56
JTA 127
JtaTransactionManager 133
Juergen Hoeller 19
junção à esquerda 247
junção externa 164
JUnit 147
JUnit4Mockery 151
JVM 22

■ L

L1 170
L2 170
LazyInitializationException 166, 186
LEFT JOIN FETCH 165
leitura fantasma 131
leitura não repetível 131
leituras fantasmas 135
leituras sujas 135
leitura suja 131
LessThan 246
LessThanEquals 246
Like 246
list 110, 246
load 106
LOBs 112
LocalContainerEntityManagerFactoryBean 72
localização do índice 209
lock 204
log4j 231, 243
loteamento 165
Lucene 13, 206

■ M

m2eclipse 38
MANDATORY 134
manter a equivalência de entidades 94
Mapas 225
mapa vazio 225
mapeador do Dozer 194
mapeamento aninhado 187
mapeamento e conversão 192
Mapeamento Objeto/XML 201
Mapeamentos menos folgados 164
mapear uma classe na outra 194
MapFactoryBean 47
mappedBy 93
marshaller 203
MarshallingView 203
Martin Fowler 22
matches 236
Maven 37, 146
max 246
maxElementsInMemory 174
maxResults 125
maxSize 236
mecanismo de replicação 178
mediaTypes 202
melhor prática 97
Memcached 180
messages.properties 236
metaClass 224
MetaClass.invokeMethod 224
MetaModel 116
metaprogramação 255
método afterPropertiesSet() 24
método createQuery 115
método criteriaBuilder.equal 115
método criteriaQuery.from 121
método definidor setSessionFactory 99, 100
método delete 64
método dinâmico withTransaction 250
método doInTransactionWithoutResult 140
método execute 140
método findByNamedParam 109
método from 115
método get 115
método getServletContext 50
método list 246
método load 107
método map 198
método mock 151
método preMethodSetup() 198

método save 17, 64
método saveArtEntity 113
métodos dinâmicos 245
métodos externos de rechamada 69
métodos internos de rechamada 69
método where 115
minSize 236
Minute 217
MockObjects 149
mode 137
modelo de domínio 6
modelo de evento 217
Modelo de Objeto de Projeto 37
modelVersion 41
modificador Ilike 245
módulo 37
mudanças no estado persistente 217
MultiFieldQueryParser 220
múltiplos nós 176
MVC 4
MVC do Spring 167
mvn initialize 41
mvn install 188
mvn test 267
MySQL 46

■ N

Não existe 70
não se repita 223
Navegador de Arquivos. *See also* Bridge formatos de arquivos
negociação de conteúdo 185
NESTED 134
NetBeans 146
NEVER 134
no-rollback-for 138
noRollbackForClass 135
noRollbackForClassName 135
not 152
Not 246
notação ${} 46
NOT_SUPPORTED 134
Novo 70
nullable 236

■ O

objetivo do padrão DAO 7
objeto desanexado 166
objetos grandes 112

OC4JJtaTransactionManager 133
offset 246
omissivos sensíveis 83
oneOf 152
OODB 56
opções de mapeamento 143
OpenEntityManagerInViewFilter 168
OpenJPA 56
OpenSessionInView 5
Oracle 131
order 137, 246
ORM 2
orphanRemoval 86
osgi 257
OSGi 254
OutOfMemoryException 174
overFlowToDisk 174, 175
OXM 201

■ P

PaaS 58
packaging 41
pacote Grails 234
pacote javax.persistence 62
pacotes 254
padrão 167
padrão DAO 63, 97
padrão de projeto proxy 11
padrão gabarito 14
padrão Objeto de Transferência de Dados 186
padrão Registro Ativo 17
palavra-chave from 108
palavra-chave join 108
palavra-chave select 107, 121
palavras-chaves especiais 234
palavras de interrupção 206
parâmetros nomeados 108, 247
parâmetro --testAutomatically 266
parâmetro TransactionStatus 141
parâmetro txStatus 250
Path 115
perform tests 267
persistenceContext 219
persistence-unit 71
persistence.xml 173, 258
Persistência não JPA 273
persistência transitiva 85
PersistentSet 163

plataforma como serviço 58
plataforma de serviços 254
PlatformTransactionManager 133, 140
poda 206
pointcut allServices 139
Pointcuts 11
POJO 82
POJOs 22, 55, 77
Polimorfismo implícito 88
POM 37
Portlet 149
POST 184
PostgreSQL 46, 131
postHandle 167
Predicate 115
preHandle 167
problema dos N+1 Selects 161
processador especial de consultas 220
processo de combinação 186
programação declarativa 134
project 257
projeto dirigido por domínio 255
propagation 138
Propagation 134
Propagation.REQUIRES_NEW 142
properties 41
PropertyPlaceholderConfigurer 43, 46
propriedade belongsTo 238
propriedade dataSource 233
propriedade dinâmica errors 236
propriedade errors 243
propriedade estática mappings 239
propriedade hasMany 239
propriedade hibernate.cache.provider_class 172
propriedade hibernate.cache.use_second_level_cache 172
propriedade lookup-method 22
propriedade mediaTypes 202
propriedade privada dozerMapper 198
propriedades de mesmo nome 195
propriedade set 267
propriedade viewResolvers 202
Protótipo 25
proxies dinâmicos do JDK 11
proxy 137
proxy-target-class 137
ps 257
PUT 184

Q

quatro níveis de isolamento 129
Query 60, 110, 207
QueryOpts 122, 124
QueryParser 207
questão de corte cruzado 10, 12
questões de corte cruzado 35

R

RAD 253
range 236
RDBMS 56
Read Committed 129, 131
READ_COMMITTED 135
read-only 138
Read Uncommitted 129, 131
READ_UNCOMMITTED 134
Rebecca Persons 22
reflexão 255
refresh 204
região 170
região omissiva 173
Registro Ativo 240
regra de invocação allowing 152
regras de cascateamento 238
regras transacionais 127
relacionamento de-um-para-muitos 77
relacionamento hasMany 239
relacionamentos belongsTo 237
relacionamentos de um-para-um 93
relacionamentos pai-filho 85
remoção do Roo 273
removeFrom* 248
Removido 70
Repeatable Read 129, 130
REPEATABLE_READ 135
replicação 177
replicateAsynchronously 179
replicateUpdatesViaCopy 178, 179
representantes 166
REQUIRED 134
REQUIRES_NEW 134
Resin 48
resources.groovy 229
respostas enlatadas 149
REST 14, 183
restrição unique 236
restrição with 247
restrições equals 248

returnIterator 153
RMI 177
rollback-for 138
rollbackFor 135
rollbackForClassName 135
Rollback-Only 133
romper o contrato 70
Ron "Ronco" Popeil 34
Roy Fielding 184
RPC 56, 183
Ruby 223
Ruby on Rails 223, 240
Runner 155

S

salvar alterações 17
save 241
saveOrUpdate 112
SAVE_UPDATE 86
script create-app 228
searchTerms 220
seção properties 41
Second 217
select 121
Selenium 145
sentença import 44
Separação de concernências 272
separação em camadas 5
Serializable 62, 129, 130
SERIALIZABLE 135
Serviço de Mensagens do Java 133
serviço web 14
servidor Jetty 249
Servlet-API 149
Session 59, 102
SessionFactory 5, 59, 99, 102
Session.get 107
Session.load 107
Session.saveOrUpdate 112
sessões contextuais 103
set 268
SetAttribute 120
setFirstResult 220
setMaxResults 220
setRollbackOnly 133, 250
showSql 74
simple thread 26
simplificação do processo de transformação 192
SingularAttribute 120

singularidades 25, 60
sistema modular 254
size 166, 236
Smalltalk 57
sobrepor equals() e hashCode() 94
sobrepor os métodos omissivos 94
somente desfazimento 133
sort 246
SortedSet 239
SpringJUnit4ClassRunner 156
spring-master.xml 155, 158
spring-persistence.xml 155
SpringSource 223
SpringSource Tool Suite 253
src/main/webapp 48
store 215
STS 253
SUBSELECT 164
Substantivos 184
suíte de testes 146
Sun 19
Sun Microsystems 55
suporte a clausuras 226
SUPPORTS 134
SwarmCache 170, 177

■ T

tabela de junção 78
Tabela-por-classe-concreta 89
tabela-por-hierarquia 240
Tabela-por-hierarquia 88
Tabela-por-subclasse 89
TDD 145
termos 206
Terracotta 177
TestContext 153
testes de integração 146, 149
Testes de unidade 146
Testes funcionais 146
TestNG 147, 154
The Object People 57
ThreadLocal 16
timeout 138
timeToIdleSeconds 174
timeToLiveSeconds 175
tipificação estática 253
Tipo de conteúdo 184

Tomcat 38, 48
topLevelPackage 268
TopLink 57
Transações aninhadas 134
transactional 251
TransactionCallback 141
TransactionDefinition 133
transaction-manager 137, 138
transactionManager 156
TransactionManager 132
TransactionStatus 133, 250
TransactionTemplate 140
tratamento de RuntimeException 68
trocas de mensagens 183
tx:advice 138
txAdvice 139
tx:annotation-driven 137
tx:method 138
TypedQuery 115

■ U

unidades de trabalho 141
unique 236
uniqueResult 110
update 241
UpdateTimestampsCache 175, 176
url 46
URL do servidor omissivo 231
UrlMappings.groovy 233
Usando duas fontes de dados 142
UserType 239
uso de cache 13
uso de def 225
uso de imitações 149
uso de rotinas 149
uso implícito de cache 169

■ V

valores de TTL 175
variável ambiental 249
variável ambiental GRAILS_HOME 227
variável de instância log 243
Verbos 184
versão estendida do EntityManager 218
version 41
viewResolvers 202
vistas GSP 243

◼ W

WebApplicationContext 21
WEB-INF/applicationcontext.xml 21
WebLogic 48
WebLogicJtaTransactionManager 133
WebSphere 48
WebSphereUowTransactionManager 133
web.xml 48
wildcard 195
will 152
withTransaction 250

◼ Y

Yann Caroff 19

Impressão e Acabamento
Gráfica Editora Ciência Moderna Ltda.
Tel.: (21) 2201-6662